DELIBERATIVE DEMOCRACY

协商民主

理论与经验

THEORY AND EXPERIENCE

李强彬◎著

社会科学文献出版社
SOCIAL SCIENCES ACADEMIC PRESS (CHINA)

前　言

也许是一种缘分，与协商民主的结识至今已十四年有余。犹记十四年前，贵州大学（花溪北校区）边上有一家十分特别的书店，取名"红烛书屋"，要晚上 7 点以后才开门营业。2004 年夏，在即将告别贵州大学而赴南京大学继续学习之际，很偶然地在这家书店翻阅到了中央编译局陈家刚研究员编译的《协商民主》一书，映入眼帘之际便被书名所吸引，旋即翻阅和购买。当时，尽管对书里各篇论文所阐述的观点不甚了解，也不大看得懂，但直觉告诉自己这是一本非常前沿和重要的作品。之后，这本书便被我带到了南京，但真正关心和认真研读协商民主的一些作品是在考虑将"政策制定中如何运用协商民主"这一问题作为自己的硕士学位论文选题时，这一选题促使我对协商民主有了真正的近距离接触和省思。进入博士研究生阶段的学习以后，我仍对"协商民主"念念不忘。通过国家公派联合培养博士研究生项目的支持，2008 年 9 月至 2009 年 8 月我有幸在英国约克大学进行了为期一年的学习，接触到了大量一手的国外协商民主研究成果，大大拓展了自己对协商民主的认知并对其产生了更为浓厚的研究兴趣，并且持续至今。可以说，闯入协商民主这一研究领域对我来说是十分偶然的，但持续关注协商民主的研究动态并试图在政策过程与公共事务治理的视野中来审视协商民主则是一种情结。

毋庸置疑，协商民主在中西方的兴起有其特定的社会背景与现实诉求。西方从 1990 年前后出现民主理论的"协商转向"到 2000 年前后"协商民主时代的来临"，再到 2010 年前后协商民主"全面的制度转向、系统转向、实践转向、经验转向"的发生，协商民主理论与实践的研究已成为一种"潮流"。以 2006 年《中共中央关于加强人民政协工作的意见》提出"人民通过选举、投票行使权利和人民内部各方面在重大决策之前进行充分协商，尽可能就共同性问题取得一致意见，是我国社会主义民主的两种重要形式"为标志，协商民主在中国开始进入国家民主政治建设与发展的视域，并逐步形成了中国特色的社会主义协商民主思想体系、制度体系和实践体系。2012 年，党的十八大报告明确提出"要完善协商民主制度和工作机制，推进协商民主广泛、多层、制度化发展"①。2017 年，党的十九大报告明确指出，"协商民主是实现党的领导的重要方式，是我国社会主义民主政治的特有形式和独特优势。要推动协商民主广泛、多层、制度化发展，统筹推进政党协商、人大协商、政府协商、政协协商、人民团体协商、基层协商以及社会组织协商。加强协商民主制度建设，形成完整的制度程序和参与实践，保证人民在日常政治生活中有广泛持续深入参与的权利"。时至今日，协商民主的研究与实践议题已广泛地涉及民主理论发展、国家治理、政策分析、公共治理、公民参与、全球治理等。面向未来，协商民主的理论与实践必将不断走向深入与精细。

呈现在读者面前的这本书是我独著或作为第一作者先后发表在《四川大学学报》（哲学社会科学版）《教学与研究》《经济社会体制比较》《国家行政学院学报》《国外理论动态》《求实》《理论探讨》《天府新论》《行政论坛》《党政研究》《观察与思考》《浙江学刊》《南京师范大学学报》（社会科学版）等学术期刊的论文经系统整理而成，是试图审视协商民主的理论主张、中国语境及其发展的典型议题的一种努力。在此，尤其对上述学术期刊深表感谢。本书的出版还得到国家社会科学基金青年项目（14CGL038）、中国博士后基金第 60 批面上一等资助项目（2016M600746）和四川省软科学项目（2017ZR0086）的资助，特别致谢。

李强彬

2018 年 1 月于川大望江

---

① 《十八大以来重要文献选编》（上），中央文献出版社，2014，第 21 页。

目 录
CONTENTS

协商民主的理论检视

国外协商民主研究 30 年：
协商民主何以须为何以可为*

在"原教旨"的意涵中，民主主要是指一种大众的集体性决策制度，即集体中的每个成员都有平等的权利来发表意见和作出决定。但是，这种"原教旨"的民主理想即使在公元前的雅典城邦那里也并未包括女性和奴隶，女性和奴隶被天然地认为低劣于男性公民。尽管存在这样的限制，古雅典城邦的民主集会却传遍了爱琴海，城邦里的直接参与不仅是政府的原则，也是一种生活方式的原则。① 古雅典城邦中的民主生活具有两个显著性特征：一是大众集会的有效运转，其中普通公民可以辩论和决定法律与政策，证明了公共辩论同有效的政策和集体行动并不相冲突。二是为"穷人在每一点上都能够做到像富人一样就公共政策进行协商和投票"这样一个原则作了有力的辩护。② 而民主理论发展至今，在 1990 年前后已呈现协商转向之势，沟通和反思被置于民主的核心，认为民主不仅是通过偏好聚合来做出决定，更是意见和偏好在充分信息、相互尊重和竞争性对话中形成与转化的过程。③ 为此，协商民主（Deliberative Democracy）跃然于当今民主理论之潮流。

* 原载《四川大学学报》（哲学社会科学版）2012 年第 2 期，作者为李强彬、黄健荣。基金项目：国家社会科学基金项目"科学发展观与政府决策能力研究"（06BZZ011）；教育部人文社会科学青年项目"新时期我国公共政策议程设定转型与群体性事件治理研究"（11YJC810023）；四川省社会科学规划青年项目"基于公共政策议程设定转型的群体性事件治理"（SC11C001）。

① David Held, *Models of Democracy*, Cambridge：Polity Press, 2006, p. 14.
② David M. Beetham, *Democracy*, Oxford：Oneworld Publications, 2005, pp. 3-4.
③ John S. Dryzek, *Foundations and Frontiers of Deliberative Governance*, Oxford：Oxford University Press, 2010, p. 3.

一　协商谓何

最早明确提出并界定协商民主的约瑟夫·M. 毕塞特（Joseph M. Bessette）认为，协商即"公共政策价值的论辩"，是参与者认真考虑各种实质性信息与理由并独立作出判断以及彼此说服一个好的公共政策由什么构成的论理过程，协商包括各种各样被称作"问题解决"或分析的活动。在任何真实的协商过程中，参与者关注的事实、理由与建议是公开的，参与者都愿意与他人彼此相互学习。[1] 在毕塞特那里，协商意在反对把立法和公共政策解释为自利个体理性计算的结果而不是就共同目标进行论辩、述理和说服的结果，指出协商的内在过程是通过"扩展和精炼后的公共意见"促成"理性的、温和的声音"以形成冷静、明智的判断，进而达致共同体利益的实现。信息、论辩和说服作为协商的基本要素，当就某一问题的信息和论辩致使参与者在政策制定中接受了他或她在参与这个过程之前没有接受的实质性立场的时候，说服就产生了，说服是协商过程的最后阶段和典型标志。

继毕塞特之后，不少研究者成为协商民主论者，代表性的观点认为：协商的首要特征是相互给出理由，民主实践中领导者需要就其决策给出理由，同时要回应公民给出的理由；[2] 协商是对数据资料进行权衡的理性过程；[3] 协商的目标是产生合理的、智识的意见，参与者乐意根据商讨、新的信息和其他参与者的要求而修正偏好。[4] 在塞拉·本哈比（Seyla Benhabib）看来，协商具有三个典型特征：协商过程中的参与以平等和对称为指导性准则，所有人都有同等的机会发起讲演、询问、质询和公共论辩；所有人都有权对给定的讨论话题提出疑问；所有人都有权就对话程序

① Joseph M. Bessette, *The Mild Voice of Reason: Deliberative Democracy and American National Government*, Chicago: The University of Chicago Press, 1994, p. 46.
② Amy Gutmann and Dennis Thompson, *Why Deliberative Democracy?* New Jersey: Princeton University Press, 2004, p. 3.
③ Michael Walzer, "Deliberation, and What Else?" in Stephen Macedo, eds., *Deliberative Politics*, New York: Oxford University Press, 1999, p. 58.
④ Simone Chambers, "Deliberative Democratic Theory," *Annual Review of Political Science* 6 (2003): 307-326.

的规则及其应用或实施的方式提出反思性论辩。① 约翰·S. 德雷泽克（John S. Dryzek）则明确指出，真实协商的唯一条件就是在非强制的环境中经由沟通引致偏好反思，排除经由权力、操控、灌输、宣传、欺骗、仅为自利表达、威胁以及强加的意识形态服从之类的活动所形成的控制。②

作为协商民主的哲学基础之父，哈贝马斯认为协商需受"更佳观点之理性力量"的驱动，指出"协商的形式应该是辩论；协商是公共的、包容的；协商应该是排除外在强制的；协商是排除任何可能有损于参与者之平等的内在强制；协商的目的一般来说是要达到理性地推动的一致意见，并能够无限制地进行或在任何时候恢复；协商可以解答任何可以用平等有利的方式来调节的问题；协商还包括对需要的诠释，以及对前政治态度和偏好的改变"。③ 约翰·加斯蒂尔（John Gastil）和彼得·莱文（Peter Levine）在论及协商民主的制度设计时则认为，协商意味着一些像陪审团之类的机构经理性讨论作出决策的过程，并且协商越来越成为表征公共对话的一种特殊形式，强调"普通"公民的参与。与妥协、说服和讨价还价比较起来，协商有其特有的属性。

协商不是让步的妥协。妥协是对立的各方把观点以不完整的形式保留下来，通过某些部分的让步以换取另一部分的满足以达成彼此满意的协议。④ 科恩赋予了妥协十分重要的民主价值，认为民主国家的公民需乐于以妥协办法解决他们的分歧，认为妥协是民主的所有条件之中最为重要的，没有妥协就没有民主，妥协是民主程序的核心。⑤ 然而，妥协的本质是根据私利的最大化来作出让步，但协商依据的是更佳观点之理性说服的力量。就试图达致共识这一目标来说，妥协与协商具有一致性，协商亦不完全否认妥协的价值，相反它不仅认可合理妥协的工具性价值，而且承认经历协商过程的妥协结果同单纯的投票表决相比已经超越了多元冲突和权

① Seyla Benhabib, *Democracy and Difference: Contesting the Boundaries of the Political*, New Jersey: The Princeton University Press, 1996, p. 70.
② John S. Dryzek, *Deliberative Democracy and Beyond: Liberals, Critics, Contestations*, Oxford: Oxford University Press, 2000, p. 2.
③ 〔德〕哈贝马斯：《在事实与规范之间：关于法律和民主法治国的商谈理论》，童世骏译，三联书店，2003，第 380 页。
④ 〔美〕科恩：《论民主》，聂崇信等译，商务印书馆，1988，第 186 页。
⑤ 〔美〕科恩：《论民主》，聂崇信等译，商务印书馆，1988，第 186 页。

力专断。基本的区别在于，协商不是自利个人理性计算后通过"让步"来作出决定，而是根据更佳理由与更好证据之下的反思性力量来行动。

协商不是单向的说服。说服通常是通过对事实、数据以及信息的整理，通过对论点进行有技巧的自圆其说以及运用逻辑和推理来使他人相信自己观点正确、明智的一种行为。说服过程中，说服者会尽可能地引导他人按照自己希望的方式行事，说服的要素包括准确的信息、推理、逻辑和有效的辩论，它排除操纵、欺骗、恐吓和虚张声势。[①] 但是，说服也具有两面性：在其唤起理性、智识的决策景象和让人感到敬畏的同时，"宣传"和"灌输"则体现出说服之丑陋的另一面，表现为一种故意的操控和对人们独立思考能力的剥夺，让人感到害怕[②]，是很危险的。说服者在寻求支持的过程中并没有为其改变原初立场留下什么空间，而协商却是相互而非单方面、单向的宣传和灌输，协商排斥被动、单向的服从和沉默。

协商不是交易式的讨价还价。讨价还价可以被定义为两个或多个拥有权力或权威的人对至少存在不一致的目标进行调整，以形成一种对参与者来说虽然不一定理想，但可被接受为行动方案的一种过程。[③] 政治过程中的讨价还价来自经济市场中的交易观念，强调讨价还价的各方不仅要有妥协的意愿，而且要有可妥协的"东西"。否则，讨价还价就很难展开。与此相对，协商却是参与者之间相互给出有说服力、能经受公开的批判性检视的理由和论证以支撑相应立场和观点并赢得非直接参与者认同的过程。因而，协商的核心资源不是金钱和权力，而是有说服力的理由、证据和论证。

概括来说，协商可被认为是基于信息、理由和证据，依据相互性而展开的一种审慎思辨的沟通行为，它致力于产生见识多广、合理和"精炼"的意见与偏好。协商过程中，参与者需要具备特定的条件和能力，尤其需要具备面对更具说服力的观点时乐于修正自己先前偏好的心理状态。就协商的发生场合而言，它既发生于建制化的正式的决策机构中，亦形成于非

---

① 〔美〕詹姆斯·E. 安德森：《公共政策制定》，谢明等译，中国人民大学出版社，2009，第 167 页。

② Deborah Stone, *Policy Paradox*: *The Art of Political Decision Making*, New York: W. W. Norton & Company, 2002, pp. 305–307.

③ 〔美〕詹姆斯·E. 安德森：《公共政策制定》，谢明等译，中国人民大学出版社，2009，第 164 页。

正式的公共领域之中。在协商的视野中，民主不仅是一种政治形式，而且是通过创造参与、交往与表达的适当环境来促成平等公民之间自由讨论的一种社会与制度条件的框架，经由定期的竞争性选举、公开性条件、立法监督等，建立确保政治权力回应性与责任性的框架，以使权力行使的权威性与此种讨论相联系。① 就协商的意义与价值而言，乔恩·埃尔斯特（Jon Elster）在一个总结性的评价中指出协商具有八大优势：提供私人信息；减轻或克服有限理性的影响；强制或引致一种正当性需求的特殊模式；证明最终选择的正当性，其目标本身是值得期待的；有利于帕累托次优的决策；有利于根据分配正义而产生更好的决策；产生更广泛的共识；提高参与者的道德或智力品质。② 可见，在社会问题日趋复杂化（尤其是分歧和冲突的范围与层次不断拓展）的当今时代，协商的观念正促使我们不断反思民主理论和实践的深化与发展。

二　协商何以民主

赫尔德断言"民主的含义现在是不确定的，或将永远都是不确定的"。③ 在毕塞特看来，协商之所以民主，基本的缘由是民主过程中存在两种不同的公共声音：一种是非常直接或原始、自发、无知、没有反思性的公共声音；一种是更具协商性的，用更长时间形成并出于对信息和理由之更全面考虑的公共声音。他认为，只有后一种才是适当的规则，而评估协商民主之民主特性的合适标准就是政府制度促成明智与述理的控制而不是无知与感情用事或偏见多数控制的程度。④ 据此，协商的程序和制度必须有能力控制或缓和没有反思的大众情绪，表达明智和理性的公共判断，促进协商多数的形成以实现公众真正的利益。毕塞特进而认为，政策过程中的政策协商不是任何形式的论辩，它必须是包含公共政策实质性利益的论辩。公共政策价值的论辩意味着公共政策怎样才能有利于范围更广的社会或成为其重要的部分。因此，协商与自利计算是有显著差别的，尽管协商过程本质

① Joshua Cohen, "Procedure and Substance in Deliberative Democracy," in James Bohman & William Rehg, eds., *Deliberative Democracy*, Massachusetts: The MIT Press, 1997, pp. 412-413.

② Jon Elster, *Deliberative Democracy*, Cambridge: Cambridge University Press, 1998, p. 11.

③ David Held, *Models of Democracy*, Cambridge: Polity Press, 2006, p. 2.

④ Joseph M. Bessette, *The Mild Voice of Reason: Deliberative Democracy and American National Government*, Chicago: The University of Chicago Press, 1994, pp. 34-35.

上是理性或分析性的，但不同的人即使面对同样的信息和理由也常常会对政策意见的价值得出相反的结论，而这种不一致本身并不表明协商的缺失，因为协商既可以通过产生全体一致的观点而不需要投票，也可以揭示尖锐的不同意见而要求正式的投票以确定审慎多数的观点。

协商民主是协商与民主的统一而非仅有协商而无民主，其中包容性是民主协商区别于协商的关键特征，因为协商可以发生在不具包容性的环境中。也就是说，协商民主必须包含协商，但协商却不必然产生协商民主。[①]协商与民主的结合体现在两个方面：一是对协商的关切，即决策中对各种理由的权衡和考量；二是对民主的关切，即平等考虑受决策影响的所有人的观点和意见。相较于不具民主的协商，约翰·帕金森（John Parkinson）指出协商民主需要一套"程序条件"，最关键的就是"包容性"以及参与者"抛开先前形成的偏好"并愿意"被说服"。[②]在协商之包容性条件的约束下，协商的制度设计需要促成与问题相关的所有人的观点和意见都有机会得到表达、反映并受到决策者平等的对待，从而使民主协商所产生的结果更趋于理性和成熟。艾米·古特曼（Amy Gutmann）和丹尼斯·汤普森（Dennis Thompson）进而指出，协商的民主性不在于纯粹的程序观念，而是协商包容的充分性，"协商民主之所以民主"是一个有关哪些人可以参与协商过程即谁有权（及有效的机会）进行协商或选择协商参与者以及协商参与者应向哪些人提出辩护理由的包容性回答。[③]

在民主理论的历程中，协商民主与自由主义民主都基于这样一个前提，即政治偏好是相互冲突的，民主制度的目标就是处理这些冲突，但协商民主同自由主义民主尽可能将分散的个体偏好聚合成集体选择的观点不同，它主张经由公开和非强制地对利害相关的议题进行讨论和辩护而作出具有约束力的集体决定。对此，哈贝马斯认为，协商民主赋予民主过程的规范性含义比自由主义模式中看到的要强，比共和主义模式中看到的要弱，协

① Peter Mclaverty and Darren Halpin, "Deliberative Drift: The Emergence of Deliberation in the Policy Process," *International Political Science Review* 2 (2008): 197-214.

② John Parkinson, "Legitimacy Problems in Deliberative Democracy," *Political Studies* 51 (2003): 180-196.

③ Amy Gutmann, Dennis Thompson, *Why Deliberative Democracy*? New Jersey: Princeton University Press, 2004, pp. 9-10.

商民主从两边各采纳一些成分并以新的方式把它们结合起来。[1]

在戴维·米勒（David Miller）的论述中，他通过论证协商更有能力减少政治共同体所面临的社会选择问题而为协商的民主性质作了更进一步的理论证明。20 世纪 50 年代兴起的社会选择理论对传统主流的民主理论提出了难以回应的挑战：一是认为没有任何有关个体偏好的聚合规则是显而易见的公平和理性的，并优越于其他可能的规则；二是认为事实上每一个规则都会遭受策略操纵，即使在给定的一套偏好中假设每个人都真诚地投票并产生一种貌似合理的结果，真实的结果也很可能被策略投票所扭曲。因而，社会选择理论看起来破坏了民主之自由主义的观点。[2] 那么，民主的协商思想能否应对社会选择理论提出的挑战呢？米勒分析到，社会选择理论假定投票者在给定的偏好中形成结果，并且暗示一旦允许投票者的偏好在决策过程中可以改变，其结果就不再适用。

按照这一理路，协商民主是用资源来削弱政治共同体所面临的社会选择问题的。协商过程可以提炼分歧性的观点和意见并对偏好的范围进行限制，从而促成根据某一维度形成单峰性偏好结构。协商过程也具有潜在的道德教化功能，协商迫使人们即使试图实现的是自私的偏好也需要打着公共利益的旗号。在处理分歧与冲突的过程中，协商能够把最初没有经过加工的原始偏好转换成道德判断，从而显著地减少最后的决策程序所要处理的政策结果的排列问题。[3] 在相互给出理由和论证的过程中，偏好和观点不仅得以表达，而且也在被重塑。协商不断"淘汰"和"提炼"意见，缩减偏好选择的范围，促成单峰性偏好结构的形成以避免投票循环，从而针对威廉·赖克（William Riker）提出的"由于投票循环的广泛存在，因而'民主是无意义的'"这一挑战，协商将使民主变得更有意义。[4]

最后，哈贝马斯对工具理性或策略理性与交往理性之间的区分对于解

---

① 〔德〕哈贝马斯：《在事实与规范之间：关于法律和民主法治国的商谈理论》，童世骏译，三联书店，2003，第 380 页。

② David Miller, "Deliberative Democracy and Social Choice," in James S. Fishkin and Peter Laslett, eds., *Debating Deliberative Democracy*, Oxford：Blackwell Publishing Ltd, 2003, pp. 187-188.

③ David Miller, "Deliberative Democracy and Social Choice," in James S. Fishkin and Peter Laslett, eds., *Debating Deliberative Democracy*, Oxford：Blackwell Publishing Ltd, 2003, p. 207.

④ James Fishkin, Peter Laslett, "Introduction," in James Fishkin and Peter Laslett, eds., *Debating Deliberative Democracy*, Oxford：Blackwell Publishing Ltd, 2003, p. 3.

释协商何以民主具有重要意义。根据哈贝马斯的论述，当人们进行交往的目标是击败所有相对立的意见，不愿意倾听和反映他人观点的时候，所运用的就是工具理性或策略理性，而交往理性则包含人们在进入沟通时抱以开放性的思维并且愿意倾听他人的观点以及为他人观点的力量所影响的要求。① 如果在协商过程中把金钱的影响驱逐出政治领域，政治就会更少受到富人的操纵，就会更具合法性。因为，"金钱对政治的扭曲作用会让民主成为笑柄。大众变成了金钱操纵者的傀儡，自己所做的决定仅仅是为资本家服务的橡皮图章而已"②。相反，如果所有受影响的人都有机会（依靠言论和组织的自由，投票和申诉权，并不受经济恫吓的威胁）影响决策，并帮助集体决断从权力和金钱的力量转移到对话、讨论和说服的力量上来，则协商成为民主的制度化。③

三 协商民主何以须为

不同于民主形式的直接性与间接性区分，协商民主另辟蹊径，认为民主理论面临的挑战既不是简单地考虑在不断增多的人群类别中确定谁有权参与政治，也不是简单地重新考虑民主可以合理拓展的领域，而是如何导入能够产生审慎思辨、连续一致、依情境概括、社会认可和可证明为合理之偏好的程序。④ 为此，有研究认为在过去的几十年里，多数西方国家的公民对政治家和政治制度的信任与兴趣衰减了，人们越来越视政治是一个由失去控制的权力所构成的遥不可及的竞技场。在这个竞技场中，权力所追求的利益根本没能反映公众的利益，同时政治犬儒主义盛行并伴随着人们从政治领域的"撤退"，导致选举中公民参与率下滑，投票不再被看作政治合法性和政策合法性获取的充分条件，这促使通常被认为已经稳固地建立了民主制度的那些国家重新思考有关民主政治良好运转与政治合法性的问题。面对多元文化趋势的不断加快，不少政治家更多地致力于民主实践的

---

① Peter Mclaverty and Darren Halpin, "Deliberative Drift: The Emergence of Deliberation in the Policy Process," *International Political Science Review* 2 (2008): 197-214.
② 〔美〕伊森·里布:《美国民主的未来:一个设立公众部门的方案》,朱昔群等译,中央编译出版社,2009,第3页。
③ 〔加〕马克·华伦:《协商性民主》,孙亮译,《浙江社会科学》2005年第1期。
④ David Held, *Models of Democracy*, Cambridge: Polity Press, 2006, p.233.

协商形式，以弥补传统的选举民主。[①] 协商民主的支持者宣称，公民在一个强调平等参与、相互尊重和充分理由论证的环境中一起商议公共政策会更可能有效地沟通和化解分歧，更可能形成更多的能体察到的合法性以及事实上也具有更多共识、理性与正义的公共政策，协商民主被认为至少是对民主国家社会与政治退化的一种部分的救治。

就协商与民主理论的发展来说，作为参与型民主的一个可行版本，协商民主越来越超越正当性问题而指向制度的设计。[②] 尽管参与型民主和协商民主在研究主题和目标指向上有交叉性，后者继承和发展了前者对普通公民直接参与影响其生活的决策过程的观点。但是，协商民主又不限于参与型民主的论域，它不仅涉及公民直接参与决策过程的问题，而且更加强调公民与决策者之间"公共对话"的互动方式及其制度设计，也更为注重民主之审慎思辨与相互证立的品格，从而转向了对民主质量的强调。与代议制民主相比较，协商民主强调"偏好转换"而不是"偏好给定"。协商民主论者指出了聚合式民主的病灶在于，个人偏好与集体选择之间潜在的冲突以及由此而产生的合法性与服从的问题，比如为什么自利导向的个体要接受与其利益不一致的结果？为什么选举的失败者要接受失败的结果并遵守与其追求的利益相违背的结果？理性选择理论家对此的回答是，不情愿的接受本身是符合其长远利益的，因为今天的选举失败者也许是下次选举的获胜者，因此选举竞争的失败者接受当前选举结果的深层次原因是相信合法的制度安排会保证今天的获胜者也要接受其在未来选举中可能的失败。但批评者指出，这是理想状态下的解决办法，在一个碎片化、复杂化的社会里是难以实现的，居于少数地位的团体可能很少有希望赢得选举，而用行政权力来强迫这些不接受法律的人服从是高成本同时也是低效的。在这样的社会中，社会信任遭到了强化社会割裂的多元主义文化和个人主义的系统性破坏。[③]

因此，协商民主被视为回应当今西方社会现状的一种理论，其中自治

① Shawn W. Rosenberg, *Deliberation, Participation and Democracy: Can the People Govern?* New York: Palgrave Macmillan, 2007, pp. 1-2.

② James Bohman, "Survey Article: The Coming of Age of Deliberative Democracy," *The Journal of Political Philosophy* 4 (1998): 415.

③ Shawn W. Rosenberg, *Deliberation, Participation and Democracy: Can the People Govern?* New York: Palgrave Macmillan, 2007, p. 5.

被理解为在开放、反思和合作性的商讨中揭示、修正个人与集体的偏好；平等不仅仅是影响具体决策的机会平等，更是要求积极参与公共政策讨论的合作性过程。协商民主论者坚信协商之于民主质量的提升具有重要意义，在自由民主主义者倾向于把私人偏好视为既定不变的时候，协商民主论者批评其过分注重私人利益，将公共利益视为个体偏好的总和并且高度信赖工具理性以及没有将公共决策的质量置于论辩的中心，而协商则把焦点转向了对"能促成更佳观点之发现、行动之充分辩护、利益之尽可能普遍化的政治机制和社会实践"[1] 的关注。从民主理论与实践的发展历程来看，协商民主可以被视为古雅典民主精神的复兴和对代议制民主缺陷的弥补，协商民主的魅力在于它有助于改善当今社会的合法性危机，缓解金钱政治、政治疏离、政治冷漠、三权分立体制下的立法困境以及大众民主下的个人主义病变等。[2]

四　协商民主何以可为

根据协商的观点，协商民主本身亦须接受"协商检验"，正视各种批评并对之作出回应。在质疑协商民主的论点中，质疑者首先指出协商民主面临现实可行性问题，认为协商内在地存在偏见，加之社会和经济生活中存在广泛的不平等，协商的观点是不能实现的。凯伦·温特林（Karen Wendlin）就指出，即使没有政治原因所造成的不平等，仍然会存在一定程度的制度性不平等。除了自然因素以外，这种制度性不平等还有三方面的原因：一是官僚结构的不平等，就是说在任何大规模的社会组织中，权威和责任的等级结构是不可避免的，这也是确保组织规则得以遵守的条件；二是信息的不平等，即任何社会组织中个体与个体之间、群体与群体之间的信息获得是有差异的，这必然导致权力方面的不平等；三是组织成员不同的组织经历而导致的"暂时性不平等"，即在任何一个组织中，一些成员资历较深，而有些是短期或临时性成员，组织成员对组织的感情、有关组织的信息以及与组织的利益关系等方面都存在较大差异，这些差异同样构成了制度性不平等。制度性不平等必然使人们在任何组织中的平等

---

[1]　David Held, *Models of Democracy*, Cambridge：Polity Press, 2006, p.246.

[2]　〔美〕伊森·里布：《美国民主的未来：一个设立公众部门的方案》，朱昔群等译，中央编译出版社，2009，第10页。

参与能力存在差异，同时也影响到人们与组织之间关系的紧密程度。①

对于这一质疑，古特曼和汤普森的观点可作为回应。他们认为政治权力与经济财富的不平等、媒介接触的巨大差异以及协商论坛中对信息的操控使一些人比其他人拥有更多的权力是显而易见的，即使协商符合高标准的理论要求亦然，但问题不是协商理论也许不能实现，而是要通过建立一个公正的过程来确定特定决策的实质正义。即使在不公正的环境中，协商较其他方式更能消除不正义。当不义偏袒了某一支配性团体时，协商能将此缺陷公之于众。而与透过政治精英或利益集团间的讨价还价来作出决策相比，理性的力量较少直接与既有的权力分配格局相联系，协商能够挑战既有权力分配格局，因此协商是值得期待的处理不义的一种途径。② 进而，他们指出批评者倾向于忽视这样一个事实，即处于不利地位的团体能从他们自己的群体中找出代表，就像有组织的团体的代表那样表达他们的利益和要求。当处于不利地位的团体遭受歧视和其他各种不正义形式的影响后，往往会激发较特权团体更具奉献精神、更具洞见和更有魅力的领袖，就像美国黑人民权运动领袖马丁·路德·金那样。

其次，理性选择理论批评协商并不能实质性地改变人们的偏好，协商过程同样受策略选择的操控。理性选择理论家认为，政治交往包括协商论坛仅仅是一种欺骗性的对话，对话往往被看作一种暗示，它不能改变听者潜在的偏好，但可能影响到听者关于行动与结果之间的感知。在对话中，讲者通常会有选择性地（如选择对自己有利的而规避不利的）发布信息以强化其自身的策略性立场。如果必要的话，他们还会扭曲或压制信息。因此，政治对话是不可靠的，对话并不能实质性地改变人们的偏好。并且，理性的听者不会相信讲者而是代之以对各种可能性保持警惕，通过理性的计算来决定是否相信讲者。这样看来，协商可能改变集体行动，但不是通过改变个人偏好，而是通过参与者的策略性判断来实现的。但是，协商民

① Karen Wendlin, "Unavoidable Inequalities: Some Implications for Participatory Democratic Theory," *Social Theory and Practice* 2 (1997): 161-179.

② Amy Gutmann and Dennis Thompson, *Why Deliberative Democracy?* New Jersey: Princeton University Press, 2004, pp. 42-43.

主论者认为协商中的反思能够促成偏好转换的实现。① 对此，詹姆斯·S. 菲什金（James S. Fiskin）在协商民意调查试验中通过对比协商前后偏好的变化，证实协商过程确实能够促使参与者在更充分的信息与理由的状态下发生偏好改变，从而使群体的整个偏好结构也发生改变。埃尔斯特亦指出，协商的原则和程序具有使伪善文明化的功能，这也是推动协商民主避免策略操控的重要的动力机制。② 进而，博曼回应道，如果协商过程至少满足了以下三个密切相关的条件，即非正式和正式协商的对话结构不可能使不合理的、站不住脚的观点决定协商结果；决策程序的制定应该允许观点、决定甚至程序修正能够吸收弱者的意见，或者更好地听取其意见；三是协商决策程序要具有广泛的包容性。那么，公民为了全部实践目的而做出可修改的假设就是合理的。③

再次，协商民主面临的合法性批评。这一批评指出，协商民主的合法性宣称在实践中遇到的第一个挑战就是规模难题，即当参与者超出一定的数量（在20人以下可行），协商就会崩溃，演讲将替代对话，修辞的吸引力将替代理由充分的论辩。④ 规模难题意味着，直接的协商参与者毕竟是少数，多数人并不能直接参与协商论坛，因此协商民主的合法性宣称是不能实现的。本哈比对此辩护道，通过多样化的社团、网络和组织间的交互作用，一种匿名的"公共对话"将会产生，协商民主的核心就是它赋予相互交织、重叠网络与联合式协商、论争和论理的公共领域以优先权。⑤ 另外，批评者指出通过随机分层抽样、自荐、推选、任命的方式所产生的协商民意调查团、公民陪审团、共识会议等协商民主制度，其本身也是一种"代

① John S. Dryzek, "Theory, Evidence, and Tasks of Deliberation," in Shawn W. Rosenberg, eds., *Deliberation, Participation and Democracy: Can the People Govern?* New York: Palgrave Macmillan, 2007, p. 242.
② 〔美〕乔·埃尔斯特：《协商与制宪》，载陈家刚编译《协商民主》，上海三联书店，2004，第222页。
③ 〔美〕詹姆斯·博曼：《公共协商和文化多元主义》，陈志刚译，《马克思主义与现实》2006年第3期。
④ Robert E. Goodin, "Democratic Deliberation Within," *Philosophy and Public Affairs* (2000): 79-107.
⑤ Seyla Benhabib, "Toward a Deliberative Model of Democratic Legitimacy," in Seyla Benhabib, eds., *Democracy and Difference: Contesting the Boundaries of the Political*, New Jersey: Princeton University Press, 1996, p. 74.

议"机制，因而协商参与者如何代表协商论坛之外的人的意见也就成为问题，更进一步讲，人们为什么应尊重协商论坛所作出的决定呢？对此，应当注意两个问题：一是协商民主中的"代表"不同于代议制民主中的政治代表，前者是思想倾向、意见和观点的代表，而后者是人口统计学意义上的政治代表；二是协商民主中的代表按照议题来组织和选择，而后者主要是根据几年一度的正式的竞争性选举来组织和选择。因此，相较于代议制中的"代表"，协商民主中的"代表"强调的重点不是人数的代表性而是意见的代表性与合理性，"支持结论之合理性的不是纯粹的数量，而是这样一个假定，如果大多数人视事务是按照特定的协商与决策的理性程序的结论来进行时，那么直到更好的理由产生以前，可以推断这样的结论具有合理性"①。

最后，对于文化多元主义、社会不平等和社会复杂性提出的挑战，博曼作了如下回应。② 对于文化多元主义，博曼提出的解决办法是使理性的公开运用更具动态性和多元性，即便是协商中同意的观念也必须具有多元性，认为妥协模型需要被扩展运用到协商民主中。因此，对于抛弃全体一致而寻求多元公共一致的公共协商来说，多元主义并非难以逾越的认知或道德障碍，多元一致仅仅要求公共协商过程中的持续性合作，即便存在持续的分歧也不要紧。并且，文化多元主义并未抹杀协商民主的可能性，它反而能促进公开利用理性，使民主生活更加充满活力。③ 针对社会不平等提出的挑战，博曼认为可以通过集体行动和团结来矫正协商中的不公平，只要处于不利地位的公民能够有效运用他们程序上的机会，集体行动这样一个非制度性的手段就能够让他们进入公共领域。如果制度中的决策权力广为分散，同时制度的公共输入途径也很多，排除部分团体到协商之外就比较难以得逞，而集体行动者通过重建公共领域来影响和改变制度就比较容易实现。对于社会复杂性提出的挑战，博曼借助于"协商多数统治"的概念来

---

① Seyla Benhabib, "Toward a Deliberative Model of Democratic Legitimacy," in Seyla Benhabib, eds., *Democracy and Difference: Contesting the Boundaries of the Political*, New Jersey: Princeton University Press, 1996, p. 72.

② 〔美〕詹姆斯·博曼：《公共协商：多元主义、复杂性和民主》，黄相怀译，中央编译出版社，2006，第 17~18、90、126、163~164 页。

③ 〔美〕詹姆斯·博曼：《公共协商与文化多元主义》，陈志刚译，《马克思主义与现实》2006年第 3 期。

强调，经协商而产生的多数不是简单的投票多数或通过其他方式形成的多数，任何决策机制中形成多数的方式至关重要。

作为一个实践性的观念，证明协商民主的可行性和清楚地理解其局限性，最终将使协商民主对真正的改革和创新具有更多而不是更少的诉求基础。① 在博曼看来，制度必须承担为公民影响协商决策程序和拓展协商可能性空间提供各种机会的责任，有关协商民主的著作一直在系统地研究各种制度（政府机构、非政府组织等）是怎样通过提供一系列协商论坛而创造这些机会的，比如协商民意调查、共识讨论、公民陪审团、计划参与模式和技术评估等，还有在线论坛试验和计算机支持的协商模式。博曼为协商民主所做的强有力的辩护只是表明，"多元主义、复杂性、社会不平等的社会环境与协商是格格不入的观点是值得怀疑的，这些事实很少是单方面的，它们更多的是辩证和双方面的，即同样的社会环境在一些方面看似破坏了协商而在其他方面却可以促进协商"②。而且事实上，"协商民主论者从未宣称协商是灵丹妙药，可以将不好的结果变成好的，而只是比其他替代性方案更佳"③。尽管协商存在失败的可能性，但这并不是我们放弃协商和反对改进协商的借口。对于公民协商来说，对公民能力的质疑本身是可疑的，公民并不总是知之甚少、冷漠、不关心公共事务和对专家的意见俯首帖耳或作无谓的争执，如给予他们适当的机会和制度安排，公民是能够协商的，并且他们的协商对于民主制度的运转是极为重要的。

五　结语：　协商民主对当下中国之启示

改革开放以来，围绕"经济建设"这个中心和社会主义市场经济体制的建立这条主线，党和政府制定了一系列公共政策，取得了巨大成就，使当下中国发生了翻天覆地的变化。同时，我们也需认识到，如果说改革初期的政策目标集中在如何把蛋糕做大的话，那么改革进入纵深阶段后的政策目标则应更为关注改革成本如何分担和发展成果如何分享等问题。随着

---

① James Bohman, "Survey Article: The Coming of Age of Deliberative Democracy," *The Journal of Political Philosophy* 4 (1998): 423.

② James Bohman, "Survey Article: The Coming of Age of Deliberative Democracy," *The Journal of Political Philosophy* 4 (1998): 415.

③ Dennis Thompson, *Why Deliberative Democracy*? New Jersey: Princeton University Press, 2004, p. 41.

社会价值观多元化、利益主体分散化的迅速发展以及公众权利意识、权益意识、自主意识、参与意识的强化，当下中国社会问题正变得越来越复杂和难以治理。对此，中央在《关于构建社会主义和谐社会若干重大问题的决定》中作了这样的判断，"特别要看到，我国已进入改革发展的关键时期，经济体制深刻变革，社会结构深刻变动，利益格局深刻调整，思想观念深刻变化。这种空前的社会变革，给我国发展进步带来巨大活力，也必然带来这样那样的矛盾和问题"。为此，提出了要"更加注重社会公平，使全体人民共享改革发展成果"的战略和政策宣示，社会公平正义的诉求将在政治、管理和政策方面更显紧要。与此相应，政治、管理和政策过程必须因社会发展治理变迁的新任务、新要求而有所变革和创新，政治、管理和政策过程中经由协商而促成利害相关者的利益和诉求得到理性的表达、回应与检验是实现社会公平正义和构建和谐社会的重要途径。

与投票、竞选、组织、动员、游行、示威、罢工、游说等政治活动相比较，协商也许并不显得那么突出。但在当下中国的政治、管理和政策实践中，由政治系统内的权力精英所主导的"内输入"模式越来越需要更多自由、平等、公开和理性的协商、对话与讨论。以协商民主的逻辑来审视我国政治、管理和政策的优化，更为切中实践中的要害。比如，党在我国政策过程中"总揽全局"，但这并不意味着党的主张和意志理所当然地就是国家层面的法律和公共政策，党的主张和意志在上升为国家层面的法律和公共政策之前通常需要经由一个"酝酿"的过程，这种"酝酿"实际上就要求党为其主张和意志提供合法性与正当性证明，而民主协商在各种"酝酿"中的嵌入将促成利害相关者在政治、管理和政策的执行阶段产生更多的自愿性合作。

最后，纵观协商民主提出、兴起与发展的历程，实践取向的协商民主实际上是在政制与治理两个层面上展开的。政制层面的协商民主是以权力的分立与制衡为基本特征的一套政府体制，治理层面的协商民主则指向各层级的公共事务治理，协商治理也正成为协商民主和公共管理研究的前沿性议题。因此，我们应对协商民主在当下中国治理层面的充分展开抱以信心和期待，协商民主的实践不仅可以推动政治、管理和政策过程的优化和创新，而且可以重塑公民角色、政府角色以及它们之间的关系。为此，我们须充分考虑协商民主在以下观念中的价值：政治、管理和政策过程中，问题需要尽可能早地被发现和认识；在化解问题和矛盾的过程中，仅仅感知和陈述问题是不够的，更重要的是如何说服别人认识到问题的存在及其属性，从而作出及时、相应、有效的对策；随着社会的发展，由少数精英人物通过声称其决策代表了大多数人但又拒绝容纳这些"大多数人"参与决策过程并且又试图获取政策合法性的取向已不再可行，公众的偏好不能单独地由管理者来界定；政治、管理和政策过程中，政府越来越表现为其中的一方，除非公共参与的愿望和要求得到尊重，否则政治系统输出的产品在面对公众的政策冷漠或积极的抗议时将付出巨大的社会成本；面对公众的意见，应让其意见有用，而不是形式化、虚化和空化；随着现代科技和信息技术的发展，公众已感到他们越来越有能力对影响其生活的决策过程发出自己的声音，对此为政者、决策者和管理者必须做出回应。可以肯定，在所有这些方面，协商民主理论与实践的深化能够为当下中国的民主政治建设和治理变革提供诸多有益的解决方案。

国外协商民主研究 30 年：
路线、视角与议题*

中文语境中的"协商民主"源于英文"Deliberative Democracy"一词的翻译。作为近 30 年来一个新兴的国际性学术研究热点，"Deliberative Democracy"最早由美国学者毕塞特提出，意在反对美国宪法精英式、贵族式的解释以及把立法和公共政策解释为自利个体理性计算的结果，而不是就共同目标进行论辩、述理和说服的结果。在毕塞特看来，协商的观念意指"公共政策价值的论辩"，认为美国国会这样的制度设计具有卓越的协商性，但遗憾的是没有相关的著作和论文对其进行细致研究。①

继毕塞特之后，研究者拓展、丰富了协商民主的研究范围，将协商民主视为当今社会不断提升政治过程品质和民主质量的重要途径。以致德雷泽克认为，1990 年前后，民主理论呈现明确的协商转向：在协商转向之前，民主理想被看成主要是通过诸如投票和代表机制的方式来实现集体决策偏好与利益的聚合。在协商转向之后，民主合法性的实质则应经由某一集体决策的所有相关者致力于这一决策的真实协商的能力来获取。② 时至今日，协商民主无论在理论还是在实践中，都正处于发展阶段，美国总统奥巴马在《无畏的希望》中宣称是协商民主的信奉者。在中国，协商民主一度兴

* 原载《教学与研究》2012 年第 3 期。基金项目：教育部人文社会科学青年项目"新时期我国公共政策议程设定转型与群体性事件治理研究"（11YJC810023）；四川大学中央高校基本科研业务费研究项目"当下中国政策议程设定转型与群体性事件治理研究"（SKX201029）。

① 转引自 Joseph M. Bessette, *The Mild Voice of Reason: Deliberative Democracy & American National Government*, Chicago: The University of Chicago Press, 1994, p. XI.
② John S. Dryzek, *Deliberative Democracy and Beyond: Liberals, Critics, Contestations*, Oxford: Oxford University Press, 2000, p. v.

起，得到执政党的认可并付诸实践，这充分说明了协商民主的生命力及其在实践中的多样性和广泛性。

一　研究路线

一般认为，协商民主是 20 世纪 70 年代伴随对自由主义民主理论的批判以及参与式政治的发展而逐渐在 80 年代成形的。1978 年，毕塞特在其博士论文《国会中的协商：一项初步的研究》中最早提出协商民主，而产生重要影响的是其随后的《协商民主：共和政府的多数原则》一文。进入 80 年代，不少研究者开始加入协商民主论者的行列，讨论的核心问题集中在论证协商民主之于理性选择理论家们"聚合"民主观的优越性，这可称为第一代的协商民主研究。进入 90 年代，研究者开始反思协商民主，在理论与实践的张力、在批评与辩护的论争中，协商民主的基本共识初步形成，产生了英—美主义和欧洲大陆主义两种研究路线①，这可称为第二代的协商民主研究。在这两种研究路线中，前者以罗尔斯的思想为基础，后者以哈贝马斯的思想为基础，两者主要的区别在于对个体自治进而对政治关系的不同理解。英—美主义的观点认为，自治是所有人都具有的一种天然的品质，这种内在的自我导向的能力在政治上是根据其符合逻辑的、理性的和自我反思的能力而得出的。但在欧洲大陆主义的观点看来，英—美主义理论家们所假设的能力是具体需要达到的目标，而非为人们所普遍具有。因此，自治不再被看作天然存在的东西，而被看成社会建构出来的。

进而，两种研究路线对政治关系的理解亦不同。欧洲大陆主义的观点认为，政治关系不是仅为固有的个性表达提供一个场所，以将个人选择转化为集体决策（偏好聚合的观点），或者通过提供更多的信息或辩驳来激发个体的偏好反思，而是应被理解为使社会交往以影响个体认知能力发展的方式运转起来。这样，欧洲大陆主义的关注焦点就从单纯的机会（选择或发言权）平等转向了社会交往的品质，而这与个体如何成为主体或活动者是密切相关的。在这里，"所有参与者都具有平等的发言权吗"仍然被关切，但"人们在彼此间的有助于其能力提高的相互交往中有其自己的声音

① 参见 Shawn W. Rosenberg, *Deliberation, Participation and Democracy: Can the People Govern?* New York: Palgrave Macmillan, 2007, p.12.

吗"则成为更具根本性的问题。因此，两种研究路线不同的假设预示了民主协商不同的途径和制度设计。

英—美主义的研究路线认为人们具有必要的认知能力、沟通能力，具有进行有效的、合作的和公平协商的潜能，主要的问题是外部因素（比如等级、教育、收入和种族的差异）影响了协商参与者之间理性的对话和沟通，因而协商的制度设计就是要避免参与者受到外部干扰因素的影响。但欧洲大陆主义的观点认为对此应作更深入的讨论，认为个体的能力和自治不是既定和普适性的，而是社会建构的，并且具有多种形式。也就是说，在不同的社会和历史时代，人们思考问题的方式和内容都存在差别，个体的认知能力会随着社会和历史境遇的变化而变化。因此，制度设计的焦点需要转向能力和自治的建构，协商的制度化不是一个简单的对如何避免外部不平等之"自由"空间的思考，还必须阐明公民之间相互交往之建构的各种限制，以促进主体间协商沟通的实现。然而，两种研究路线尽管就个体自治、政治关系，进而对协商的制度设计存在分歧，但它们通过对公共对话式公民参与的共同关注而整合在了一起，它们都关切协商决策之自由、开放与合作的品质，都认为民主协商提供了民主治理的新形式，这有助于：作出更加有效和公正的政策决策；建构更加整合的包含群体和个体差异的共同体；促进更加平等的、人道的和合作性的社会关系；培养个体公民更高层次的认知和社会成长。①

二 研究视角

作为新兴的民主理论，论者对协商民主中"协商"的价值、地位、目标和范围存在不同理解，从而产生了多种不同版本的协商民主。有的侧重协商的程序或实质，有的则侧重协商的背景条件、过程或结果。但就总的研究旨趣而言，论者都认为民主不是简单的投票和个人偏好、利益的加总，都认为多数何以成为多数是民主的关键，述理、偏好转换、理由的公共检视、更好观点的驱使是协商民主过程与制度最重要的内在要求，协商民主具有可以区别于其"竞争对手"的一套核心主张：最基本的是它将个体间

---

① Shawn W. Rosenberg, *Deliberation, Participation and Democracy: Can the People Govern?* New York: Palgrave Macmillan, 2007, p. 14.

相互的论理作为指导性的政治程序，而不是竞争性利益之间的讨价还价；基本的政治活动——理由的给出、权衡、接受或拒绝——是一种公共活动，这与纯粹私人的投票活动是相反的；协商民主是民主协商而不仅仅是协商，民主协商应体现对公众期望的回应和成员之间的政治平等这两条基本的民主原则。[①] 进而，协商民主是协商与民主的融合：在"民主"的一面，协商民主的概念包含集体的决策制定，其中，所有受此决策影响的人或其代表都需要参与这一过程；在"协商"的一面，通过参与者相互间的论辩来进行决策制定，参与者忠于理性和公正的价值观。[②] 围绕协商民主的这些理论特质，论者在研究中呈现多种视角。

作为政府体制理论的协商民主。作为政府体制的协商民主指向政府制度的设计，在毕塞特那里，协商民主就是一种政府体制，目的在于形成"冷静、审慎"而非即兴和未经反思的多数统治，美国立宪者对政府体制的协商民主设计就是对 18 世纪 80 年代政府机能失调和民主过度的一种回应，[③] "立宪者试图建立的不仅仅是一个协商的政府，而且是一种协商民主"[④]。进而，毕塞特指出，作为政府体制的协商民主需要建立在两个基本原则之上：一是政府制度必须有能力进行好的协商，就公共政策作出有见识和明智的判断；二是协商必须深深地扎根于美国公民的利益与期望之中。这种政府体制的核心是把协商和民主结合在一起，在促进民智、理性和责任的政策制定的同时，要求保持大众政府的精神实质与形式。

以美国联邦政府为例，选举制度被认为是确保协商民主得以运转的关键机制，参众两院和总统的选举设计一方面有利于协调长远利益和短期利益，一方面也有助于协调局部利益和整体利益，形成审慎多数的统治。通过对 1946~1970 年美国国会立法大量案例的分析，毕塞特得出了协商民主在美国联邦政府体系中具有持续活力的结论，突出强调了论辩、论理、说服和协商对于美国宪政制度运转和公共政策制定的重要性。沿着毕塞特的

---

① John Parkinson, "Legitimacy Problems in Deliberative Democracy," *Political Studies*. 1 (2003)：180-196.

② John Elster, *Deliberative Democracy*, Cambridge：Cambridge University Press, 1998, p. 8.

③ Joseph M. Bessette, *The Mild Voice of Reason：Deliberative Democracy & American National Government*, Chicago：The University of Chicago Press, 1994, p. 33.

④ Joseph M. Bessette, *The Mild Voice of Reason：Deliberative Democracy & American National Government*, Chicago：The University of Chicago Press, 1994, p. 46.

研究，杰弗里·K. 杜里斯（Jeffrey K. Tulis）进一步论证了以分权制衡为基础的制度间协商民主，指出此种协商形态"发生在宪政所构造的制度之间"，这种协商形式不需要面对面的接触，权力的分立是其典型特征，"国会、总统和法院之间的协商是美国权力分立系统的一个关键品质"①。因为，"把同一问题放到权力分立下的任一分支，解决的方式可能是不同的，任一分支都有处理问题的不同视角、优先秩序和考虑。跨分支间的协商是确保竞争性的观点、理由和考虑在公共政策的主要议题中都得到体现的一种方式"②。

作为公民参与理论的协商民主。公民参与通常是指不占有公共职位的普通公民对公共政策和政治过程的影响，这与协商民主尤其具有一致性。詹姆斯·博曼（James Bohman）在论及协商民主的公民参与性时认为，民主意味着某种形式的公共协商，如果决策不是仅仅强加给公民的话，他们之间的协商就是必不可少的。在公共协商中，公民给他们自己制定法律，这不仅使法律具有合法性，而且给公民提供了他们有义务遵从这些法律的理由。根据多数协商民主论者的看法，当政策是在通过公民及其代表超越自利及其狭隘观点而反应普遍利益或共善的公共商讨和辩论过程中被制定出来时，政治决策才是合法的。③ 在随后的论文集中，詹姆斯·博曼和威廉·雷吉（William Rehg）进一步指出，每一个合法的政府都应体现"人民的意志"，而协商民主与这一观念是一脉相承的。从广义上讲，协商民主涉及这样一种观念，即作为合法性的规范表述，协商民主唤起了理性立法、参与政治和公民自治的思想。协商民主提出了基于公民实践理性（Practical Reasoning）的政治自治的理想。④ 在德雷泽克看来，民主理论的协商转向表明人们重新关注，即民主控制在多大程度上是实质性而不是象征性的，而

---

① Jeffrey K. Tulis, "Deliberation Between Institutions," in James S. Fishkin and Peter Laslett, eds., *Debating Deliberative Democracy*, Oxford：Blackwell Publishing Ltd, 2003, p. 200.

② Tulis, Jeffrey K., "Deliberation Between Institutions," in James S. Fishkin and Peter Laslett, eds., *Debating Deliberative Democracy*, Oxford：Blackwell Publishing Ltd, 2003, p. 209.

③ James Bohman, *Public Deliberation：Pluralism, Complexity, and Democracy*, Cambridge：The MIT Press, 1996, pp. 4-5

④ James Bohman and William Rehg, *Deliberative Democracy*, Cambridge：The MIT Press, 1997, p. X.

且公民有能力参与其中。① 华裔协商民主论者何包钢在《协商民主：理论、方法和实践》一书中就开宗明义地将协商民主界定为"一种大众参与的公共决策机制和治理模式"②。而古特曼和汤普森则曾断言：公民及其代表需要证明其决策的正当性，他们都试图证明对施于彼此的各种法律以正当性。在这样的民主中，领导者应给出其决策的理由，同时对公民给出的理由予以回应。③ 由此，协商民主的政治参与性得以彰显：一方面它可以表达公众的期望和关切以影响政府的活动；另一方面又将政府的决策与执行连接起来，从而影响到整个政府执政过程的展开。

作为政治合法性理论的协商民主。政治合法性往往蕴含于诸如"一切权力属于人民，人民是国家的主人"之类的词句之中，因为它们表达了一种有关权力来源的基本原则，即只有真正自下而上地授予的权力才具有合法性。合法性意味着，权力是以一种正当的、可辩护（证明为合理）的、可接受的方式行使，往往被看作一个稳固的政府的基础，并且与一个政权获得其公民的忠诚和支持的能力联系在一起，④ 而协商则是实现此目标的重要途径。民主本质的协商理解表明，合法性本身蕴含于民主协商、公共协商的过程之中。也就是说，我们"有必要从根本上改变对于自由理论和民主思想的普遍看法：合法性的源泉不是先定的个人意志，而是它的形成过程，即协商本身"⑤。对此，本哈比认为，"在复杂的民主社会中，合法性只能来源于全体公民针对共同关心的事务所进行的自由而无约束的公共协商"⑥。进而，米勒指出，"协商观念强调的重点在于这样一种情形——当结果被认为反映了之前的讨论时，让所有观点都得以听到的公开讨论过程可以使结果合法化——而不是把协商视为探寻正确答案的一个发现程序

---

① 〔澳〕约翰·S. 德雷泽克：《协商民主及其超越：自由与批判的视角》，丁开杰等译，中央编译出版社，前言第 1 页。

② 〔澳〕何包钢：《协商民主：理论、方法与实践》，中国社会科学出版社，2008，前言第 2 页。

③ Amy Gutman and Dennis Thompson, *Why Deliberative Democracy*? New Jersey：Princeton University Press，2004，p. 3.

④ 〔英〕安德鲁·海伍德：《政治理论教程》，李智译，中国人民大学出版社，2009，第 137 页。

⑤ Bernard Manin, "On Legitimacy and Political Deliberation," *Political Theory* 3 (1987): 351.

⑥ 〔美〕塞拉·本哈比：《民主与差异：挑战政治的边界》，黄相怀、严海兵等译，中央编译出版社，2009，第 72 页。

（这并不否认协商可以提高决策质量）"①。在论及协商民主之于政治合法性的塑造时，詹姆斯·博曼的观点更为明确："如果在投票前对问题进行开诚布公的讨论，我就没有什么正当理由怀疑结果的合法性。即使我仍然不同意多数的意见，但我至少明白他们的意见能够在公开的场合进行表达。"②

作为治理理论的协商民主。治理与统治相对，是"各种公共的或私人的个人和机构管理其共同事务的诸多方式的总和。它是使相互冲突的或不同的利益得以调和并且采取联合行动的持续的过程"③，"网络是治理最关键的特征"④。第一，治理网络不同于等级式的统治和从属关系，而更强调扁平化的运行规则；它也不同于市场机制，强调的是行动者之间的合作、说服和相互的调节而不是竞争。与此相应，协商民主首先意指的就是多方力量之间就分歧和冲突而进行对话，其间的活动者不仅仅是政府，还是自由而平等的公民，"治理网络就是一种潜在的协商制度"⑤。与此同时，协商民主指明了治理过程中相关者之间相互作用的方式和途径——公共协商。第二，公共协商是治理赢得合法性的必要条件之一，"那些声称具有强制性力量的各项建议之所以能具有强制性的效力，其原因在于这些决策代表了一种公正无私的观点，它平等地对待所有人的利益。但只有当决策在原则上对自由而平等的公民参与的适当的公共协商过程开放时，这一预设才能得以实现"⑥。第三，协商民主是处理日益复杂的公共事务的有效机制，尤其在充满深刻分歧与道德冲突的公共事务治理中。对此，古特曼和汤普森认为，应该用协商的眼光来审视所有代表着深层次的道德不一致的政治问题。虽然并不期望协商能够产生一致，但协商能够产生理解和相互尊重，从而

---

① David Miller, "Deliberative Democracy and Social Choice," in James S. Fishkin, Peter Laslett, eds., *Debating Deliberative Democracy*, Oxford: Blackwell Publishing Ltd, 2003, p. 185.

② 〔美〕詹姆斯·博曼：《公共协商和文化多元主义》，陈志刚译，《马克思主义与现实》2006年第3期。

③ 转引自俞可平《治理与善治》，社会科学文献出版社，2000，第4页。

④ Mark Bevir and R. A. W. Rhodes, *Interpreting British Governance*, London: Routledge, 2003, pp. 55–56.

⑤ John S. Dryzek, *Foundations and Frontiers of Deliberative Governance*, Oxford: Oxford University Press, 2010, p. 126.

⑥ 〔美〕塞拉·本哈比：《民主与差异：挑战政治的边界》，黄相怀、严海兵等译，中央编译出版社，2009，第74页。

会使深层次的道德冲突比如堕胎问题易于处理。[①] 第四，在治理过程中，协商民主可以重塑政府官员与公民之间的合作关系，促使政府官员更加负责，创造更有凝聚力的共同体，在协商合作中解决单靠政府所无法解决的社会问题，并使政府的决策及其执行具有更广泛的公共可接受性和民主合法性。

作为民主决策理论的协商民主。在主流的代议制民主模式中，普通公民除了投票，一般很难对政府过程的具体运作特别是决策过程产生实质性的控制和影响。但是，从协商民主的理论逻辑、制度设计和实践指向来看，它谋求普通公民能实质性地参与和控制公共政策。在公共决策中，人们可能会因协商导致政策制定系统显得效率不足而拒绝它，相反简单地由领导或专家来作出决定并将他们的观念兜售给民众不是更好吗？对此，约翰·帕金森回应道，"协商民主的确会在议程设定、协商和决策阶段减缓处理问题的进展，但在我看来，那是没有任何坏处的，如果协商民主在这些阶段形成了更多的一致而创造了合法性，从而减少了在决策被宣告以后所必须始终应对的'回火'和因执行阶段的迟滞而带来的无效……这样的决策（经由协商民主）比以前具有更好的质量"[②]。进而，约翰·帕金森指出，政策决定产生之前的协商过程有助于我们"全面理解公共政策之所以形成的原因及其产生的后果"，从而也拓展了我们对社会的认知。

而民主决策之所以为民主决策而不是其他方式的决策，其首要特征就是它为分歧、歧义和冲突留下了检验空间：人们在决策过程中需要为其各种选择提供经得起批判性检验的理由、根据和论证，这些理由、根据和论证不仅应当是自己确信为正当的，而且也应当使其他的参与者不能合理地拒绝。对此，詹姆斯·D. 费伦（James D. Fearon）认为作为处理分歧和冲突的一种机制，协商民主促使人们对其试图实现的目标之间可能存在的冲突保持警惕，从而更好地阐明偏好形成的理由并更好地作出排列。进而言之，协商民主是后传统社会冲突背景下一种比由其他方式和手段如金钱、权力以及以传统为基础的权威来作出集体决策的一种更好的方式。在决策

---

① 〔澳〕约翰·S. 德雷泽克：《协商民主及其超越：自由与批判的视角》，丁开杰等译，中央编译出版社，2006，第10页。

② John Parkinson, *Deliberating in the Real World: Problems of Legitimacy in Deliberative Democracy*, Oxford: Oxford University Press, 2006, p. 173.

过程中，协商能够将被排斥和隐蔽了的问题暴露、公开；协商不仅揭示某一议题或意见是否从议程中被排除，而且揭示其原因；协商促成隐蔽议程的公开并控制"不决策"的权力；协商民主不仅要求决策者必须为其作出的决定和种种选择说明理由和提供合法性证明，而且赋予公民以政策分析者的角色，专家则应当成为协商的推动者而不是知识的垄断者。因此，协商民主的决策逻辑深深根植在这样的观念之中："人们应当能够——不仅仅是自由——公开地表达其观点而且其表达应能够被倾听到，被倾听不仅要求公民有表达其观点的权利而且包含倾听和回应他人观点和意见的责任。"①

三　研究议题

30 年来，西方协商民主研究已从"理论陈述"转入了"操作化"阶段，步入了第三代协商民主研究，代表性研究成果包括：约翰·福雷斯特（John Forester）在《协商实践者》一书中详细勾画了美国、南美和欧洲的协商实践并阐述了公民协商的性质、难点和潜力；菲什金有关协商民意调查的试验为协商民主提供了诸多经验上的支持；古特曼和汤普森将协商民主用于广泛、深刻和持续的道德冲突问题的解决；德雷泽克对公民议会的设计与操作化研究；帕金森通过将协商民主用于英国医疗卫生服务改革的研究，论证了协商民主的合法性问题；肖恩·W. 罗森伯格（Shawn W. Rosenberg）对美国协商实践成果的调查表明，公民协商在城市和学校管理以及在地方公共决策制定中扮演着越来越重要的角色；欧盟也越来越强调把协商的（有时被称作合作的）实践作为其整合过程和公共政策形成的核心；② 英格兰、德国、丹麦和澳大利亚的公民共识会议、"公民陪审团"等制度设计也是协商民主实践有力的证明。此外，不少研究者还将协商民主用于议会改革与复杂公共政策问题治理的研究，并在公共政策研究中提出了协商式政策分析以及协商治理模式。

研究中，尽管西方学者在理论和实践方面对"Deliberative Democracy"

① Janette Hartz-Karp and Michael K. Briand, "Practitioner Paper: Institutionalizing Deliberative Democracy," *Journal of Public Affairs* 9 (2009): 125-141.

② Shawn W. Rosenberg, *Deliberation, Participation and Democracy: Can the People Govern?* New York: Palgrave Macmillan, 2007, pp. 2-3.

仍存在不同的表达，但他们都认为，"政治决策应该通过协商而不是金钱或权力的途径进行，同时，协商决断的参与度应尽可能平等而广泛"[①]。在很大程度上，协商民主的兴起是为了回应西方社会面临的诸多问题，特别是多元文化社会潜藏的深刻而持久的道德冲突，以及种族文化团体之间认知资源的不平等而造成的多数人难以有效地参与公共决策等方面的问题，是对民主本质进行深刻反思的结果。[②] 在回答诸如协商是否可以或可能塑造偏好、缓和个人利益、赋予社会边缘群体以权利、调节分歧、促进整合和团结、提高识别能力、形成合理的意见与政策、产生共识等问题时，协商民主论者都给出了肯定的回答。[③] 可以预期，协商民主的研究领域将更宽、更制度化，以下议题在协商民主研究中将保持持续的活力。

协商与民主理论的发展。在民主理论的历史演进中，参与式民主和协商民主有一个共同的目标，即通过提高公共生活的品质来提升合法性——尽管两者所运用的工具有所不同。[④] 参与主义者强调，不仅公众的参与是十分宝贵的，而且公共的德性也来自公民就公共事务持续和直接的参与。而协商主义者强调通过审慎思辨和相互证正的过程来产生更冷静的、反思性的、证据性和尊重歧见的选择。[⑤] 因此，协商主义者把更多的注意力投向政策制定中"生产"的方面，而参与主义者则更加偏爱开放参与途径的问题而较少关注参与者之间通过协商过程对偏好的精炼。[⑥] 尽管如此，协商民主与参与式民主在要求对政策过程实施民主控制的方面并不像参与主义者和精英主义者之间的冲突，也不同于协商主义者和民主理论之聚合版本的支持者之间的冲突。协商主义者强调在决策制定过程中给出理由而不是单纯依赖在聚合式民主看来可以为决策合法性提供足够基础的投票程序。以投

---

① 〔加〕马克·华伦：《协商性民主》，孙亮译，《浙江社会科学》2005 年第 1 期。

② 陈剩勇：《协商民主理论与中国》，《浙江社会科学》2005 年第 1 期。

③ Simone Chambers, "Deliberative Democratic Theory," *Annual Review of Political Science* 6 (2003): 307–326.

④ Yannis Papadopoulos and Philippe Warin, "Are Innovative, Participatory and Deliberative Procedures in Policy Making Democratic and Effective?" *European Journal of Political Research* 4 (2007): 445–472.

⑤ Michael Walzer, "Deliberation, and What Else?" in S. Macedo, eds., *Deliberative Politics: Essays on Democracy and Disagreement*, Oxford: Oxford University Press, 1999, p. 58.

⑥ Yannis Papadopoulos and Philippe Warin, "Are Innovative, Participatory and Deliberative Procedures in Policy Making Democratic and Effective?" *European Journal of Political Research* 4 (2007): 445–472.

票为中心的观点视民主为这样一种场域，当中固定的偏好和利益经由公平的聚合机制而相互竞争。与此相反，协商民主集中关注投票前意见和意志的沟通过程。或者协商的途径集中关注决策前商谈的质的方面而不是数学上的决策规则。① 因此，协商民主理论往往被认为在处理多元主义问题中是比聚合的、现实主义的民主模式更加公平和更具真实性的民主方法。协商民主是参与型民主的发展，同时它也超越了直接民主和代议制民主之间的界分。作为新兴的民主理论，论者在诸多问题上还需要为协商民主提供更多理论与实践方面的证明，诸如协商民主与代议民主之间如何融合、如何实现其宣称的民主目标、如何更好地回应质疑者的批评等问题还需要持续的关注。

协商民主与政策分析范式的发展。协商民主自兴起之时就一直与公共政策研究联系在一起，比如，毕塞特就认为协商是有关公共政策价值的论证。协商民主在公共政策中的研究主要有两种取向。一是关注抉择和形成公共政策的程序以及协商场合（venue）的设计，把公民会议、公民小组、公民陪审团、协商民意调查等形式的公民协商和公民咨询用于政策分析和争端的解决过程。二是关注协商过程所产生的实质性政策结果。具体来说，在 20 世纪 80 年代末 90 年代初，就呈现出了以专家为中心的政策科学向包容普通公民的政策辩论的转向，哈耶尔等人所提出协商式政策分析范式② 就是以协商民主理论为基础来分析和应对网络社会时代复杂的、难以处理的公共政策问题的一种新的政策分析范式。在协商式政策分析中，公共政策研究是以知识的后实证主义以及建构主义的理解为基础的。面对具有高度技术性和社会复杂性的政策问题，公民及其代表在政策讨论中进行富有意义的参与显得尤为紧要，专家的角色应变成重在支持公民理解和讨论影响他们生活的复杂的公共政策问题③，而不是知识上的垄断和技术官僚主义。政策分析中的协商模型要求，政策过程的每个阶段都需要有公民的参与，包括在政策问题的调查和发现阶段，而不仅仅是在权威性决定产生之后。

---

① Simone Chambers, "Deliberative Democratic Theory," *Annual Review of Political Science* (2003): 307-326.

② Maarten A. Hajer and Hendrik Wagenaar, *Deliberative Policy Analysis: Understanding Governance in the Network Society*, Cambridge: Cambridge University Press, 2003.

③ Fischer Frank, *Democracy & Expertise: Reorientation Policy Inquiry*, Oxford: Oxford University Press, 2009, p. 1.

通过公民的合作来处理政策选择中的难题而不是简单地诉诸投票，可以克服"不要在我的后院"之类的难题，大多数"不要在我的后院"之类的看法在协商过程中是难以证明其正当性的。因此，把协商民主嵌入政策过程以探寻"民主的政策科学"，是深化协商民主研究中一个十分重要的议题。

协商民主与国际问题治理研究。在当今碎片化、离心化趋向显著的社会，协商在形成共同体和增强社会团结中的作用显得非常重要。在国际层面，协商民主机制的运转越来越受到重视，正如有研究指出，"不论官员在发言时立足于国内的或国际的制度平台，他们都必须向那些受其影响的人们，提出彼此都能获得与能够接受的理由"①。德雷泽克在其话语民主（协商民主）的分析中也指出，"话语民主应该是多元的，它意味着有必要在不消除差异的情况下进行交往；话语民主应该是反思性的，它质疑既有传统（包括协商民主本身的传统）；话语民主应该是超越国界的，它有能力超越国界，进入没有宪政框架的情景；话语民主应该是动态的，它对民主化之不断变化的约束和机会是开放的"②。可以预见，随着国际问题日趋复杂，协商民主将进一步拓展至国际问题治理的研究，尤其是在如何使诸如欧盟、世界银行、国际货币基金组织之类的跨国和国际组织通过协商民主而实现更好的运作和发挥更好的治理功能等方面。

协商民主与公民参与研究。沿着协商民主的理论旨趣，公民参与、公民与专家之间关系的研究成为论者高度关切的议题。在已有的文献中，把协商民主与公民参与联系起来的研究占了相当的分量。因为，在理论上，"无论是接受哈贝马斯的理想话语条件这种规范性理想，还是接受罗尔斯的原初状态这种规范性理想，所有受到政策影响的人在民主审议过程中都应该承认，要想使结果符合自己的意愿，他们必须要有参与的机会"③。就此，弗兰克·费希尔（Frank Fischer）的研究值得予以更多关注，他认为，协商民主理论重在复兴基于公民参与和道德理性的古老的民主观念，它也是对

---

① 〔美〕古特曼、汤普森：《商议民主》，谢宗学、郑惠文译，台北智胜文化事业有限公司，2006，第 58 页。

② 〔澳〕约翰·S. 德雷泽克：《协商民主及其超越：自由与批判的视角》，丁开杰等译，中央编译出版社，第 3 页。

③ 〔美〕诺埃里·麦加菲：《民主审议的三种模式》，载谈火生等编译《审议民主》，凤凰传媒出版集团、江苏人民出版社，2007，第 54 页。

公共利益价值追求的回归。在《民主与专家意见：重新定位政策研究》一书中，弗兰克·费希尔就着重论证了协商民主过程中专家与普通公民之间的关系，检视了民主社会中专家扮演的角色应是支持公民对复杂公共政策问题的理解和讨论而不是操控，政策咨询中更多的合作形式可以促进公共协商。同时，如何更多地赋予社会边缘群体、弱势群体以更多的协商参与而不是精英的操控亦是论者需要解决的比较棘手的问题。

协商民主制度化研究。协商民主从理论走向实践需要诉诸行之有效的制度，因而协商民主的制度化显得尤为重要。在早期的协商民主研究中，论者主要集中于协商民主的规范结构、价值及其与代议民主的关系方面的论证。而近年来，"关于民主制度化问题的研究认为协商民主模式不仅不是和当代社会不相关的，而且，一大批社会理论和政治理论家都在协商民主理想的鼓舞下致力于在当代社会条件下重新构想新的制度设计"。因此，和其他社会生活领域一样，以公共协商为核心的协商民主模式可以激发、增生出不同的制度设计。① 实际上，"为协商民主的原因及其决策程序提供合理化的解释，开始只是一项理论事业，现在却吸引了制度设计者们的注意"②，这需要协商民主论者在不同的政治和社会背景下着重考虑协商民主制度化的可行性。

经验的协商民主研究，尤其是关于协商民主制度设计的研究特别需要处理好以下几方面的难题。一是非正式的协商权威与正式的政治权威之间的冲突，即当协商过程所形成的结果不同于正式的制度化的决策机构的意见时，正式权威与非正式权威之间的冲突就产生了。并且，在代议制民主中，选举产生的官员享有正式的决策权威并最终向选民负责。因此，当协商不仅仅是咨询和获取决策信息而要求决策时，经由选举产生的官员是否与公民共享决策权威就成为评估协商民主效果的重要标准。二是如何确保协商参与者具有充分的代表性，即协商论坛之外的公民为什么应认可和服从没有其亲身参与的协商论坛所形成的决定。此外，自愿型的参与机制往往倾向于拥有更多财富，拥有受更多教育和更专业化的人士，这不可避免

---

① 〔美〕塞拉·本哈比：《民主与差异：挑战政治的边界》，黄相怀、严海兵等译，中央编译出版社，2009，第 94~95 页。

② 〔美〕伊森·里布：《美国民主的未来：一个设立公众部门的方案》，朱昔群等译，中央编译出版社，2009，第 1 页。

地会影响到协商民主论者所宣称的民主理想，从而需要论者提供更多的证据以支撑协商民主制度化的实现。

四 结语

自约瑟夫·毕塞特明确提出和论证协商民主以来，30 年的研究已使协商民主跃然于当今民主理论与实践之潮流，成为一种国际性的新兴的学术研究热点。在理论与实践的张力、批评与辩护的论争中，协商民主理论本身的思想要素正不断深化，研究范围正不断拓展，这深刻反映着协商民主理论持续的活力及其实践的多样性。在实践中，协商民主有力地回应着当今西方社会面临的诸多难题和挑战，在实现社会整合、化解道德冲突、创新社会治理和提升民主质量方面，协商民主已展现其充分的优势。尽管研究者对"Deliberative Democracy"本身的理解存在分歧，但事实上所有的协商民主论者都同意协商的首要目标是"公民及其代表为彼此加诸于对方的决策和法律加以辩护"①，都认为"政治决策应该通过协商而不是金钱或权力的途径进行，同时，协商决断的参与度应尽可能平等而广泛"②。

在当下中国，"Deliberative Democracy"的译介受到了学界、政界高度的关切，这大致有两方面的原因：一是协商民主为当下中国的民主探求之路提供了一种新的思路和可能；二是源自社会治理的现实需求。但需要明确的是，协商民主在当下中国的价值既不能被拔高，更不能被庸俗化。毕竟，协商不同于一般的对话和交流。同时，我们也应当明确，选举和投票本身是促成协商民主运转的重要机制，协商既发生在正式的建制化的机构如议会之中，也发生在非正式的社会公共领域以及"官民"互动的界面层之中。协商民主在当下中国的展开应着力推进正式、非正式和界面层三种协商形态的制度设计与实践。在这里，界面协商的重要意义在于维持非正式的社会公众舆论力量与正式的建制化协商所指向的政策决定之间的连续性，从而使协商的力量得到更好、更充分的发挥。

---

① 〔美〕古特曼、汤普森：《商议民主》，谢宗学、郑惠文译，台北智胜文化事业有限公司，2006，第 25 页。

② 〔加〕马克·华伦：《协商性民主》，孙亮译，《浙江社会科学》2005 年第 1 期。

协商民主：民主决策的逻辑及其实现[*]

协商民主深深地扎根于代议制民主与当今复杂的、多元的、后物质社会时代之间的"治理亏空"之中。在当今时代，面对分歧与冲突，协商民主不是简单地诉诸投票和市场的交易规则来产生集体决定，而是在充分尊重歧见的基础上批判性地检验相关的理由、根据和论证，从而作出更具说服力的集体决定。

一 协商民主：基本的思想元素

协商民主不是安抚、拉拢甚至为我所用的一种手段、策略和权宜之计，否则就贬低了它在民主治理中的地位和价值，公共理性、审慎思辨、政治共识、意见包容、心态开放、公民参与的要求是其区别于其他民主理论的典型标志。

（一）公共理性

公共理性建立在不能合理地予以拒绝之理由的基础上，是"共同的人类理性"，包括提出推论、权衡证据以及反思性地考虑竞争性观点的能力和程序。在罗尔斯看来，公共理性是一元的、唯一的，也就是说每一个人都必须要有一个标准，这个标准下的原则和指南是其他公民（他们也是自由而平等的）都愿意和我们一同予以认可的。[①] 不同于这一判断，博曼提出了一种修正了的公共理性观，认为公共理性本身也是多元而非单一的，它并

---

* 原载《浙江学刊》2013 年第 3 期。基金项目：教育部人文社会科学青年项目"新时期我国公共政策议程设定转型与群体性事件治理研究"（11YJC810023）；四川大学青年学术人才项目（SKQX201306）。

① 转引自 Seyla Benhabib, *Democracy and Difference*：*Contesting the Boundaries of the Political*, New Jersey：The Princeton University Press, 1996, p. 75.

不预设唯一公共或公正的观点。① 多元的公共理性观意味着公共立场的多元性，这为协商民主的扩展创造了空间，表明协商是持续和动态的，协商过程所达成的意见需要不断地接受批判和检验。作为解决困境和冲突的一种方式，公共理性的观念指引着人们的思想和行动，协商民主的优势就在于它是发现、形成和检验公共理性的一种机制，它对偏好转换、相互尊重、相互给出理由的强调，就是试图以公共理性的观念来解决人们所共同面临的问题。

（二）审慎思辨

促成扩展和提炼了的公共意见，通过理性的、温和的声音来形成冷静、明智的判断是公共理性观念引导下协商民主的内在要求。为此，协商的程序和制度必须有能力控制或缓和没有反思的大众情绪，表达明智和理性的公共判断，促进协商多数的形成以实现公众真正的利益，这也就是审慎思辨的要求。审慎思辨是一种从事"反映主义批评"行为的集体过程，"一个论点的价值不会因其提出者的动机不具有足够的美德而贬低其真正的价值。同样，一个站不住脚的论点也不会因为其提出者的真诚、诚实或美德而增加其价值"。② 审慎思辨要求参与者清楚地知道自身的观点与别人在什么地方发生冲突，致力于寻求最令人信服的解决问题的方法，遵循这样一种基本的约束：我们需要别人给予承认，同时我们也必须让自己的观点经受别人的检验，这是构成协商民主之相互性的最为重要的思想基础。

（三）政治共识

无论社会治理中的问题多么复杂和难以处理，以共识来厘清冲突与分歧进而解决共同的难题仍然是最为基本的一种方式。与强制性的方式相比，共识是基于自觉同意的一种解决机制，共识也是可以形成和被创造的，比如罗尔斯在其"无知之幕"的思想实验中指出，在不知道自己优势信息的情况下来作出决定时，人们就会选择其设计的正义原则。就协商民主而言，政治共识是其目标，是公共理性观念指导下的结果。尽管协商民主试图实现的政治共识没有罗尔斯那样严格的无知之幕的假设，但它明显地不同于

---

① 〔美〕詹姆斯·博曼：《公共协商和文化多元主义》，陈志刚译，《马克思主义与现实》2006年第3期。
② 〔美〕詹姆斯·博曼：《公共协商和文化多元主义》，陈志刚译，《马克思主义与现实》2006年第3期。

强制、威胁和欺骗等"伪的"共识形成方式。由于协商是持续、动态的，在某一时段形成的判断需要保持修正的开放性，因而协商极为关注共识形成的方式和过程，强调共识的动态性和多元一致性，要求在协商过程中保持持续的合作，即使是持续的不一致也具有重要的行动意义。

（四）意见包容

协商民主是协商与民主的统一，而不是仅有协商而无民主，包容性是协商民主区别于协商的基本特征。协商民主的这种包容性，核心在于分歧与冲突性意见的代表性，不是一般的统计学意义上的代表性，而是具有实质性意义与价值的不同观点之间的相互沟通性。与此相应的是，必须排除意见操控和故意排斥的可能，即使是排斥不合理的意见，也必须以一种公之于众而且富有说服力的方式予以检视。协商民主中的意见包容以参与者诚实和切合意境地表达观点为基础，要求与决策有关的利害相关者及其意见和观点不能因为金钱或权力的因素而被排斥在协商过程之外。否则，协商就失去了正义性，其决定在合法性上也会受到质疑。

（五）心态开放

面对更佳观点之理性力量的驱动，参与者需要改变其原初的立场和偏好而不是固执己见，协商过程鼓励协商参与者持一种开放的心态，即协商参与者有义务在公开的场合中根据"交往的力量"而趋向更有说服力的观点和立场，而不是以个人的情绪或私利来替代公共的理性。开放的心态意味着，参与者需要陈述、提出支持和反对某一方案的理由和证据并根据协商的进展自觉地修正没有说服力的偏好。[1] 心态开放不仅仅是面对更佳观点时的心理状态和表现，而且是对理性力量的尊重，更是人们之间在人格上的相互尊重，要求对他人表示真正的尊重，敞开胸怀以接受别人的劝说。在协商过程中，参与者须认真对待新的论据、论证以及原有论据和论证的新的解释（包括反对者提出的理由和自己曾经拒绝过的理由），保持对观点进行修正或者拒绝的可能性。[2]

（六）公民参与

作为民主理论的最新进展，协商民主秉承了参与型民主的核心元素。

---

① 〔德〕尤尔根·哈贝马斯：《在事实与规范之间：关于法律和民主法治国的商谈理论》，童世骏译，三联书店，2003，第 423 页。
② Amy Guttman and Dennis Thompson, *Why Deliberative Democracy?* New Jersey: Princeton University Press, 2004, p.111.

沿着参与性政治的方向，协商民主赋予公民参与更为深刻的含义，协商本身被认为是公民参与的一种更为理性和温和的方式。协商民主指向的公民参与是审慎的，其核心不在于参与人数的多寡，而在于参与者背后之不同观点和意见交流的代表性和沟通性，强调公民权质量的提高需要鼓励各种精心思考和深思熟虑的偏好而不是"自发的"和情境偶发的偏好。[①] 深思熟虑所形成的偏好是一个人的观点与其他观点有意对抗的结果，或者是公民经过反思而通过他自己的观点发现观点之多样化的结果。这种反思是更具对话性质的、必要的协商式参与，这使个人意见更受重视，以克服投票站单独的投票行为的不足。

二 协商民主：民主决策的逻辑

在后传统社会冲突环境中，协商民主是一种比由其他方式和手段如金钱、权力以及以传统为基础的权威来作出集体决策更好的方式。在协商导向的决策过程中，那些不全面的审慎思辨形式必须被更全面的审慎思辨所替代，以确保那些具备一定价值但价值有限的目标让位于那些更加广泛的，甚至更具有价值的目标。[②] 就此而言，协商民主的民主决策逻辑得以展开，其特殊性体现在以下几个方面。

第一，协商民主引致政策决定的基础是个体偏好的转换而非简单的聚合。通常，协商民主被认为是以偏好转换为基础的一种民主理论，它通过合理性的充分说明而修正个体之前所持有的观点，进而形成更为审慎的集体意见。在古典的经济学理论中，个体的偏好被认为是前定的，先于政治过程，而且每一个体的偏好主要是利己主义的，从而倾向于将自己的偏好置于他人之前。但是，协商民主的观点主张偏好并非前定，偏好可以通过对简明材料和专家意见的综合考虑，通过与他人的沟通和讨论而发生转变，变得更加有见识，并能为他人着想而不是仅仅从自身利益出发。正如本哈比所指，公开陈述观点的程序将个体的偏好和意见置于特定的反思性，在个体向他人陈述自己的观点和立场时，个体必须在公共语境中通过向协商参与者阐明好的理由来支持他们的观点和立场。这样，个体就被迫从他人的立场来思考问题，因为他

---

① 〔英〕戴维·赫尔德：《民主的模式》，燕继荣等译，中央编译出版社，2008，第 268 页。
② 〔美〕海伦·英格兰姆、斯蒂文·R. 史密斯：《新公共政策：民主制度下的公共政策》，钟振明等译，上海交通大学出版社，2005，第 32 页。

需要获得他人的赞同，如果未能说明为什么自己认为好的、可信的、合理的、有利的观点对于他人而言亦是如此，就无法使他人信服。①

第二，协商民主引致政策决定的动力是理性之说服力量而非金钱或权力。协商民主中的协商意味着参与者应努力为其所赞同的政策提供证明，民主则意味着作出某种具有约束力的集体决定。经由协商而作出的选择和决定，其内在的基础不是金钱和权力，不是强制和市场中的交易，而是自由、平等者之间公共协商过程所产生的理性力量。协商包含信息、论辩和说服三个基本的要素，它们在协商过程中具有不同的功能。② 信息的基本作用是指引政策支持者形成其行政或立法建议；政策支持者（或反对者）可以利用信息就其所提出的备选方案之优点（或缺点）来说服其他决策制定者；政策过程中争论的各方可以集合、提取和散布信息以动员治理制度之外的力量来支持或反对某一政策创议。论辩的作用是将纯粹的事实与期望的目标联系起来，因为信息本身并不决定适当的行动过程，论辩中支持新政策的人不仅要提供阐述紧迫的社会、经济或国家安全问题的信息，而且需要形成论点以说明其政策建议如何在一个合理的成本范围内改善目前的问题，而反对者将形成相反的论点以表明新政策并不能实现支持者所宣称的目标。最后，说服是协商过程的最后阶段和典型标志，当就某一问题的信息和论辩致使参与者在政策制定过程中接受了他或她在参与这个过程之前没有接受的实质性立场的时候，说服就产生了。

第三，协商民主引致政策决定的方法是论坛论理式而非市场理性计算式。以个人主义方法论为基础，以"经济人理性"为行为假设的出发点，公共选择理论认为参与者在政策制定中最根本的是受个人利益的驱动，以最多地取得个人想要的东西为目标。唐斯在《民主的经济理论》一书中断言，政治家的一切行动都是为了在职时能获取尽可能多的收入、威信和权力，从来不是为了实现特定的政策，而是趁自己在位时捞取好处，把政策纯粹地看作达到个人目的的一种工具。③ 与此相反，以公共理性为指导，协

---

① Seyla Benhabib, *Democracy and Difference: Contesting the Boundaries of the Political*, New Jersey: The Princeton University Press, 1996, pp. 71-72.

② Joseph M. Bessette, *The Mild Voice of Reason: Deliberative Democracy & American National Government*, Chicago: The University of Chicago Press, 1994, pp. 49-55.

③ Anthony Downs, *Economic Theory of Democracy*, New York: Harper & Brothers, 1957, pp. 27-28.

商民主鼓励和发扬集体决策公共精神的一面，而不是讨价还价和理性计算。尽管政治过程赤裸裸的利己行为绝不是没有的，但政策愈是重要，利己主义的作用就愈不重要。① 协商民主具有表意性和工具性两种价值：在协商的表意性方面，其价值在于法律和公共政策合法化的过程当中；在协商的工具性方面，其价值在于使公民作出最合理的政治决策。② 因此，政治官员通过简单地宣称他们的偏好对于其公民来说是正确的，以此来做出决定是不适当的，官员需要寻求那些会受政策结果影响的公民的看法。

第四，协商民主注重理性主义与渐进主义决策观的调和。协商和对话的过程首先有助于揭示新的信息和偏好，"讨论是消除有限理性影响的一种方式，因为我们的想象和计算能力是有限和易犯错误的……面对复杂的问题，每个人都希望通过讨论而集中其有限能力，并增加做出最佳选择的几率"③。协商过程也是一个信息传播的过程，新的信息出于两个方面的原因而在协商过程中得以传播：一是没有任何单一的个体能够提前预知到所有的观点并以此来认知道德和政治的相关事务；二是没有任何单一的个体能占有与某一特定决策相关的所有信息。④ 在毕塞特的论述中，协商包括各种各样的被称作"问题解决"的活动：社会、经济或政府问题的调查和识别；当前政策或项目的评估；各种各样的、竞争性建议的考虑以及立法的或行政的解决措施的形成。⑤ 在任何真实的协商过程中，参与者关注的事实、理由和建议必须是公开的并且参与者都愿意与其同事及其他人彼此相互学习，重新审视他们之前的偏好、判断和观点，从而祛除基于激情的、原始的、盲目的、粗糙的或是基于偏见的认识，促成反思性决策。

第五，协商民主赋予公民更为重要的角色。作为"公共"的政策，公众的认同与支持是检验政策之好坏的一项基本的标准，具有教育和咨询功能的协商论坛可以评估政府官员对公民利益、价值和偏好的考虑，尤其当

① 〔美〕史蒂文·凯尔曼：《制定公共政策：美国政府的乐观前景》，商正译，商务印书馆，1990，第219页。

② Amy Gutmann and Dennis Thompson, *Why Deliberative Democracy?* New Jersey: Princeton University Press, 2004, pp. 22-23.

③ 陈家刚编译《协商民主》，上海三联书店，2004，第7页。

④ Seyla Benhabib, *Democracy and Difference: Contesting the Boundaries of the Political*, New Jersey: The Princeton University Press, 1996, p.71.

⑤ Joseph M. Bessette, *The Mild Voice of Reason: Deliberative Democracy & American National Government*, Chicago: The University of Chicago Press, 1994, p.46.

公民作为政策的接受者而具有政府官员所不知道的特殊知识，或者当政府官员本身对公民需求把握不准、模糊、存在分歧时，公共协商过程很可能使官员改变先前的看法和观点。在论及"微型公共协商"时，相关学者指出公共协商至少在三个方面有助于公共政策效能的提升。[1] 首先，公共协商创造了受政策约束的人批评政策、思考政策合法性甚至修正政策的机会。公共协商提高了政策或机构的合法性，并使论坛内外的公民都倾向于合作和遵从公共协商做出的选择。其次，一些微型公共协商可以表达相较于政府官员，公民具有比较优势的政策领域——从相关资源或信息方面来讲。最后，微型公共协商通过在持续性的治理或公共机构解决问题的努力中纳入大众协商有助于改进执行的细节（包括战略和方法），监督和评估官方的行动。

三　协商民主：民主决策逻辑的实现

一个好的协商在工具意义上应该是理性的，能够通过讨论、头脑风暴、信息集散等实现个体和集体的目标。在规范意义上，一个好的协商应是合理的、平等的、包容的，这要求协商参与者彼此尊重他人的诉求并根据正当性的规范要求来控制自身对自利的追求。为此，协商民主之民主决策逻辑的实现需要处理好以下几个方面的问题。

（一）协商民主中的程序与实质性问题

在分歧与冲突性问题的处理中，纯粹程序主义的协商民主试图将一套理想的程序应用于政治决策和法律的制定，关心程序以及程序得以运转的必要条件。作为一种合法性的标准和制度模型，理想的协商程序使共识的规范性特征明晰起来，即在一个体现自由、平等和公开性规范的程序中，论理可以产生（在进一步的完全信息、不存在时间约束等理想条件下）每个人原则上接受的结果。[2] 也就是说，协商产生的结果，"当且仅当是平等个体之间自由和理由充分的同意时，它才具有民主合法性"[3]。但是，程序

---

[1] Shawn W. Rosenberg, *Deliberation, Participation and Democracy: Can the People Govern?* New York: Palgrave Macmillan, 2007, p. 170.

[2] James Bohman, "Survey Article: The Coming of Age of Deliberative Democracy," *The Journal of Political Philosophy* 4 (1998): 425.

[3] Seyla Benhabib, *Democracy and Difference: Contesting the Boundries of the Political*, New Jersey: The Princeton University Press, 1996, pp. 99-100.

主义并没有阐明"为什么经由某一特定程序的理由就是好的理由"这样一个问题，对程序主义的不满提出了协商民主的政治正当性问题。

在论证程序主义观点的不足时，戴维·伊斯朗德指出，纯粹程序主义"对理由是不敏感的"，特别是在说明什么使它们好或不好，强制的或不是强制的。① 古特曼和汤普森则提出了是民主程序优先于结果还是结果优先于民主程序的"程序主义和宪政主义之僵局"的问题。在他们看来，协商民主应当拒绝程序与实质的二分法而在程序和结果之间建立"动态的相互关系"。就是说，"在协商民主中，既不是原则规定协商的过程，也不是构成协商过程内容的原则具有优先性"。② 一个完整的协商民主理论应兼具实质性和程序性，随着时间的推移，面对新的解释、经验和证据，实质性和程序性原则需要在持续的道德和政治协商过程中对"修正"保持开放。

（二）协商民主中的个体性问题

在协商民主论者看来，个体不仅是一个能作出选择和满足个体利益的理性活动者，他/她同时也是能够反思和合作的道德主体。通过反思自己对好的生活的认识，通过思考他人的利益和共同的利益，个体能够就其利益偏好作出新的排列。沿着密尔的思想，协商论者认为反思性的偏好能够为建设性的对话所推动，在对话过程中，他人的观点能够得到表达和回应，民主的自主和平等的价值因而得到重新认识。③ 政治自主的观念被重新定义为对个体能力提高的认识，通过自由的表达和选择以及经由反思、开放和合作的讨论来揭示、修正个体利益和公共利益的过程超越了对个体特殊利益的追求，这种利益形成过程中社会方面的认识拓展了自主的概念，它包括与他人一起致力于阐述个体的具体利益和普遍利益以及产生相互关系的正义原则、形成对公共利益的共同认识；同时，这种利益形成过程也产生了对政治平等观念的新认识，即政治平等不再仅仅被看作影响具体的集体决策的相同的机会，而是要求积极地参与讨论公共政策问题的合作性过程。

在罗尔斯的正义论中，"无知之幕""原初状态"的假定有力地阐明了

① See James Bohman and William Rehg, *Deliberative Democracy*, Cambridge: The MIT Press, 1997, p. 197.
② Amy Guttman and Dennis Thompson, *Democracy and Disagreement*, Harvard University Press, 1996, p. 27.
③ Shawn W. Rosenberg, *Deliberation, Participation and Democracy: Can the People Govern?* New York: Palgrave Macmillan, 2007, p. 6.

个体有比经济理性选择论者更多的认识能力和道德潜能，个体具备反思自己观点、识别正当性标准的基本能力。罗尔斯的假定为协商民主提供了支持，即协商过程能促使个体以一种更具逻辑、理性、公正、考虑他人、自我批评和指向公共利益的方式来反思和同他人相互作用。协商民主持一种社会性的个体观，这种社会性的个体观视人为社会互动的产物。在这种观点下，意义不仅是由个体构成的，而且也是个体和他人在面对面的互动过程中构成的。①

（三）协商民主中的社会条件问题

民主是需要条件的，协商民主亦是如此。在论及公民参与政治生活的条件时，卢梭指出，"参与民主制度需要特定的经济条件与之相适应……理想的状态应该是这样一种社会，'没有人富裕得足以去购买另一个人，也没有人贫穷到不得不出卖自己'"。② 对于保证协商民主中与集体决策相关的人都能合理地提出理由并为其辩护的政治社会条件来说，博曼认为一个可行的协商民主理论由三方面的内容构成。③ 它必须包含关于合理的、复杂的、道德的和认识论的程序；它必须懂得历史的和社会的约束对民主的重要性，比如在宪政框架中进行集体实践以及它必须考虑范围更广的社会环境和协商环境带来的机会和限制。

在德雷泽克看来，"在更宽容的情形下，真实协商允许存在争论、巧辩、诙谐、情感、陈述或者说谎，以及闲话。真实协商的唯一条件就是在非强制的环境中经由沟通引致偏好反思，排除经由权力、操控、灌输、宣传、欺骗、仅为自利表达、威胁以及强加的意识形态服从之类的活动所形成的控制"。④ 罗尔斯则强调，公民在协商民主中需要遵循公共理性以及在他们的政治行为中为了实现公共理性的想法而应该有的知识和愿望，要求存在对基本问题和公共政策问题进行有序而严肃讨论的公共空间。科恩根

---

① 〔美〕罗伯特·B. 登哈特：《公共组织理论》，扶松茂等译，中国人民大学出版社，2003，第183页。

② 参见〔美〕卡罗尔·佩特曼《参与和民主理论》，陈尧译，上海人民出版社，2006，第22页。

③ James Bohman, "Survey Article: The Coming of Age of Deliberative Democracy," *The Journal of Political Philosophy* 4 (1998): 400-425.

④ John S. Dryzek, *Deliberative Democracy and Beyond: Liberals, Critics, Contestations*, Oxford: Oxford University Press, 2000, p. 2.

据为基本自由提供更广泛的保障而提出理想的协商程序应当遵循三项原则。[①] 一是通过协商包容原则，确保广泛的表达自由；二是共善原则，意味着政策至少必须是促进所有人利益的；三是参与原则，提供对政治产生影响的平等机会，政治权力分配的目的是要规避强势权力主体从协商转向讨价还价。

四 结语

在抽象的层面，就是否需要作出决定的问题，或许每个人都会持赞同意见，然而一旦涉及具体的含义，比如决定什么、如何做出决定，争执和不同意见就会随之产生。即使对看似相同的客观真实，人们往往也会有不同的理解。因此，歧见在决策过程中不可避免，也正因为歧见的存在才会对民主决策抱以信心和期待。在正式的政策决定产生以前，协商民主的实施特别有助于避免决策过程中"一知半解"的错误，在迅速反应与正确应对之间合理地权衡分歧与冲突，强调偏好和信念是如何形成的而不仅仅是其表达与聚合，这更有利于分歧与冲突本身的解释、理解与合理化，从而促进决策的民主化、科学化。

---

① 转引自〔美〕伊森·里布：《美国民主的未来：一个设立公众部门的方案》，朱昔群等译，中央编译出版社，2009，第1页。

界面协商关系的构筑及其实现：
民主决策的视角[*]

在协商民主的制度形态中，正式的建制化政治机构中的协商行使着公共权力，指向正式的政策决定，可以直接采取公共行动。但是，以公民社会为载体的社会公共领域中的非正式协商所产生的公众舆论力量则需要导入建制化的协商机构才能产生真正的影响，并转化为具体的政策行动。因此，如何维持非正式协商所产生的公众舆论力量与正式的建制化协商所指向的政策决定之间的连续性就十分关键。

一 界面协商：内涵与目标

界面是交往、沟通和互动的结合面，在一个分界的基础上，界面可理解为一种缓冲区或过渡带，意指交互，是两种或多种力量之间的互动，包括信息交换、功能接触、相互影响等。在协商的形态中，可以将界面协商界定为正式的建制化机构与社会公共领域之间直接的交往性活动，它是官方意志的形成与公众舆论之间相互吸纳与回应的过程。从大的方面来讲，界面协商发生于"官民互动"的界面，是国家与社会互动关系的一种体现，与其密切联系在一起的则是政治系统开放与封闭的程度，以及公民社会的成熟性和公民的参与性。从界面协商的参与主体来讲，它兼有正式协商和非正式协商中的参与主体，具有明显的"混合性"。

作为协商民主的一种形态，界面协商首先意味着公共官员与公众之间直接的对话与沟通。这种对话与沟通是相互而不是自说自话或独白式的，

———————
* 原载《行政论坛》2013 年第 2 期。基金项目：教育部人文社会科学青年项目"新时期我国公共政策议程设定转型与群体性事件治理研究"（11YJC810023）；四川省社会科学规划青年项目"基于公共政策议程设定转型的群体性事件治理研究"（SC11C001）。

对话的目的是通过理由、证据和论证的批判性检验产生共振效应。界面协商中，作为较强的一方，"那些政府中的人必须愿意去倾听，以及愿意把公民的需要和价值放在决策和行动的首要位置上。他们必须以新的和革新的方式主动出击，去理解公民正在关心什么。他们必须对市民的需要和利益做出回应"①。否则，正式的建制化机构所作出的政策决定就很难说具有充分的民意和合法性基础。官方的决策机构还应当积极地去支持公共领域中审慎的公众意见的形成，官员有责任去帮助和支持公众了解自己真正的需求，尤其是帮助他们发现那些被隐藏起来的与他们的需求有着重大关系的潜在问题并予以阐明。与此同时，公众也应当学会与正式的决策机构进行理性的对话，通过交往活动形成交往理性，从而影响和制约正式的制度化的决策机构中的意见形成及其最终的政策决定。无论公众还是官方的话语，协商应是真诚、包容和切合情境的，只有在真诚、包容和切合情境的条件下，协商才不会以虚假、漠不关心以及"搭便车"的方式运作起来。

其次，界面协商意味着正式的建制化机构必须尊重公民参与协商的权利。公共领域中的公众在界面协商中需要掌握足够的事实以便做出正确的判断，他们需要知道其代表或政府官员各自的立场和观点是什么。在做出决策的过程中，正式的制度化的决策机构及其决策者如果拒绝向公民给出理由、根据和相关的论证，这可能是为了反映更为急迫的公共需求，但当拒绝成为常态时则是在道德上对公民的不尊重，在政治和法律上对公民权利的破坏。公民在界面协商中有权利被听，而官员有义务去听，这种"被听"的权利与"听"的义务是保障决策过程中公民权利得以实现的关键性约束，它表明公共政策是在一种互动的关系中而不是在独白中形成的。互动之于政策的形成至关重要，因为政策分析属于社会关系的分析，将政策分析设想为人民之间的关系而不是陌生的符号或干瘪的美元数字，不仅更人性化，而且更准确。②

最后，界面协商意味着公共政策的权威不仅来自正式的建制化机构中的公共权力，而且来自公共领域中自觉的认同。权威的构成基础是承认与

---

① 〔美〕罗伯特·B.登哈特：《公共组织理论》，扶松茂等译，中国人民大学出版社，2003，第204页。

② 〔美〕杰伊·沙夫里茨、卡伦·莱恩、克里斯托弗·博里克：《公共政策经典》，彭云望译，北京大学出版社，2008，第410页。

认可之上的认同而不是强制下的慑服，权威可以自上而下也可以自下而上，也可以是水平的。① 权威不同于权力，在通常情况下，"可以把权力界定为有能力去影响他人的行为，那么，权威则可被理解为有权利去这么做。权力靠劝导、压力、威胁、强制力或暴力促成服从，权威则建立在被领会的'统治权利'基础之上，它是通过被统治者一方道义上的服从义务致使顺服的"②。"官—民"在界面协商中就有待作出决定之问题的理由、证据和论证进行批判性检验，能够使最终的决定更具说服力，"更佳观点的力量"是公共政策赢得合法性、权威性的核心动力。协商民主论者认为，某些辩护的理由比其他的理由更好，这与支持它们的政治权力是没有关系的，辩护的理由是独立的，这与自利或团体的利益也是没有关系的，试图祛除较好与较差论证之间的差别终究是自欺欺人的，因为其胜出仅仅取决于理由的正确性。③ 当持有不同意见的"对手们"使用相互性说服以外的方法去实现其所偏爱的政策选项时，人们对政治和政策过程就会产生不满，从而影响公共政策的权威性。

在界面协商这个公共政策形成中分歧与冲突的缓冲区，各方面的意见和观点——政府的、党派的、团体的、公民的——将得到进一步的深化。就官方的意见而言，需要对冲突的问题阐明理由并寻求公众的理解与支持；就非官方的意见而言，需要赢得官方的注意，否则就不能实质性地影响最终的政策决定的产生。界面的协商过程如果撇开公民真正的协商参与和公众舆论的力量，那么，"这不仅说明政府不尊重公民，而且当其将这些决策施于公民时也缺乏足够的正当性。进而，政府官员必须认识到协商的表意性价值还存在实践上的理由：协商不仅有助于制定完善的公共政策，而且还能够促进这些政策的实施"④。公众的偏好不能单独地由管理者来界定，单独由政府的意志来解释公共政策是不够的。如果公众不理解问题、议程和分歧性的意见，政策的制定就是片面的。界面协商试图解决官民之间的隔离状态，在公众意见与政府最终的政策决定之间促成一种连续性，试图

① 〔美〕赫伯特·A. 西蒙：《管理行为》，詹正茂译，机械工业出版社，2004，第10页。
② 〔英〕安德鲁·海伍德：《政治理论教程》，李智译，中国人民大学出版社，2009，第147页。
③ Amy Gutman and Dennis Thompson, *Why Deliberative Democracy?* New Jersey：Princeton University Press, 2004, pp. 23-47.
④ Amy Gutman and Dennis Thompson, *Why Deliberative Democracy?* New Jersey：Princeton University Press, 2004, pp. 23-47.

达致以下目标。

1. 塑造政府与公众间直接的相互性学习机制。在充分的界面协商中，正式的制度化的决策机构应当与公共领域中的公民协商和社会协商发生交互式关系，以使公民认识到：自己作为公民在社会中处于怎样的地位，自己以及和自己一样的人们又是怎样被政府看待的。^①作为一种社会学习，界面协商中的参与者需要集体地学习如何行事，认识到彼此的优缺点。在审慎思辨与相互证立的过程中，专注于理性分析的学者们可能认为这样的考虑偏离了追求有效率且富有效果的政策的目标，但从长远来看，它根本不会偏离对该目标的追求。^②从治理的角度来说，政府已不再是唯一的权力中心，现代社会应是权力分享基础上的共同性治理，哪一方面的力量都不足以解决复杂的社会治理问题，合作与相互的学习是治理的关键。作为公共政策形成中各方参与的一个场域和平台，界面协商必须推动一个积极的、活跃的"政治—公共领域"的建立，并且在"官—民"之间创造一种持续的政策学习机制。

2. 连接正式协商与非正式协商，维持公众舆论与政策决定之间的连续性。正式的制度化的决策机构和公共领域中的意见往往存在不一致，界面协商需要融合两者的一些属性以反映公众对于某一议题的关注和讨论是否产生了足够的政治压力和说服力量，以迫使政府对这些问题作出回应和采取行动，并保持最终的政策决定对公民具备灵活的反应能力，这样的过程即为界面协商连接正式协商与非正式协商的过程，它可以在哈贝马斯有关交往权力的观点中得到进一步的阐释。在哈贝马斯看来，狭义的政治权力（行政权力、立法权力和司法权力）应该是交往权力（公共领域中的自由商谈对于立法、司法和行政权力产生的力量）的转化的结果。^③在适当的条件下，界面协商可以更好地生成和实现交往权力并规约政治权力和行政权力，从而构造更好的决策过程。

3. 变政府被动协商为主动协商。所谓主动协商，是指由正式的建制化

① 〔美〕海伦·英格兰姆，斯蒂文·R.史密斯：《新公共政策：民主制度下的公共政策》，钟振明、朱涛译，上海交通大学出版社，2005，第77~79页。
② 〔美〕海伦·英格兰姆，斯蒂文·R.史密斯：《新公共政策：民主制度下的公共政策》，钟振明、朱涛译，上海交通大学出版社，2005，第77~79页。
③ 〔德〕哈贝马斯：《在事实与规范之间：关于法律和民主法治国的商谈理论》，童世骏译，三联书店，2003，第180页。

机构在问题产生和发展的早期阶段所主动发起的与公众进行协商对话的一种积极的协商。相反，被动协商则是在问题恶化或爆发后，政府基于外部压力而被迫发起的与公众进行协商对话的一种协商。也就是说，被动协商是反应式的，而主动协商是预防式的。相较于主动协商的预防性和前瞻性，被动协商则是压力回应性的。以我国频发的群体性事件的处置为例，实践中的很多应对方式在很大程度上就是一种反应式的被动式协商，而没有去深究事件背后的深层次原因。如果在事件引发之前能够就相关的问题进行实质性的、多元的界面协商，那么，多数群体性事件是可以通过优化政府的决策制度和决策过程而予以避免的。如果能够在问题的酝酿期就给予那些"无权无势"的人以阐明问题、表达要求、论证理由的机会和制度，那么多数群体性事件实际上是可以预防和避免的。一个好的界面协商，其重点应当在"事前"，核心在于正式的制度化决策机构的主动性，"事前"主动的界面协商可以防止问题的恶化，减缓"事后"的被动式、反应式压力。

二 界面协商关系的构筑

作为力量相对强大的一方，界面协商中正式的建制化机构及其决策者的权力需要受到制约，而作为相对弱小的一方，公共领域中的公众在界面协商中尤其需要制度的支持。为了维持公众意见与政策决定之间的连续性，界面协商尤其具有将公共领域的意见过渡到正式的政策决定的功能。在这一过程中，"正式制度把交流的力量转变为行政的力量——过滤非规制性协商使之成为规制性协商，将其转变为决策性因素，并最终成为可实施的政策"[1]。尽管界面协商中正式的制度化的决策机构与公共领域中的公众舆论之间可能存在广泛的分歧和冲突，但这正是民主决策、科学决策和政治和谐所必需的。政治和谐不等于没有分歧和冲突，相反，真正的和谐应该体现在民意与正式的制度化的决策机构之间就分歧和冲突而展开的对流过程中。界面协商最重要的是如何保持界面中各方力量之间协商的持续性，这需要合理定位政府在构造界面协商关系中应承担的角色以及公共领域中公众应具有的协商品格。

---

① 〔南非〕毛里西奥·帕瑟林·登特里维斯：《作为公共协商的民主：新的视角》，王英津等译，中央编译出版社，2006，第92页。

政府在界面协商中应承当的角色。相对于公共领域力量的"弱小"，正式的建制化的机构是有组织的，行使着公共权力，因而其力量相对"强大"。但是，一旦进入了界面协商论坛，最终的政策决定的力量来源就不应再是政府的强制性权力，而应服从于"更佳观点"所产生的理性力量。正式的建制化机构应当具有开放性，在界面协商中应当视来自公共领域的各种力量为自由、平等的协商主体而不能试图去控制他们的表达和论证。否则，"局外人"就难以影响决策过程。

对于政府来说，要想公民有意义并且以更具正当性的方式来实现他们的关切和影响决策过程，就不仅应当视界面协商中的各种力量为自由平等的协商主体，而且还应当主动地为他们参与界面协商创造条件，"国家的存在理由首先并不在于它对主观权利的平等保护，而在于对一种包容性的意见形成和意志形成过程所提供的保障"①。作为界面协商中极为重要的一方，政府必须证明自己的行为是正当的，"政府有义务告知公民们有关权力的事情，特别是当信息的缺乏对公民的政治参与构成阻碍作用或者公民们对于获得信息的机会不平等的时候尤为如此"②。不仅如此，政府本身应成为界面协商的一种制度平台，"政府的作用之一便是作为讲坛，让公众讨论不同生活方式的价值"③。政府还应当致力于创造一个活跃的公民社会和公共领域，使公民社会成为连接公民私人生活与公共政治的桥梁，成为"生活世界"向"体制"施加压力的一种纽带。

公众在界面协商中应具有的协商品格。界面协商离不开公众的积极参与，这又需要公民养成协商的品格并理性地去审视问题和与政府打交道。界面协商关系的构筑需要公民具备宽容、理性、公益心和公共精神的品质。如果缺乏这些品质，互动的界面就不会得到充分的发展，官方的意志与公众的力量之间就不会有对接。如果公众情绪的、原始的、没有反思的偏好和意见居于主导地位，那么就共同的问题通过述理的方式来解决就是不可能的。界面协商中特别需要公众具备开放的心态，在话语沟通力量的影响

---

① 〔德〕哈贝马斯：《在事实与规范之间：关于法律和民主法治国的商谈理论》，童世骏译，三联书店，2003，第369~370页。

② 〔美〕海伦·英格兰姆、斯蒂文·R.史密斯：《新公共政策：民主制度下的公共政策》，钟振明、朱涛译，上海交通大学出版社，2005，第77~79页。

③ 〔美〕史蒂文·凯尔曼：《制定公共政策——美国政府的乐观前景》，商正译，商务印书馆，1990，第182页。

下能够修正自己的偏好，乐于接受更佳的观点。协商也不是一蹴而就的，它往往是一个持续和动态的过程，这就需要公众具备协商的耐心，"有效的政策需要正确的反馈、评估和修正，要求公众有耐心"，而公众的耐心"来自他们对常规政治和政策制定过程的忠诚和信任"[①]。

三　界面协商关系的实现

就正式的制度化的决策机构所具有的相对"强大"的力量而言，界面的协商制度尤其需要保护相对"弱小"的公共领域，鼓励公民积极地参与。为此，首先需要解决政府机构及其决策者循环操控协商过程的问题。协商过程中，政府机构及其决策者不能运用自身的权力和信息优势来故意塑造公众的某种特定态度和价值观，进而去形成政府所期望或者说对政府来说是安全的那种公众输入，政府试图驾驭公众舆论和意见的动机本身已对协商民主的实施构成了潜在的伤害。在官僚制层级控制的交流体系中，管理的逻辑是规则和层级驱动的，自上而下的沟通方式是其显著性特点，但这不是协商的原则。在界面协商关系中，对话的基本规则是公开、透明、自由、平等，不同的意见能够得到自主、充分的表达，在充分的正反两方面信息的支撑下，论辩应当能够形成。

界面协商关系的实现需要创设界面的协商制度，这可以沿着两个进路来展开：一是在正式的制度化的决策机构中嵌入公共领域中的公众协商；二是在公共领域中嵌入正式的建制化机构的协商。在协商民意调查的设计中，菲什金就试图实现"在促使更广泛的公民参与，使其作为公民获得更多信息的同时，把协商性因素引入政府部门"[②] 的目标，从而使两种协商形态之间相互渗透并保持公众协商与政策决定之间的连续性。在权力分立的制度中，议会协商、行政协商和决策以及公众协商都是权力分立制度安排的一个方面，它们之间相互依赖，在最佳状态下，它们是相互促进的。[③]

在中国的政治实践中，界面协商的问题实际上早在党的十三大报告中

---

① 〔美〕海伦·英格兰姆，斯蒂文·R.史密斯：《新公共政策：民主制度下的公共政策》，钟振明、朱涛译，上海交通大学出版社，2005，第77~79页。

② 参见〔美〕伊森·里布《美国民主的未来：一个设立公众部门的方案》，朱昔群等译，中央编译出版社，2009，第12页。

③ Jeffrey K. Tulis, "Deliberation Between Institutions," in James S. Fishkin and Peter Laslett, eds., *Debating Deliberative Democracy*, Oxford：Blackwell Publishing Ltd，2003, p. 206.

就已有过相关的论述。党的十三大报告特别强调了建立社会协商对话制度的重要性，视社会协商对话制度为解决社会矛盾和问题的一种制度性工具，突出强调要倾听群众的意见，提高领导机关的开放程度，以阻滞官僚主义和官僚作风。这里需要注意的是，"倾听"与协商相较，有助于信息的获得和不同意见的识别，但"倾听"与相互的自由而平等的公共协商还是有区别的，协商是相互的证立而不仅仅是"倾听"。在协商民主的理论观照下，党和政府可以赋予社会协商对话制度以新的意义，以深化决策的民主化、科学化。沿这一思路，听证会、咨询会、论证会和座谈会可以成为界面协商、民主决策的重要制度安排。

（一）听证会

"听证"本意为诉讼中应听取他方当事人意见的一种制度。也就是，法院在审查事实或法律问题时，要以公开的方式听取证人和当事人的意见，以保证审判的公平，从而实现正义。[①] 公共政策听证是在公共政策出台前或实施后，就公共政策问题、公共政策方案或公共政策效果等方面听取政策相关者的意见，是一种对称性的公共政策辩论。[②] 在我国，《中华人民共和国行政处罚法》首次正式提出了听证制度，其第 23 条规定，"在制定关系群众切身利益的公用事业价格、公益性服务价格、自然垄断经营的商品价格等政府指导价、政府定价时，应当建立听证会制度，由政府价格主管部门主持，征求消费者、经营者和有关方面的意见，论证其必要性、可行性"。之后，听证和社会公示制度广泛用于公共管理和政府决策中。然而，实践中"凡听必涨"的经验又表明听证会的可信度已大打折扣，听证会并没有产生应有的论证和说服功能。

当听证会作为界面层的公共协商制度用以界定公共政策问题、设定公共政策议程以及表达和综合政策意见时，制度的设计应当注意：第一，议题各方的观点、理由和证据需要得到充分的阐述；第二，听证会的主持方应以促进审慎思辨和相互证立的原则使听证真正起到民主决策、科学决策的作用，并保持中立，不能偏袒任何一方的观点；第三，听证代表的选择应以意见分歧的代表性为原则，被选出的听证代表要实质性地体现某一具

---

① 丁煌：《听证制度：决策科学化和民主化的重要保证》，《政治学研究》1999 年第 1 期。

② 陈潭：《旁听、听证与公共政策民主》，《理论探讨》2003 年第 6 期。

有代表性的观点，并提供相应的理由、证据和论证；第四，听证应当遵循协商民主实质与程序的规定性；第五，听证过程必须公开、透明以接受公开和公共的检视；第六，听证结论要具有约束性，对最终的政策决定要产生实质性的影响。

（二）咨询会

咨询是意见征求的一种方式，"在咨询体制中，政策制定者和行政官僚将通过与全体选民磋商的形式，不断修正他们起草的政策以满足选民的需要。让政策规划者津津乐道的是：行政官员与普通民众在融洽的气氛中进行直接沟通，并听取他们的想法，随后可能相应地修改有关政策。但是，那些参与磋商的民众往往是政策制定者和行政官僚挑选出来重复自己声音的人，他们的想法几乎不可能真正得到考虑"①。虽然协商不同于咨询，但协商作为相互的论理，它在功能上具有咨询的重要作用。当咨询是在分歧性的观点中展开而不是既定决策的"宣传筒"时，咨询也会产生意见交换、审慎思辨和相互证立。需要注意的是：咨询的参与者要体现不同的意见和观点；持不同观点和意见的人在咨询会上可以相互辩护；对于咨询中的分歧，无论是否反映到最终的政策决定中，决策者都要给出解释并经受质疑。

（三）论证会

论证会是通过邀请专家，围绕有待作出决定之项目的主张、根据和理由，就其必要性、可行性、有效性、科学性、风险性等进行评估的一种会议制度，论证会通常比较强调专家的作用。在协商过程中强调专家的作用并不与协商民主的精神相对立，相反专家可以在协商过程中扮演积极角色，成为协商的推动者，包括提供不同的观点、理由和论证，解释复杂的问题以让一般人明白其中的道理。专家能否发挥促进和深化而不是操控协商过程的作用，关键是端视于论证会中专家的立场能否真正做到客观、中立，专家的挑选能否做到客观、公正并真实地代表分歧性的意见和观点，以及正式的制度化的决策机构是否尊重专家的协商论证。作为界面协商中的一方，只有当竞争性的专家意见和观点都能得到合理的评估和衡量时，论证会才能发挥界面协商的功效。

① 〔美〕伊森·里布：《美国民主的未来：一个设立公众部门的方案》，朱昔群等译，中央编译出版社，2009，第4页。

（四）座谈会

座谈会是通过邀集与某一方面议题相关的人士来听取意见、掌握信息的一种会议制度。座谈会的参加者一般都是与特定议题具有直接关系的人士，座谈的过程一般也比较平和，主要是"听"和"解释"，而不是"辩"和"论"。以协商民主的观点来审视座谈会，能否彰显协商的功能主要取决于座谈会的发起者是否具有意见交流的真实意愿，而不是走过场。尤其是在邀集对象的选择上，发起方是否能够让与其持有不同意见的代表参加座谈以及座谈过程能否避免外在的操控是极为关键的。真正理性的行动只能在没有外在偏见的条件下产生。在这些方面已有不少先例可循，重庆出租车"罢运事件"一个富有启发意义的探索就是尝试建立利益协商机制，告诉官员应该学会以协商和对话的方式来处理矛盾，这样才能得到社会的认同和谅解，也体现着新时期以人为本理念的要求。①

此外，大众传媒实质上已成为界面协商重要的制度性平台。现代社会，在具有适当的技术发展和识字的条件下，大众传播工具能够以很小的代价，最少的失真度把信息传递给不计其数的人②，"大众传媒——报纸、新闻杂志、广播、电视和互联网——作为信息的提供者和传递者参与了政策制定；像议程安排者一样，它们协助决定人们思考什么；并且有意无意地充当了民意塑造者的角色"③。彰显大众传媒的协商功能是实现界面协商的重要途径，传统的大众传播工具和新兴的互联网可以成为界面层公共协商的发起者、组织者、推动者和监督者。大众传媒具有重要的"唤醒"功能，"将（问题）传播到更广大的公众之中，使冲突的范围变得更广……'唤醒'本身是自足的，容易滚成雪球。当传媒对一个问题感兴趣时，它们常常盯住不放，使越来越多的重视和关注产生"④。大众传媒具有把问题放大的效应，能够促成理性的意见交流。在大众传媒的平台上，不同的意见和观点有了更为广阔的进行"交锋"的平台，进而为审慎的、精炼的公共声音的形成

---

① 廖海清：《如何面对群体性事件》，《南风窗》2009 年第 5 期。
② 〔美〕加布里埃尔·A. 阿尔蒙德、小 G. 宾厄姆·鲍威尔：《比较政治学——体系、过程和政策》，曹沛霖等译，东方出版社，2007，第 155 页。
③ 〔美〕詹姆斯·E. 安德森：《公共政策制定》，谢明等译，中国人民大学出版社，2009，第 74、110 页。
④ 〔美〕拉雷·N. 格斯顿：《公共政策的制定——程序和原理》，朱子文译，重庆出版社，2001，第 60 页。

创造了条件。

大众传媒是公共领域关键的参与者和建构者，发挥着重要的社会批判功能。媒体在公共领域中不能缺位，不能失语，不能被操控。在促进公共协商的方面，大众传媒需要一种自主的交流结构，不能受政治领导人和特殊利益集团的操控，"如果大众传播工具被政治精英人物控制，发布报道要由他们批准，那么，传播工具在某种程度上就不再是一种有用的接近渠道了，或只是为受宠的集团所专用了"①。在一个开放的社会里，大众传播工具是向政策制定者传送社会需求的基本的途径，因而大众媒体在公共协商中必须坚守其社会的公共责任性，不能为了吸引眼球而忽视公正、客观、真实、严肃的标准，不能以逐利为根本目的，更不能成为造假和欺骗的工具。

当今中国，党和政府已认识到大众传媒尤其是互联网对现代政治和政策过程的深远影响。2008 年 6 月 20 日，胡锦涛在人民网与网民进行对话时指出，"互联网已成为思想文化信息的集散地和社会舆论的放大器，我们要充分认识以互联网为代表的新兴媒体的社会影响力，高度重视互联网的建设、运用和管理"②。毫无疑问，作为公众讨论公共事务并影响政府决策的重要平台，互联网必将在我国的政治和政策过程中扮演越来越重要的角色。正如有研究认为，"尽管有严密的监管和审查措施，互联网还是中国最自由的公共空间……使新型参政议政和民意表达进入一种新境界"③。需要考虑的是，如何使网络在公共政策的形成中真正成为界面协商的制度平台，以推动官民之间自由而平等、及时而有效的协商和对话，将网络民意转变成人大、政协的提案、议案，转变成执政党的主张和意志，从而更好地保持公众舆论力量与建制化机构中的协商所指向的政策决定之间的连续性，产生实质性的民主决策的效果。

---

① 〔美〕加布里埃尔·A. 阿尔蒙德，小 G. 宾厄姆·鲍威尔：《比较政治学——体系、过程和政策》，曹沛霖等译，东方出版社，2007，第 191 页。

② 胡锦涛：《在人民日报社考察工作的讲话》，人民网，http://politics.people.com.cn/GB/1024/7408514.html，最后访问日期：2018 年 2 月 28 日。

③ 中央党校"党的领导与意识形态建设"课题组：《网络文化革命与意识形态领导权》，《理论参考》2009 年第 8 期。

风险与公共危机治理的协商民主诉求及其价值[*]

　　风险与公共危机是统一的连续谱，在治理语境下，其治理共同体的形成及其良好运转，是我们成功应对风险与公共危机挑战的关键。因为在风险社会背景下，风险与危机中"总是存在各种现代性主体和受影响群体的竞争和冲突的要求、利益和观点，它们共同被推动，以原因和结果、策动者和受害者的方式去界定风险。关于风险，不存在什么专家"①。风险社会产生了对民主的新挑战，它包含了一种使预防危险的极权主义合法化的倾向，这种极权拥有预防最坏情况的权利，但很有可能由此产生某些更坏的情况。文明在政治上的"副作用"威胁着民主政治体制的持续存在，使这一体制陷于难堪的困境：或者在面对系统产生的危险的时候失败，或者通过极权和压迫性的"支持力量"的增加去怀疑根本的民主原则。在已经明显的风险生活的未来，突破这两难选择是民主制的中心任务之一。② 在风险理论家看来，既有的自由民主政治已经无法承担这样的任务，风险社会的政治改革预示了其常规体制的不足。如果风险社会要成功地迎接其自身带来的道义及其他挑战的话，就急需沿着生态民主政治的方向发展。而这种民主治理形式，在某种意义上就是建立在公民广泛参与基础之上的协商民主政治。③

　　* 原载《天府新论》2009 年第 5 期，作者为李强彬、陈宝胜。基金项目：国家社会科学基金重大攻关项目"建立健全我国社会预警机制与应急管理体系"（06&ZD025）。
　　① 〔德〕乌尔里希·贝克：《风险社会》，何博闻译，译林出版社，2003，第28~29页。
　　② 陈家刚：《风险社会与协商民主》，《马克思主义与现实》2006 年第 3 期。
　　③ 陈家刚：《风险社会与协商民主》，《马克思主义与现实》2006 年第 3 期。

一 风险与公共危机治理中的民主控制难题

代议民主解决了直接民主决策的规模和巨额成本问题，因此在现代社会赢得了绝对的优势，成为民主发展的基本模式，也成为公共管理及其合法性获取的一项基本制度。然而，尽管间接民主与直接民主相较表现出了诸多操作上的优势，但代议民主的根本缺陷在于它剥夺了公众直接参与公共事务管理和公共政策制定的权利，而代之以投票选择政治家的权利，削弱了公共管理和公共政策过程中民主的真实性。"民主充其量是一个庞杂的体系，它并非为效率而设计……若仅借助于在各个层面的政府职位上使用专家及剥夺公民除投票以外的其他参与权利，则公共行政的发展将导致民主性的削弱。甚至，虽然我们使用一切可能的管理技术来提高效率，付出所有努力来再造和提升政府的绩效，但是，公众对公共行政的信任度却达到了历史新低"①。在代议民主中，公民行使民主权利、直接参与公共决策的过程集中体现在了"投票的那个时刻"，通过选举政策制定的代理者来体现民主。其间必然存在选票与各种政策诉求之间的紧张关系，即选票只有一张，而选民在不同的政策领域往往具有不同的诉求和需要，但这不可能完整地体现在一张选票所代表的被选者的价值偏好中，这不能不说是民主治理和公共决策中的一个令人沮丧的问题。为此，除了投票，民主的政治和政策过程需要在选民与被选者之间建立更多的关系来体现民主价值，更好地实现管理和决策过程中的民主控制。

协商民主是在反思和批判代议民主的局限中发展起来的，也是对古希腊直接民主的一种复兴。相较于代议民主，协商民主认为民主不仅要有投票上的平等，而且要求参与者在集体决策过程中拥有平等的机会。就大众关心的政策问题进行协商，其参与主体不应局限于政治代表、法官、媒体评论家、技术官僚和其他精英，而应有问题和决策相关者的全面参与，协商民主已经成为那些强调个性、竞争和聚合民主模式的一种替代。协商民主论者根据一系列协商背景和主题，提出了自己的观点：直接民主，市镇会议和小规模的团体；工厂民主，具有不同道德原则的公民之间公共理性的调解形式；自愿团体，控制整个社会的协商宪政和司法实践；等等。② 协

---

① 〔美〕理查德·C. 博克斯：《公民治理：引领 21 世纪的美国社区》，孙柏瑛等译，中国人民大学出版社，2005，第 119 页。
② 陈家刚编译《协商民主》，上海三联书店，2004，第 7 页。

商民主的独特之处在于协商民主论者都认为政治决策应该通过协商而不是金钱或权力的途径进行，同时，协商决断的参与度应尽可能平等而广泛。① 协商民主的要点在于它极力避免精英的操控和"无政府的闲扯"，强调公民是民主体制的参与主体，主张公共管理和政策决策必须经由公共协商的过程，在自由、平等的治理相关者之间进行讨论、对话和争辩并在此基础上形成决策和治理共识，从而让公共政策在实质上符合更多公民的利益，而不只是在表面上体现了公民的意志。② 西方协商论者主要从如下几个角度给出了协商民主应被重视的理由。①在自由至上的观念指引下，只要合乎法律，每一种声音都可以有其空间，每一种利益表达都有其合理性。②面对跨区域、跨阶层、跨文化的复杂公共问题，民众越来越缺乏沟通的耐心和能力，很多时候都只能听任投票这只程序之手来决定命运。虽然在"少数服从多数"的程序正义旗号下，这种办法的确能够快刀斩乱麻，但投票本身并不代表特定个人或集体的愿望在结果中得到体现。③在专业分工细密、突发事件频繁的多元社会中，由公共管理专家组成的行政机构必然获得越来越多的公共政策和游戏规则制定权。行政机构更容易绕开监督，并无须承担与立法机构同等的民主责任，其后果是民众可能在关乎其切身利益的事件中失去意见表达权，官僚自由裁量权膨胀的这种危险趋势已经显而易见。③

　　风险与危机挑战中的治理面临着风险防范、危机克服、行政自由裁量权、相关者参与、责任控制的诸多难题。一方面，人们希望风险与危机的应对是在充分的信息和科学的分析（如成本—收益分析，收益—风险分析，运筹学、系统分析、数理规划等的应用）基础上进行的；另一方面，人们也希望其治理过程是民主的，从而必须有政治性。即，一方面人们希望风险与危机治理更加具有科学性，另一方面则希望其属于政治范畴。这两种取向间存在深刻矛盾和紧张关系，因为更多的信息和分析往往要求消除或减少分析方法中经常出现的党派、意识形态、公共舆论等政治因素影响，而民主社会中很少有人希望放弃他们在公共事务治理中的政治作用及其利益。因此，如果一个社会在公共事务治理中要求有更多的理性和分析，似乎就意味着必须放弃民主的某些方面。

---

① 〔加〕马克·华伦：《协商性民主》，孙亮译，《浙江社会科学》2005 年第 1 期。
② 陈剩勇：《协商民主理论与中国》，《浙江社会科学》（人文社会科学版）2005 年第 1 期。
③ 张凤阳主编《政治哲学关键词》，江苏人民出版社，2006，第 242~243 页。

协商民主回应了这一民主控制难题，能够更好地实现"民主的控制"的目标。因为，治理活动中的协商，首先是破除专门知识的垄断。人们必须告别这样的观念，即行政机构和专家总能准确地了解什么是正确和有益的，或者说他们至少了解得更多。其次是管辖权的信息化。团体参与的范围不能因为专家而封闭，必须根据社会的相关标准而开放。最后是决策结构的开放。所有参与者都必须意识到，决策并不是现成的，只待"出售"或实施。第四是创造一种部分的公开性。专家和决策者的闭门协商必须传达或转化为代理人之间的公共对话。第五是自我立法和自我约束。① 协商民主要求自由、平等的公民通过公共协商来实现公共事务的成功治理，这种协商既是实质性的规定，也包括程序性的规定。哈贝马斯在讨论理想协商程序中建立了以下基本框架。①协商程序的形式必须是信息和有依据的观点交换的过程。②协商是包容和公共的：原则上无人受排斥，所有受影响的人都有权参与协商。③协商不会受任何会削弱参与者平等地位的内外威胁的影响。④协商旨在达成理性推动的一致，并在原则上能无限期地延续或在任何时候都可恢复。然而，考虑到机构制定政策的压力，政治协商必须能通过多数人的投票来终止。政治协商与协商实施存在内在联系，因此多数人的统治可以使以下的假设成立：除非有进一步说明，即少数派使多数派相信少数派观点是正确的，否则被采纳的决定都被认为是全体可接受的。⑤政治协商也扩展到那些可以通过调整来保护所有人平等利益的问题中，如资源的不平等分配。这些问题将影响在政治过程中平等有效的参与权的实施。⑥最后，政治协商包括对需求的解释，对集体身份的表达，对先前政治态度和偏好的转化。在这一方面，政治协商应超越道德、伦理和实际话语范围，同时为那些相互冲突和各不相同的利益在非协商制度背景下进行讨价还价和公众妥协留出空间。这样的程序规范虽然是"理想的"，但我们的治理活动可以不断接近，尤其在风险与危机这种内含公开、不能被操控的治理活动中。②

---

① 〔德〕乌尔里希·贝克、〔英〕安东尼·吉登斯、〔英〕斯科特·拉什：《自反性现代化》，周宪、许钧等译，商务印书馆，2001，第38页。

② 〔南非〕毛里西奥·帕瑟林·登特里维斯：《作为公共协商的民主：新的视角》，王英津等译，中央编译出版社，2006，第10页。

二 协商民主在风险与公共危机治理中的价值

在风险与公共危机治理中，协商民主是其重要的理论资源。人们应对风险的方式导致新的治理形式的出现。风险社会的出现赋予人类加深和拓展民主的机会，即构建公民参与、理性审视、公开讨论基础上的协商民主。① 其价值体现在以下几点。

1. 更好地识别、界定风险和危机。风险与危机观念"是一些社会构想，主要是通过知识、公众、正反两方面专家的参与、对因果关系的推测、费用的分摊以及责任体系而确立起来的"②。而且，风险社会"暗示当前的一些社会问题不仅会变得很严重，而且会变化很快，我们甚至都无法预测其变化的方式。未来的公民就要在这样的社会里生活，他们需要改变这个日益复杂的世界……只有积极投入到对问题的争论中来才能发现解决问题的方案"③。风险社会背景下的政治转型需要尊重参与、合法性等基本原则，但从实践的角度看，民主政治不能局限于自由民主的常规政治体制之中，而要在更广泛的社会民主所搭建的协商讨论之中开放。④ 贝克认为，"从政治层面和路线设计层面上说，我们既要接纳和包容正常的工业革命所带来的各种或积极或消极的后果；又要同时将工业革命带来的各种后果进行分类和甄别，进而采取一系列措施扬长避短，趋利避害。目前，欧洲在经过扬长避短、趋利避害式的反复比较与取舍之后，刚刚踏上位于社会主义和资本主义之间的第三条道路。而这一过程意味着，欧洲社会的各个方面或各种政治派别正围绕工业革命后果之接纳包容和分类甄别等各个环节进行协商并达成共识"⑤。作为一种治理形式的协商民主，它兼具合法性、公开性、责任性的特点，⑥ 作为自由主义、社群主义、多元主义和精英主义理论的一种可能的替代，协商民主的这些要求无疑可以提高我们识别、界定风险和危机的能力并体现风险与危机治理的"民主控制"原则。

---

① 陈家刚：《风险社会与协商民主》，《马克思主义与现实》2006 年第 3 期。
② 薛晓源、周战超主编《全球化与风险社会》，社会科学文献出版社，2005，第 25 页。
③ 〔丹〕斯特芬·埃尔摩斯、〔加〕沃尔夫·迈克尔·罗斯：《全民素质教育：为风险社会作准备》，王玉辉编译，《马克思主义与现实》2005 年第 6 期。
④ 陈家刚：《风险社会与协商民主》，《马克思主义与现实》2006 年第 3 期。
⑤ 薛晓源、周战超主编《全球化与风险社会》，社会科学文献出版社，2005，第 70 页。
⑥ 陈家刚：《协商民主引论》，《马克思主义与现实》2004 年第 3 期。

2. 在风险社会背景下，促进反思性决策。与工业社会相比，风险社会的突出特征是，"风险取决于决策，它们以工业方式被生产，并在这个意义上具有政治上的反思性。所有早先的文化和社会发展阶段以各种方式面对着危险，今天的社会则通过它处置风险的方式而面对它自身。风险是人类活动和疏忽的反映，是生产力高度发展的表现。这意味着危险的来源不再是无知而是知识；不再是因为对自然缺乏控制而是控制太完善了；不是那些脱离了人的把握的东西，而是工业时代建立起来的规范和体系"①。在风险社会，不是过去决定现在，而是未来的风险决定今天的选择，"新社会整合必须在高度的自我反思基础上建立起来，而且必须有很强的未来的价值取向，亦即可以不断自我修正"②。而协商民主中的"协商过程的政治合法性不仅仅出于多数的意愿，而且还基于集体的理性反思结果"③。公共协商"主要目标不是狭隘地追求个人利益，而是利用公共理性（Public Reason）寻求能够最大限度地满足所有公民愿望的政策。通过寻求确定那些重视所有人需求和利益的政策，协商过程的参与者表达了他们对所有公民政治平等的信念。不存在特殊的利益具有超越其他任何公民利益的优先性。为所有人提供平等的表达机会、消除参与公共协商的制度性障碍、形成所有公民能够自由参与协商过程的可获得性论坛，可以保证所有公民需求和利益的系统考虑"④。面对复杂问题，每个人都希望通过讨论而集中其有限能力，并增加做出最佳选择的概率。"一个人远离公共生活不是'稳重'，而是'无用'，我们认真并亲自对政策的每一个细节予以决定和辩论，我们并不排除讨论和行动一起发生错误的可能性，但我们确信，未经讨论过的行动注定要失败的"⑤。讨论可以减少有限理性的影响有两个理由：第一，它具有"附加"价值，因为你可能会考虑一些不会发生在我身上的可能性，反之亦然；第二，它具有"倍增"价值，因为在讨论过程中，我们可能会认

---

① 〔德〕乌尔里希·贝克：《风险社会》，何博闻译，译林出版社，2003，第225页。
② 薛晓源、刘国良：《全球风险世界：现在与未来——德国著名社会学家、风险社会理论创始人乌尔里希·贝克教授访谈录》，《马克思主义与现实》2005年第1期。
③ 〔美〕乔治·M.瓦拉德兹：《协商民主》，何莉编译，《马克思主义与现实》2004年第3期。
④ 〔美〕乔治·M.瓦拉德兹：《协商民主》，何莉编译，《马克思主义与现实》2004年第3期。
⑤ 〔美〕西奥多·A.哥伦比斯、杰姆斯·H.沃尔夫：《权力与正义》，白希译，华夏出版社，1990，第4页。

为问题或可能性不会发生在我们中的任何人身上。①

　　提高治理责任性。风险与公共危机治理中"有组织的不负责任"是应对风险与危机挑战的一个关键问题。贝克在《解毒剂——有组织地不负责任》一书中指出，"公司、政策制定者和专家结成的联盟制造了当代社会中的危险，然后又建立一套话语来推卸责任。这样一来，他们就把自己制造的危险转化为某种'风险'，他用'有组织地不负责任'这个词来揭示'现代社会的制度为什么和如何必须承认潜在的实际灾难，但同时又否认它们的存在，掩盖其产生的原因，取消补偿或控制'"。在"面对普遍的、全球的和不可逆转的风险时，大量不同行动者或机构参与到了分清责任、相互谴责的风险话语中，所以就产生一种新的文化形式、模式、规则和结构。然而，这个新的模式并不仅仅是一个自由飘浮的文化形式，它深深扎根于参与者和作为观察者的公众意识之中。社会运动员、科学家、政治家、商人、律师和市民——还有社会科学家！——需要获得新的认知结构，包括新的情感、概念和行为规则，这或多或少都与责任的文化模式相关"②。作为"一种具有巨大潜能的民主治理形式，协商民主能够有效地回应文化间对话和多元文化社会认知的某些核心问题。它尤其强调对于公共利益的责任、促进政治话语的相互理解、辨别所有政治意愿，以及支持那些重视所有人需求与利益的具有集体约束力的政策"③，"协商民主赋予协商参与者'特定责任'，即参与者彼此负责，而不是对协商过程之外的人承担责任。它们包括：提供协商过程中所有人都能接受的理由；倾听并真诚地回应他人的理由和观点；尽力达成所有人都能接受的意见"④。在公共危机治理中，"因为其对于公共利益和系统检视政策选择后果的责任，使公民得以看到个人行为与较大共同体利益之间有时不太清楚的联系。作为协商民主的核心，协商过程是对当代自由民主中流行的个人主义和自利道德的矫正……协商民主将使人们清楚地看到，政治共同体的每个人都是更大社会的一部分，

---

① 陈家刚编译《协商民主》，上海三联书店，2004，第7页。

② 〔英〕派特·斯崔德姆：《风险社会中的认同和冲突》，丁开杰编译，《马克思主义与现实》2004年第4期。

③ 〔美〕乔治·M. 瓦拉德兹：《协商民主》，何莉编译，《马克思主义与现实》2004年第3期。

④ 〔英〕马修·费斯廷斯泰因：《协商、公民权与认同》，王勇兵编译，《马克思主义与现实》2004年第3期。

其福利有赖于其承担属于自身的那份集体责任的意愿"①。

三 风险与公共危机治理中协商民主诉求的可能

风险与危机的特殊性决定了"在大国危机时代，整个国家都激发起来进行认真的协商讨论是可能的"②。在风险与危机中，我们都不可能完全逃离其影响，成功的集体行动需要我们团结起来形成风险与危机的治理共同体。吉登斯所描绘的"风险景象"已为我们充分展示了这样一幅景观，其中我们面临着"第一，高强度意义上的风险的全球化，例如，核战争构成的对人类生存的威胁。第二，突发事件不断增长意义上的风险的全球化，这些事件影响着每一个人（或至少生活在我们这个星球上的多数人），如全球化劳动分工的变化。第三，来自人化环境或社会化自然的风险，人类的知识进入物质环境。第四，影响着千百万人生活机会的制度化风险环境的发展，例如，投资市场。第五，风险意识本身作为风险，风险中的'知识鸿沟'不可能被宗教或巫术转变为'确定性'。第六，分布趋于均匀的风险意识，我们共同面对的许多风险已为广大的公众所了解。第七，对专业知识局限性的意识，就采用专家原则的后果来看，没有任何一种专家系统能够称为全能的专家"③。在这样的风险景观中，我们必须连接在一起而形成治理的共同体。在全球层面，在这样一个风险的世界，在一个对于上帝、阶级、民族、政府的信仰正在消失的时代，人们看到并且承认的各种风险的全球性已经变成能够开辟新的世界政治行动机会的各种联系的泉源。④ 鉴于人们面临危险打击，这种危险的全球性造成了一种新形式的政治风险共同体，同时还造成了新的区域差别。但是已经出现的这种冲突造成了一种共同性，它再三提醒人们，必须寻找一种全球解决方案，这种全球性问题的解决，不能通过战争，而只能通过谈判来实现。⑤

无论如何，"危机管理需要一个既使用权威又使用民主的决策程序，在

---

① 〔美〕乔治·M. 瓦拉德兹：《协商民主》，何莉编译，《马克思主义与现实》2004年第3期.
② 陈家刚编译《协商民主》，上海三联书店，2004，第35页。
③ 〔英〕吉登斯：《现代性的后果》，田禾译，译林出版社，2000，第17~18页。
④ 〔德〕乌尔里希·贝克：《世界风险社会：失语状态下的思考》，张世鹏编译，《马克思主义与现实》2004年第2期。
⑤ 〔德〕乌尔里希·贝克：《世界风险社会：失语状态下的思考》，张世鹏编译，《马克思主义与现实》2004年第2期。

此环境中激发反应者作出一个富有弹性但又极有力度的决定"①。风险概念表明"人们创造了一种文明，以便使自己的决定将会造成的不可预见的后果具备可预见性，从而控制不可控制的事情，通过有意采取的预防性行动以及相应的制度化的措施战胜种种副作用"②。随着信息技术和人们交往、沟通手段的不断发展，尤其网络时代的到来使我们有更多的理由去深化和拓展新的民主治理形式。公共危机治理的协商民主诉求已不是乌托邦，"一个好的民主体制，其设计的机构拥有确保深思熟虑与辩论的机制——不需要对任何人在任何时刻碰巧想说的话作立即的响应。依此，原有的美国宪法是基于实现一组特殊的'过滤'，——用以增进政府中商议的可能。你可以在大部分的民主国家看到相同的设计，以避免时时刻刻都得响应民众的需求。当新技术让人们更容易表达他们短期的看法，并诱使政府响应时，他们带来的危险多于远景。但是，当新科技能让人们更轻易地和他人商议以及交换意见时，他们也发扬了自由表达体系的积极效应"③。科学技术的发展能为我们将民主从代议制的形式上升到更高级的形式创造技术条件，有论者甚至认为，21世纪在政治上的一件大事将是"代议制民主的结束"，奈斯比特宣称我们正在经历着"从代议民主制到共同参与民主制的转变"④。托夫勒也预言21世纪的民主形式将是一种"共同参与民主制"或者"半直接民主制"⑤。哈贝马斯的商谈民主理论对代议民主进行了深刻的批判，他认为应实现从"以投票为中心"的民主向"以对话为中心"的协商民主的转型，不应将公民的政治参与仅仅局限于投票，参与者应该在充分掌握信息、拥有平等发言机会和决策程序公平的条件下，对公共政策进行公开讨论，进而提出可行的方案或意见。协商民主通过沟通、磋商和协调达成共识，有利于产生更优的决策，提升决策的合法性，加强公民之间的团结。⑥

　　与其他民主形式相比，协商民主赋予公众深思熟虑的判断——有机会

---

① 〔澳〕罗伯特·希斯：《危机管理》，王成、宋炳辉、金瑛译，中信出版社，2001，第259页。

② 薛晓源、周战超主编《全球化与风险社会》，社会科学文献出版社，2005，第5页。

③ 〔美〕凯斯·桑斯坦：《网络共和国》，黄维明译，上海人民出版社，2003，第139页。

④ 〔美〕约翰·奈斯比特：《大趋势——改变我们生活的十个新方向》，梅艳译，中国社会科学出版社，1984，第162页。

⑤ 〔美〕阿尔温·托夫勒、海蒂·托夫勒：《创造一个新的文明——第三次浪潮的政治》，陈峰译，上海三联书店，1996，第99页。

⑥ 李瑞昌：《商谈民主：哈贝马斯与吉登斯的分歧》，《浙江学刊》2005年第2期。

思考竞争性观点和反对性观点之后的人民意见——以主导作用。如果民主意味着什么，不喜欢协商民主形式而倾向于那些公众冷漠、无知和被控制，民主则是相当困难的。一旦他们从协商中得到好处，那么，集体决策过程将充分利用协商。然而因为许多公民在大多数情况下的大部分时间里不参与协商，许多关于协商民主的关键问题就集中在政治平等与非暴政的融合方面。事实上，我们已经明白这些原则能够融合在一起，至少在某种程度上，协商民主是一种确实能够实现的思想。① 我国近年来诸多公共危机事件的处理已带给我们深刻教训，事件中政府与公众间缺乏理性对话甚至发布错误信息（如在松花江水污染事件处理之初），这些都直接导致了公众的非理性行为及其学习、生活和工作的失序，无疑大大提高了公共危机治理成本。理论和实践已经表明，现代风险与公共危机治理需要创新民主形式，需要治理的合法性、正当性，需要假定相关各方都是兼具自由、理性、平等的沟通者和协商者，而这正是民主理论走向协商而更加关注"真实"的民主的内在要求。

---

① 陈家刚编译《协商民主》，上海三联书店，2004，第41页。

协商民主与公共政策议程建构[*]

在政策分析的阶段论中，公共政策议程是连接问题建构和政策决策的关键环节，它犹如一支"漏斗"，只有那些在问题竞争中顺利通过它"过滤"的政策问题才能被当局着手予以解决。基于"公共"而非个体性的原则，公共政策的议程建构应是开放而非封闭的，即任何影响议程建构和受议程建构影响的人都应具有相应的机会和渠道进入这一过程并通过协商和对话机制来化解各种矛盾和冲突以明确政策问题的性质以及哪些政策问题是最紧迫的，哪些政策资源我们可以利用，当下的政策情境又要求我们作出怎样的选择等问题。这样的公共政策议程建构机制与协商民主的价值理念和制度设计具有内在的契合性，对正处于转型期的当下中国来讲更是具有重要价值，它为我们在公共政策议程建构中如何确保公共政策之公平与正义以让全体人民共享改革发展的成果提供了诸多启示。

一 公共政策议程建构的价值导向

公共政策的议程建构根本不同于私人问题的解决过程，它关涉众多不同阶层、群体和个人的利益，不同的政策相关者往往对同一政策问题的把握和阐释截然相反，可谓"仁者见仁，智者见智"。尽管如此，公共性、民主性、合法性和有效性应是政策相关者在政策讨论中应当遵循的价值导向。

1. 公共性

公共性蕴含于公共之中，公共一词的古典含义有两个来源：一是在古希腊词语"pubes"或"maturity"中表示一个人在身体上、情感上或智力上

---

* 原载《求实》2008 年第 1 期。基金项目：国家社会科学基金重大攻关项目"建立健全我国社会预警机制与应急管理体系"（06&ZD025）。

已经成熟，强调的是一个人从只关心自我或自我的利益发展到超越自我，能够理解他人的利益。这样的公共性理解意味着一个人具有这样一种能力，即能够理解自己的行为对他人所产生的影响和结果。二是源于古希腊词语"Koinon"，意为人与人之间在工作、交往中相互照顾和关心的一种状态，英语词语"共同"（common）就起源于该词。① 在古希腊社会里，人们把政治共同体（城邦）看作公共，所有成年男子都可以参加，政治共同体的主要职责就是建立一些永久的标准和规则，目的是获取最大之善。因此，从起源上看，公共性更多的是意指社会层面的非个体性，在古希腊政治社会里通常与早期的直接民主相关联。就公共政策而言，它属于公共事务的范畴，解决的是公共问题，其运行过程是以公共权力为背景的。与私人问题的解决过程相比，公共政策的影响范围更为广阔，"私人事务与公共事务的区别在于，人的行为仅仅是对一个人还是许多人产生影响，或者人的行为是以自我为中心还是以他人为中心的。"② 就此而言，从公共性的"原始"含义中我们可以对公共政策议程之公共性作如下理解：一是议程建构是开放而非封闭的，各政策相关者都可以参与其中；二是议程建构属于公共事务的范畴，它希冀解决的是公共问题而非私人问题；三是参与议程建构的相关者无论在形式还是实质上都应表现出对"他者"的关心，也就是说不仅仅是关心个人的私利，更为重要的是对如何实现公共利益的思考。

2. 民主性

民主是现代社会中高高飘扬的一面旗帜，也是理解现代政策过程的核心关键词。在萨托利看来，民主就是"谁来统治、如何统治"的问题，而对此最直白的理解就是"人民的统治，人民当家作主"。尽管人们对"人民"一词的界定众说纷纭，但一个大体可观的趋势是在意欲增强自己统治合法性的政府宣言中，"人民"的范围似乎总是在扩大；同时，意欲争取一定政治权利的人们，总是把自己界定为人民之中的一员并以此要求实现自己的各种权利。著名的民主理论家达尔在对民主制度进行设计时，设置了

---

① 〔美〕乔治·费雷德里克森：《公共行政的精神》，张成福、刘霞、张璋等译，中国人民大学出版社，2003，第4页。

② 〔美〕乔治·费雷德里克森：《公共行政的精神》，张成福、刘霞、张璋等译，中国人民大学出版社，2003，第5页。

三个必不可少的条件，即所有的成年公民都应拥有以下充分的机会：一是明确阐述他们的选择；二是通过个人行动和集体行动向其他公民和政府表明他们的选择；三是使他们的选择在政府行为中受到同等的重视，也就是说政府在考虑这些选择时不因其选择的内容或选择由谁提出而加以歧视。①在此，达尔民主制度设计的这三个条件具有丰富的政策议程建构含义，它表明了政策议程建构中的民主性首先意味着政策相关者具有明确阐述他们政策诉求的权利和机会；二是任何政策诉求都具有相应的渠道和途径来将其完整地传递到议程建构过程之中；三是决策者在议程建构中应当同等考虑各政策相关者的政策诉求并给予积极回应。这些环节都是民主的政策过程的基本构成要素，也是监督政策制定当局并促使其切实履行公共责任的必要条件。

3. 合法性

在政策过程中，政策议程的"过滤"机制是检验公共政策合法性的重要途径，因为政策议程决定着什么问题将进入决策者的视界。从本质上讲，政策过程是政治的过程，其合法性应当通过接受公共的检验来获取，也即政策决策不仅应当符合法律的规定，更为重要的是追求政策相关者的切身认同。具体而言，公共政策议程建构的合法性诉求主要体现在如下几个方面：一是议程所关涉的是公共问题，而不是为哪一阶级、阶层、集团或个人所服务的问题；二是议程建构的主体是多元的，各政策相关者都应具有相应的机会和渠道来参与议程的建构；三是议程的建构过程必须遵循有关法律法规和制度程序，如当通过听证来建构政策议程时就必须严格遵守听证的程序和规范；四是议程建构中各种政策诉求和政策意见能得到自由、充分的表达，没有政策相关者间的协商和对话就难以达成真正的共识，"协商多数"的形成能有效化解议程建构中的矛盾和冲突。

4. 有效性

有效性不仅是一个资源节约和效率提高的问题，更是如何正确建构政策议程的问题，只有"正确"才是有效的。在政策议程建构中，其有效性首先意味着进入"漏斗"的各政策问题是真实而正确的；其次意味着我们

---

① 〔美〕罗伯特·达尔：《多头政体——参与和反对》，谭君久、刘惠荣译，商务印书馆，2003，第12页。

建构议程的各种制度和程序是有效的，这些制度和程序能够容纳各方政策诉求；最后意味着我们投入议程建构中的各种要素和政策资源是恰当、节约和高效的，无论是有形还是无形的资源投入，它们所产生的效果应当得到人们的认可。

二 公共政策议程建构的实现机制

政策议程的过滤功能将排斥一些政策问题进入决策圈，而"那些被决策者选中或决策者感到必须对之采取行动的要求构成了政策议程"[①]，这是因为我们可以利用的政策资源、所具有的决策能力以及一定的政治情境等都制约着我们的选择。因此，决策者不可能对所有的政策问题都制定出解决方案，需要通过公共政策议程建构的相关机制来排斥某些政策问题转入决策的轨道。

关于公共政策的议程建构过程，科布和埃尔德依据建构主体的不同区分了两种基本的政策议程——系统议程和正式议程。[②] 系统议程又称公众议程，是某个社会问题已经引起社会公众和有关团体的普遍关注，他们向政府提出政策诉求并要求采取措施对之加以解决的一种政策议程。正式议程又称政府议程，是指某些社会问题已经引起决策者的密切关注，他们认为有必要对之采取相关行动并将这些社会问题纳入政策制定范围的过程。按照科布和埃尔德的这种划分，这两种政策议程都具有显著的问题"过滤"功能，但只有经过正式议程的政策问题才能最终被纳入决策的轨道。因此，这两种议程之间就蕴含着政策议程建构的实现机制，这一机制包括公众议程如何形成，怎样转化为正式议程，以及两种议程对同一政策问题的态度怎样等问题。一般来讲，当这两种议程具有相同的政策态度时，政策议程就易于被建构。但当这两种议程存在分歧时，政策议程的建构就较为复杂，其间需要政府与公众的持续互动和协商对话。从本质上讲，公众议程具有"众人"参与和众说纷纭的特点，是某一社会问题从特殊群体逐渐扩散到社会普通公众的过程，它一般需要具备三项条件。[③] ①该问题必须在社会上广泛流传并受到广泛关注，或者至少必须为公众所感知；②大多数人都认为

---

① 〔美〕詹姆斯·E. 安德森：《公共决策》，唐亮译，华夏出版社，1990，第69页。
② 〔美〕詹姆斯·E. 安德森：《公共决策》，唐亮译，华夏出版社，1990，第69~70页。
③ 林水波、张世贤：《公共政策》，台湾五南图书出版公司，1997，第117页。

有采取行动的必要；③公众普遍认为这个问题是某个政府职能部门权限范围内的事务，而且应当给予适当关注。而正式议程的建构也需要公众的积极支持，否则政府出台的政策易受公众的质疑。

从激发公共政策议程建构的因素来讲，政策议程建构的实现机制可以从公共政策触发机制中得到阐释，即政策问题进入政策决策的轨道通常需要相应的"催化剂"，这些"催化剂"作用的过程便构成了议程建构的实现机制。格斯顿在《公共政策制定——程序和原理》一书中对公共政策触发机制进行了详细的论述，他认为"在政治过程的背景中，一种触发机制就是一个典型的事件（或整个事件），该事件把例行的日常问题转化成一种普遍共有的、消极的公众反应，公众反应反过来成为政策问题的基础，而政策问题随之引起触发事件。当一个事件把一种消极状况催化为要求变化的政治压力时，就会因触发机制的持久性而发生性质改变。"① 格斯顿将促使政策问题进入政策议程的因素分为国际和国内两个方面，国内因素主要包括自然灾害、经济灾害、技术突破、环境变化和社会演进等内容；国际因素主要包括战争、间接冲突、经济对抗、军备升级等。另一著名的公共政策学者安德森将政策问题进入政策议程的机制分为四种。② ①政治领袖的触发。政治领袖由于享有丰富的政治资源，其特殊的地位往往扮演着政策日程主要决定者的角色。在政策过程中，无论是出于政治优先权的考虑，还是出于对公众利益的关切，或两者兼而有之，政治领导人都可能会密切关注某些特定的政策问题，将它们告知公众并提出政策问题的解决方案，从而将政策问题纳入决策的轨道。②危机事件的触发。危机事件具有时间和空间上的紧张性，它可能使政策问题戏剧化地发展并迅速引起公众的广泛关注，从而迫使政府当局采取行动、作出反应并加速某些政策问题进入政策议程。③抗议活动的触发。抗议活动（包括暴力事件）是促使政策问题引起决策者注意并提上政策日程的另一种重要手段，是一种明显的压力型政策议程建构机制，如20世纪60年代在美国不少城市中因黑人社区缺少社会关注而引发的大规模骚乱和抗议活动促使黑人的人权问题被提上政府的议事日程。④通信媒介的触发。一些社会问题会引起新闻媒介的注意，通

---

① 〔美〕拉雷·N.格斯顿：《公共政策的制定——程序和原理》，朱子文译，商务印书馆，1990，第23页。

② 〔美〕詹姆斯·E.安德森：《公共决策》，唐亮译，华夏出版社，1990，第72~75页。

过新闻媒介的报道，这些问题很可能成为政策日程上的事务，而那些已被提到日程的问题，则能获取更多的关注。无论新闻媒介报道的动机如何，作为重要的舆论决定者，新闻媒介是一种重要的政策议程建构机制。因此，从公共政策触发机制的角度来理解，公共政策议程建构的实现机制需要相应的"催化剂"来推动政策问题进入决策的轨道。

三 协商民主与公共政策议程建构的内在关联

作为民主理论的最新发展，协商民主吸收了直接民主与间接民主的合理成分，它强调公民是民主体制的参与主体，主张公共政策必须经由公共协商的过程，在自由、平等的政策相关者之间进行讨论、协商和论辩，在此基础上来明晰政策问题并构建政策议程以决定哪些政策问题可以被纳入政策决策的轨道，从而促使公共政策在实质上符合公民的利益，而不只是在表面上体现了公民的意志。从协商民主与直接民主、间接民主的关系上来看，它是在对代议民主进行反思和批判的基础上发展起来的，也是对古希腊直接民主实践的一种复兴。

对于协商民主内涵的理解，尽管学者们存在诸多不同的观点和论述，但这一理论的独特之处在于协商论者都认为"政治决策应该通过协商而不是金钱或权力的途径进行，同时，协商决断的参与度应尽可能平等而广泛"[1]，这也即协商民主的共识性意蕴。具体而言，研究者对协商民主的理解主要有以下几种不同的角度：一是将协商民主看成一种决策体制，或者说决策形式。例如米勒认为，当一种民主体制的决策是通过公开讨论——每个参与者能够自由表达，同样愿意倾听并考虑相反的观点——做出的，那么，这种民主体制就是协商的。[2] 二是将协商民主看成是一种民主治理形式。如瓦拉德斯认为，多元文化民主面临的最大危险就是公民的分裂与对立，"协商民主是一种具有巨大潜能的民主治理形式，它能够有效回应文化间对话和多元文化社会认知的某些核心问题。它尤其强调对于公共利益的责任、促进政治话语的相互理解、辨别所有政治意愿，以及支持那些重视

---

① 〔加〕马克·华伦：《协商性民主》，孙亮译，《浙江社会科学》2005年第1期。
② David Miller, *Is Deliberative Democracy Unfair to Disadvantaged Groups? Democracy as Public Deliberation: New Perspectives*, Manchester: Manchester University Press, 2002, p.201；转引自陈家刚《协商民主》，上海三联书店，2004，第3页。

所有人需求与利益的具有集体约束力的政策"[1]。三是将协商民主看成一种团体组织或政府形式。如科恩认为，协商民主是指一种事务受其成员的公共协商所支配的团体。这种团体将民主本身看成基本的政治理想，而不只是将其看成能够根据公正和平等价值来解释的协商理想。在此基础上，国内有学者认为可以将协商民主理解成一种理性的决策形式，或者是一种组织形态，或者是一种治理形式。概括起来讲，协商民主是一种治理形式。作为一种治理形式的协商民主，它具有如下特征。[2] ①合法性。协商过程的政治合法性不仅仅出于多数的意愿，而且还基于集体的理性反思。政治决策的合法性来源不是预定的个人意志，而是它形成的程序，即协商本身。作为合法性的必要条件，寻求所有人参与的协商，即保障所有人参与协商的权利是合理的。②公开性。通过使支持政策的各种理由公开化，人民就能够对这些政策的前提和含义提出疑问。他们就有机会评论这种协商并指出可能的矛盾或事实上的疏忽。因为所有公民都能够参与形成共识的过程，公开性还深化了公共协商的普遍教育功能。公开性还能够阻止秘密的、幕后的政策协定，因为参与者知道，他们需要公开其理由和动机以寻求公众支持其建议。③责任性。由于知道特定建议的来源，以及其背后的理论依据，所以，公民就能够更好地确定支持特定政策的机构、政党和组织。参与者不仅必须表明为什么某种意识形态使他们受特定政策选择的制约，而且还要知道，他们为什么必须接受那种意识形态、其背景假设，以及他们支持它的特殊解释。

作为一种决策体制和民主治理形式，协商民主为建构公共政策议程提供了制度与程序规范并赋予政策议程以合法性，从而提升了公共政策品质。在哈贝马斯看来，理想的协商程序的合法性应建立在以下标准之上。[3] ①协商程序的形式必须是信息和有依据的观点的交换过程。②协商是包容和公开的：原则上无人受排斥，所有受影响的人都有权参与协商。③协商不会受任何会削弱参与者平等地位的内外威胁的影响。④协商旨在达成理性推

[1] David Miller, *Is Deliberative Democracy Unfair to Disadvantaged Groups? Democracy as Public Deliberation: New Perspectives*, Manchester: Manchester University Press, 2002, p. 201; 转引自陈家刚《协商民主》，上海三联书店，2004，第3页。

[2] 陈家刚：《协商民主引论》，《马克思主义与现实》2004年第3期。

[3] 转引自〔南非〕毛里西奥·帕瑟林·登特里维斯《作为公共协商的民主：新的视角》，王英津等译，中央编译出版社，2006，第10~11页。

动的一致，并在原则上能无限期地延续或在任何时候都可恢复。然而，考虑到机构制定决策的压力，政治协商必须可以通过多数人的投票来终止。政治协商与协商实施存在内在联系，因此多数人的统治可以使以下的假设成立：除非有进一步的说明，即少数派使多数派相信少数派观点是正确的，否则被采纳的决定都被认为是全体可接受的。⑤政治协商也扩展到那些可以通过调整来保护所有人平等利益的问题中，如资源的不平等分配。这些问题将影响在政治过程中平等有效的参与权的实施。⑥最后，政治协商包括对需求的解释，对集体身份的表达，对先前政治态度和偏好的转化。在这一方面，政治协商应超越道德、伦理和实际的话语范围，同时为那些相互冲突和各不相同的利益在非协商制度背景下进行讨价还价和公正妥协留出空间。哈贝马斯还提出了政治协商的双轨模式，即程序受限制的正式协商机制以及决策和程序不受限制的非正式的意见形成过程。在他看来，协商政治的双轨模式依赖于"民主地制度化的意志的形成"与"非正式的意见形成"之间的有效互动，这一论点正是表明了公共政策议程建构中"民意"与"官意"、正式与非正式政策诉求之间的相互关系及其转化进而建构公共政策议程的问题。

协商民主与公共政策议程建构的内在关联源于政策议程建构的公共性、合法性、民主性和有效性诉求，它为公共政策议程建构提供了新的话语机制。在协商民主的视域下，公共政策议程的建构是政策相关者围绕公共利益就有关政策问题的性质、轻重缓急、重要性、解决的可能性等进行持续和真诚对话的过程，是各政策相关者不断从多样化的歧见中通过偏好转换来逐步达成议程共识的过程，它反对议程建构中的金钱和权力的控制，力求避免精英的操纵和"无政府的闲扯"。协商民主在公共政策议程建构中的运作倡导政策相关者间的积极对话，这种积极对话"设想了一个所有人的民主，但是只有那些投身于公共事务的人会参与它。所有人，包括公共行政人员，只要接受了授权给他们的真实参与和代表的责任，就可以用他们的参与来加强民主。"①这种积极对话不同于代议制下的政策议程构建，它强调对话主体的多元性，它使直接的、理性的争辩和反驳得以可能，在古

① 〔美〕福克斯、米勒：《后现代公共行政——话语指向》，楚艳红、曹沁颖、吴巧林译，2002，中国人民大学出版社，第13页。

特曼和汤普森看来，当被列入政治议程的问题存在道德分歧时，相互和解的原则管束着人们的行为，"协商打开了先前封闭的论坛，有时可能会增加政治中的道德冲突……协商会鼓励持有冲突观点的人们去理解别人的观点，减少道德不一致，寻求共同的基础，但它一开始就使政治面临一系列合理的意见分歧，而这些分歧是由协商性较少的政治控制的。""在缺少协商论坛的情况下，合理的意见分歧是不太可能得到彼此尊重的，且共同的基础可能被忽视或贬低，甚至有理性的人也如此，因为理性本身，或我们的推理本身，很少使我们关注其他人的不同观点。"[1] 这种积极对话也不同于直接民主下的政策议程构建，在协商民主中，政策相关者建构政策议程的积极对话是持续进行而非一时的对话，并且各参与者必须遵守共同的规范，否则不会被认可。因此，尽管各政策相关者的发言权都不会被剥夺，但只有真诚参与协商和对话的人的意见才会受到重视。对此，福克斯和米勒吸收了哈贝马斯的观点，指出了有关话语的四种正当性根据，即真诚、切合情境的意向性、自主参与和具有实质意义的贡献。因为只有真诚才能建立起对话者之间的彼此信任，才能使各对话主体的意见得到认可和尊重，才能产生有创见的政策建议；只有切合情境的意向性才会使参与对话的人将注意力集中在公共政策问题上，而不是只考虑个人的利益；只有愿意并积极参与商谈的人才真正具有参与的能力，受压和被迫参与对话的人很难在论据方面尊重事实，而对公共事务冷漠的人则无法深入理解商讨中的各种含义；具有实质意义的对话参与为对话者设置了一种参与资格，尽管这种参与资格在理论上不受任何限制，但是这种具有实质性的参与资格必须"借助于提供一个独特的观点、特殊的专业、普遍的知识、相关的生活经历，或借助于表达某人所代表的公民群体或阶级的兴趣的能力来获得"[2]。

在协商民主的制度设计中，协商民意调查是建构公共政策议程的一项重要机制。对于协商民主的实现问题，菲什金尤其强调了协商民意调查在协商民主制度设计中的重要性，这也为公共政策议程建构提供了新的思路。在菲什金看来，以协商民意调查为基础的制度设计体现了政治平等，因为

① 〔南非〕毛里西奥·帕瑟林·登特里维斯：《作为公共协商的民主：新的视角》，王英津等译，中央编译出版社，2006，第140~141页。
② 〔美〕福克斯、米勒：《后现代公共行政——话语指向》，楚艳红、曹沁颖、吴巧林译，2002，中国人民大学出版社，第122页。

每个人都有平等机会在全国参与者的样本中被选为代表；同时也体现了协商性，因为被选出的选民团体会参与到一段长时间（一周或两周）的集中的、面对面的协商中。① 协商民意调查优于非协商或"即时"的民意测验，因为它能够使公民代表在所讨论的议题上获得充足的信息，能倾听专家不同的意见和观点，然后通过共同讨论和协商来检验他们自身的观点和意见。民意测验样本中的成员只有经过一段长时间的协商后才接受调查，即对争论的问题给予他们深思熟虑的判断，从这方面看，协商测验的结果提供了一个统计模式，"该模式假设每位选民会认为所有投票者都有进入民意测试样本的同等机会"。更重要的是，这种测试的结果拥有规范性而非预测性的优点："其结果拥有规范性力量，因为它是人们在特殊情况下的声音，在这种特殊情况下人们会思考问题，因为他们的声音是值得倾听的。"② 协商民意调查的突出优点在于它允许公民参与到理性的协商中，在有争议的政策问题上找到共同点，在具有政治平等性、参与性和非专制的运作框架下，"一个集体（协商）过程将产生，其中，团体有合理的机会形成它集体的、深思熟虑的判断，如果他们愿意，将可以发出自己对争论话题的声音。敌对双方的讨论观点都能被仔细倾听，而每一方都有机会回应对方。所有人都获得同样的信息。人们出席并参与到协商过程中。他们不只是倾听而且参与其中，而且参与的环境规模足够小以使每个人都相信自己个人的意见会受到重视。他们在相互尊重的氛围中讨论问题"③，这一要义也正是建构公共政策议程的内在要求。

四　协商民主与公共政策议程建构中的"隐蔽""垄断" 和"不决策" 问题

（一）协商民主有助于遏制政策议程建构中的"隐蔽"问题

公共政策的议程建构过程可能是开放的，也可能是封闭的，封闭的建构过程即为公共政策"隐蔽议程"。在格斯顿看来，隐蔽议程意味着政策问

---

① 转引自〔南非〕毛里西奥·帕瑟林·登特里维斯《作为公共协商的民主：新的视角》，王英津等译，中央编译出版社，2006，第 12~13 页。

② 〔南非〕毛里西奥·帕瑟林·登特里维斯：《作为公共协商的民主：新的视角》，王英津等译，中央编译出版社，2006，第 13 页。

③ 〔南非〕毛里西奥·帕瑟林·登特里维斯：《作为公共协商的民主：新的视角》，王英津等译，中央编译出版社，2006，第 14 页。

题受到了社会和政府主要领导人的扼制，这种议程包含着某些对公共政策当局最具潜在激发性的问题，而这些问题却很少能被提出来。隐蔽议程作为公共政策研究中的一个重要概念，它对政治过程具有诸多潜在的影响，它直接关涉公共政策的公共性、民主性、合法性、可接受性以及政策品质的高低。"人们相信隐蔽议程存在的程度，可能对公共机构和执行者的合法性有相应的负面影响。如果人们普遍认为政府之外的决定是规避政府的行为，或使政府的行为无效，则公共政策的制定就丧失了实质上的可靠性。"[1]相信隐蔽议程存在的人通常认为权力流失在政府之外或者流失在政府周围，为了减少资源或政治威望的重新分配，强势的私人利益就要左右或者阻碍重大政策的提出，这种有意的、持续不断的活动使少数被挑选出来的人处于有影响的地位上，使他们能随心所欲地策划公共政策议程。隐蔽议程与"密谋"是密切相关的，政策制定者决定不根据问题来采取行动，并不一定支持隐蔽议程的存在，"惟有公共当局设法忽视一个问题，或有人想方设法阻碍公共当局提出一个问题，这种故意的无所作为才会为隐蔽议程提供体制基础。换言之，这个看法的重要因素是密谋，而隐蔽议程的支持者相信，这是那些与公共政策过程有关的人共有的行为。"[2]密谋意味着"一小群人"能够通过封闭的议程环境小心翼翼地控制公共议程上出现的问题，从而致使一些至关重要的政策问题被那些私下控制议程建立的人排除在公共政策过程之外，从而可能侵害公共利益。"隐蔽议程的争论之所以重要，不仅是因为它潜在地限制从政府出台的东西，而且因为少数人威胁到了公共利益。……隐蔽议程这一提法的真实程度，可以认为是代议制民主政治的起诉状。人们对这种政治制度提出要求时，该政治制度的政策如何反映公众对公共问题的反应，到底是偏袒的还是不具代表性的?"[3]隐蔽议程常常隐匿于虚假的共识之中，从而扭曲了公共政策的公共性。同时，隐蔽议程与民主的政策过程是相违背的，它通常意味着少数人基于非公共利益而封闭性地界定政策问题和建构政策议程。而在协商民主看来，公共政策问题的

---

① 〔美〕拉雷·N.格斯顿:《公共政策的制定——程序和原理》，朱子文译，商务印书馆，1990，第72页。
② 〔美〕拉雷·N.格斯顿:《公共政策的制定——程序和原理》，朱子文译，商务印书馆，1990，第72页。
③ 〔美〕拉雷·N.格斯顿:《公共政策的制定——程序和原理》，朱子文译，商务印书馆，1990，第74~75页。

界定和议程建构必须被置于公开的讨论和对话之中，任何政策相关者都有权知道与自己利益密切相关的具有约束力的政策议程是如何建构的，建构议程的过程和程序应当为公众所知悉，以使政策相关各方能在协商和理性对话中公开自己的政策偏好和理由并批判性地审视各种政策建议。总之，协商民主要求公众知晓议程的建构过程，这样可使决策的理由更加公正和具有更好的说服力，议程的建构过程必须为政策相关各方所信服。

（二）协商民主有助于打破政策议程建构中的政策"垄断"

政策垄断是指在政策制定过程中，由最重要的行为者所组成的集中的、封闭的体系，垄断者热衷于把政策制定封闭起来，限制外界的参与，通过各种形式对政策进行控制。如在政策制定的"铁三角"框架中，政策垄断就容易形成，政策共同体或政策网络为政策垄断的形成提供了组织基础和资源基础。史密斯认为"政策网络概念与传统的刻板的国家和公民社会两相糅合的一种方式，国家主体也是公民社会中的主体，他们在社会中生活，与代表社会利益的各种集团具有密切的联系。因此国家主体的利益是随着集团主体的利益的发展而发展的，国家主体自主性存在的程度，取决于政策网络的性质。"① 政策共同体是比政策网络更为紧密的一种联盟形式，网络可能凝聚成共同体，共同体也可能分解为网络。在一些问题上，可能容易形成"共同体"的政策垄断，而在其他一些问题上则更容易形成"网络式"的政策垄断。马什和罗兹将政策共同体的特点概括为以下几点：①拥有相对有限的成员，经常是因为经济利益或专业利益而结合在一起，有时故意排除其他利益；②分享着价值并频繁地互动；③交换资源，而集团的领袖能够管理这种交换活动；④组织成员所拥有的权力是相对平衡的。与政策共同体相比，政策网络主要具有如下特点：①规模大，模式多样化；②成员之间的联系水平摇摆不定，共识程度低；③可运用的资源多寡不等，并且无法在集体的基础上对资源的运用进行管理；④权力分布不均等。② 政策共同体与政策网络的观点表明在公共政策议程的建构过程中，由于资源的不同，政策相关各方，如政客、政府官员、利益团体领导者、知识精英等会基于相似的价值观念和利益偏好，在面对同一政策问题时往往通过形

---

① 转引自〔英〕迈克尔·希尔《现代国家政策过程》，赵成根译，中国青年出版社，2004，第67页。

② 〔英〕迈克尔·希尔：《现代国家政策过程》，赵成根译，中国青年出版社，2004，第68页。

成支持联盟来促成有关政策议程的建立并影响政府作出决策，而对于没有资源优势或资源相对缺乏或没有形成组织优势的政策主体来说，他们的利益诉求则往往可能被忽略或被掩盖。而在公共协商过程中，政策协商要求无论议程建构还是决策都必须顾及少数人群或弱势群体的声音，确保他们的观点和政策诉求能够被真实地呈现在政策过程中，他们的利益和考虑必须得到当局的尊重和合理的答复。如果缺少这种声音，政策的正当性将大打折扣。协商民主是"公共协商过程中自由、平等的公民通过对话、讨论、审视各种相关理由而赋予立法和决策合法性的一种治理形式。"[①] 协商民主的兴起背景之一便是回应"西方社会面临的诸多问题，特别是多元文化社会潜藏的深刻而持久的道德冲突，以及种族文化团体之间认知资源的不平等而造成的多数人难以有效地参与公共决策等方面的问题，而对民主本质进行深刻反思的结果"。协商民主要求通过相应的制度设置来保障所有受到政策影响的人都具有平等的利益表达和诉求权利以使他们的发言得到同等的考量，并抵制集团联盟所造就的政策垄断对他们利益的伤害。

（三）协商民主有助于突破政策议程建构中的"不决策"

根据巴克拉克和巴拉兹的看法，所谓"不决策"是指政策主张在改变社会现行利益和特权分配的需求尚未提出以前就被加以抑制，或在这种需求尚未到达政策制定领域以前，就加以阻止的一种方法。在 1962 年发表的一篇文章中，他们指出，权力不仅仅掩盖关键性的决策和实际行为，"当 A 运用自己的能量，去创造或加强社会政治价值和制度规范，从而限制了政治程序的范围，使只有那些对 A 相对无害的问题能够列入决策程序加以解决时，A 也行使了权力"。在 1963 年发表的第二篇文章里，他们对"不决策"进行了进一步的分析，将"不决策"界定为"通过控制共同体占主导地位的价值、理念、政治制度和程序，从而将实际决策的范围限制于'安全'的问题的实践"，他们认为"占主导地位的价值、人们所接受的游戏规则、团体间现存的权力关系和暴力工具等单独或共同地有效限制一定的不满发展成为要求决策的成熟问题。"[②] 由此，当公共政策议程建构中出现这种迹象时便表明"不决策"问题的存在。可见，巴克拉克和巴拉兹把不决

---

① 陈家刚：《协商民主引论》，《马克思主义与现实》2004 年第 3 期。
② 转引自〔英〕迈克尔·希尔《现代国家政策过程》，赵成根译，中国青年出版社，2004，第 36 页。

策与政府决定不采取行动和决定不作出决策等消极决策进行了区分。卢克斯也认为所谓的"规则"蕴含着内在的排斥性假设："宪法、法律、契约和政治中的习惯性的规则使得许多潜在的行动和考虑变成非法的，或不被注意；一些可供选择的方案在政治开始之前就被排除在议程之外。但是，政策过程的这些制约因素绝非全部来自外部的社会系统；他们是在政治制度的框架中发展起来的。"[1] 卢克斯将权力定义为："当 A 以违背 B 的利益的方式影响时，A 就对 B 运用了权力"。他指出："通过塑造人民的感觉、认识和偏好，他们感到自己在现行秩序中的角色是不可替代的，是自然的和不可改变的，或是命中注定的，是有益的，从而心甘情愿地接受自己的角色，用这种方式来防止人民产生不满，无论从哪个角度看，难道不都是最高级的和最阴险的权力运用方式吗？因此，假如没有不满便等于存在真正的一致，就从根本上排除了虚假或被支配的一致的可能性。"[2] 由此观之，政策议程建构中的不决策问题与协商民主的理念是格格不入的，协商民主鼓励政策相关者积极参与公共协商，在参与过程中公开自己的偏好和理由并尊重他人的意见，协商和参与意味着公民以及公民与相关政策问题、制度和政治体系之间的联系，它能够在公民与公民、公民与当局、公民与政策问题、公民与决策乃至公民与整个政治共同体之间建立密切的联系，从而有效维护公民个人和共同体的利益。

---

① 转引自〔英〕迈克尔·希尔《现代国家政策过程》，赵成根译，中国青年出版社，2004，第 75 页。

② 转引自〔英〕迈克尔·希尔《现代国家政策过程》，赵成根译，中国青年出版社，2004，第 38 页。

协商民主的中国语境

协商民主：西方观点与中国语境[*]

作为奠定现代政治秩序合法性基础的民主，尽管并无确定的定义，但就其原始意义上来说，如何确保"人民的同意"和提高"人民同意的质量"始终是民主理论研究者和实践者共同关注的核心所在。面对中西方悬殊的政治、经济与社会背景，协商民主在中西方的兴起和发展有其各自特定的现实需要和理论诉求。在30余年的时间里，西方学者关于协商民主的讨论呈现出了侧重点不同的三个研究时代。20世纪80年代，研究者将"协商"置于对民主本身进行解释的核心，主要论证的是协商民主之于聚合式民主的优越性，目的是使协商民主成为一种新的民主模式。进入90年代后，研究者开始反思协商民主，且在反思与辩护的过程中使协商民主研究成为一项蓬勃发展的"事业"。近十余年来，协商民主的研究重心已从理论阐述转向了实践操作，其实践议题扩及公民参与、政策分析、冲突治理、议会改革、府际关系、网络化治理等。在中国，尽管相关的理论研究晚于西方，但就其在国家政治发展和民主建设中的地位而言，协商民主正在深入推进。为此，在推动社会主义协商民主广泛、多层、制度化发展的进程中，把握西方学者关于协商民主理论特质及其核心议题的主要观点是十分重要的。

一 协商民主：毕塞特的观点及其扩展

一般认为，在"协商民主"的概念化中，约瑟大·毕塞特最早"铸造"了该词。① 在《协商民主：共和政府的多数原则》一文和《理性的温和声音：

---

[*] 原载《经济社会体制比较》2014年第4期。基金项目：国家社会科学基金重大项目"健全社会主义协商民主制度研究"（13&ZD033）；国家社会科学基金青年项目"群体性事件政策议程学发生机制与治理研究"（14CGL038）。

① James Bohman and William Rehg, *Deliberative Democracy*, Cambridge: The MIT Press, 1997, p. XII.

协商民主与美国联邦政府》一书中，毕塞特用"Deliberative Democracy"来对美国的宪政体系和权力架构进行阐释，以区别于对美国宪法的精英式、贵族式解释。在毕塞特看来，美国宪政秩序的"建筑师们"的立宪思想和制度设计所展现出来的就是协商民主。在立宪者的建国构想中，他们试图为其注入两种基本的品质：协商和力量。也就是说，一方面希望美国的民主以见识多广、理由充分的判断来实现；另一方面希望美国的民主是强有力的，能够保卫国家的安全和重大利益，抵御外部威胁，使全国性的政策和法律得到好的执行。而这样的民主要想成功，其程序和制度就必须有能力抑制和缓和没有反思的大众情绪，促成冷静、审慎和反思性意见的形成，促成协商多数的控制。就协商多数的控制而言，它区别于直接、自发、无知、没有反思性的多数控制，它是用更长时间、具有反思性、出于对信息和理由之更全面考虑的多数控制。毕塞特认为，在这样的民主实践中，公民主要通过其代表来进行论辩和协商，因为代表就公共事务具有更多的知识和经验。同时，这样的民主实践主要通过民主制度的运转来实现，这可以解释美国政府体制设计中的一些显著特点，比如两院制的立法机构、最高法院终身制和具有否决权的总统使联邦政府反对轻率和不合理的大众倾向成为可能。

毕塞特试图复兴美国民主中的协商思想。因为在20世纪的多数时间里，美国的民主理论家们用来解释立法和政府决策行为的主要是利益集团理论、讨价还价、连选动机和政治野心等，而不是对协商的关注。以阿瑟·本特利的《政府过程》一书为代表，认为政治过程是利益集团之间的竞争和交易，是利益集团通过一定的机制将其偏爱的利益进行聚合，进而形成全国性的政策。而讨价还价，特别是互投赞成票，被认为是实现这种聚合的自然手段，妥协折中和非政策性奖励或惩罚的诱导则是讨价还价的另两种方式。在20世纪50~60年代，利益集团理论或多元主义理论在美国政治学研究中居于主导地位，成为解释集体决策的主要路径。然而，毕塞特反对把立法和政策制定解释为理性的行动者就个人利益和偏好进行聚合的结果，而不是就共同目标进行论辩、论理和说服的结果，他强调关于公共目标的协商在美国宪政制度的运转和公共政策的形成中应居于十分重要的位置。通过考察美国国会1946~1970年大量的立法，毕塞特认为尽管不能以任何方式否定立法者之间在一些立法的决策过程的某些阶段存在讨价还价的现象，但并不能支持讨价还价是"立法过程最主要的特征……或者说是这一过程的本质"这样的说法①。具体的立法案例考察也表明，经由实质性信息的论辩和理性说服在立法过程中更有力量，这与彼此间的讨价还价相比更能作出好的决策。

在毕塞特看来，另外一种破坏协商的解释是将立法者的动机作为关注的焦点，认为国会中的立法者不愿意投入较多的精力就立法和公共政策进行充分的思考，因为这样的活动所能带来的政治回报很少。立法者们意识到，公众很少关心广泛的全国性议题，因而政治回报——特别是再次当选——并不来自严肃认真的立法，而是来自各种形式的选民服务。当连选的动机和野心成为理解和解释国会议员行为的关键时，立法者的注意力就从对立法和政策制定的关注转向了在政治回报上更有用的活动，比如为选民争取地方建设经费、塑造受欢迎的公众形象等，却很少关注怎样制定出好的法律和政策。毕塞特指出，如果这样的看法是正确的，那么美国政治系统中的协商和民主就存在根本上的分离，国会作为议员再次当选的引擎越有效，其作为协商制度的特性就越少，整个政治系统的协商民主特性也就越少。②

然而，毕塞特却认为连选动机确实可能危害到协商，但这并不是必然的，建国者们也早已认识到连选动机与协商之间并没有必然的不兼容。建国者们相信，立法者再次当选议员的期望不仅不会使他们丧失就全国性的法律进行协商的能力，而且连选动机是国会中的协商与大众利益之间至关重要的链接。因而，评估作为协商制度的国会的标准在很大程度上不是连选动机，而是国会中的立法者是否以及在多大程度上促成好的公共政策。③ 进而，以实际的立法案例为基础，毕塞特认为立法者作为选民的代理协商者，其协商职责是美国宪政秩序中固有的内容。因此非常明显，毕塞特试图复兴美国立宪者关于美国民主的协商思想，进而为美国的民主进行辩护。尽管毕塞特集中论证的是国会中的协商民主，但同时认为总统

① Joseph M. Bessette, *The Mild Voice of Reason: Deliberative Democracy &American National Government*, Chicago: The University of Chicago Press, 1994, p. 104.
② Joseph M. Bessette, *The Mild Voice of Reason: Deliberative Democracy &American National Government*, Chicago: The University of Chicago Press, 1994, pp. 63-64.
③ Joseph M. Bessette, *The Mild Voice of Reason: Deliberative Democracy &American National Government*, Chicago: The University of Chicago Press, 1994, pp. 107-108.

及其附属机构扮演着政策协商的重要角色，只是其关注的焦点更在于"有力量的民主"。在毕塞特看来，协商民主是美国建国者们所设计的一套政府体系，"立宪者试图建立的不仅仅是一个协商的政府，而且是一种协商民主"①。

毕塞特对民主之协商思想的这样一种阐述促使民主理论从偏好聚合的观念转向偏好转换的观念，使协商成为理解民主本质的核心。偏好转换的观念考虑公民及其代表所表达偏好之背后的理由，要求为偏好提供正当性根据。相比之下，聚合的观念则视偏好为既定的，聚合并不要求为偏好本身提供正当性理由，仅是以有效、公平的方法来集合各种偏好。在偏好聚合的观念中，一些偏好或许会被低估甚至被拒绝，但原因只在于它们无法产生某种最优的结果，而不是因为它们缺乏正当化的理由。② 进而，民主的协商思想对政治合法性的基础做出了新的解释，即"有必要从根本上改变对于自由理论和民主思想的普遍看法：合法性的源泉不是先定的个人意志，而是它的形成过程，即协商本身"③。由于没有任何单一的个人能够预知所有人对有关政治事务理解方面的所有观点和角度，同时也没有任何单一的个人拥有所有与公共决策相关的信息，因而协商的过程是十分重要的，它不仅传递信息，而且揭示新的信息。协商过程中，没有任何特定的观点能够自我宣称是正确和有效的，除非它们得到了证明和检验。因此，政治合法性不再以基于投票箱的多数人的统治为主要议题，而是以可辩护性的理由、解释和说明为主要议题。

在协商民主推动民主理论从偏好聚合的观念转向偏好转换的观念的过程中，民主的质量成为最为关切的议题。赫尔德在其《民主的模式》一书中辟出专章将协商民主作为民主理论的第九种模式进行了阐述并指出，前八种模式主要沿着两个可能的政治空间维度来展开论述：一是政治平等以及所有成年人公民职责和权利的范围；二是民主覆盖经济、社会和文化事务范围的深度。这看起来给民主的创新性思考留下了很小的空间。然而，

---

① Joseph M. Bessette, *The Mild Voice of Reason: Deliberative Democracy & American National Government*, Chicago: The University of Chicago Press, 1994, p. 46.

② Amy Gutman and Dennis Thompson, *Why Deliberative Democracy?* New Jersey: Princeton University Press, 2004, pp. 13−14.

③ Bernard Manin, "On Legitimacy and Political Deliberation," *Political Theory* 3 (1987): 338−368.

协商民主却发展成了一种新的民主模式，其支持者将其视为一种集中提高民主质量的特别的政治途径。[1] 协商民主的理论家们宣称，在一个强调平等参与、相互尊重和充分理由论证的环境中，一起商议公共政策更可能沟通和化解分歧，也更可能形成更多体察到的合法性以及事实上更多共识、理性和正义的公共政策。[2] 协商民主提升民主质量的特殊之处在于：它不是简单地强调统计学意义上的参与人数，也不是单纯地强调如何增加参与的机会，而是对意见本身的代表性、真实性及其表达的相互性、充分性、完整性、合理性和说服性的强调。协商的过程要求：一是要相互给出理由，二是要使受影响的所有公民都有机会在协商过程中提出理由，三是要致力于形成在特定时段内具有约束力的决定，四是要使特定时段内的决定必须保持开放以接受未来的挑战。[3] 协商过程中意见或观点的胜出不是以官员或专家的意见为基础，而是根据"更佳观点之理性说服的力量"来作出判断，这不仅有助于产生好的法律和政策，而且可以提高执行一个好的法律和政策的可能性，避免或减少法律和政策在执行中受到阻挠。因此，面对认知、价值观和利益差异而产生的广泛的分歧和冲突，协商民主的观点主张歧见必须经由审慎思辨与相互证立的过程而得到反思和修正，利害相关者须在相互述理的过程中阐明做成决定的理由、根据和论证并经受批判性检验。

就协商民主本身的阐述而言，尽管西方学者对其定义各有侧重，但大体可观的是：协商可以发生在非民主的环境中，因而有协商不一定有民主，"协商"与"民主"在协商民主中是有机融合的，缺一不可；协商过程中是否存在强制性或潜在的操控是判断真假协商的重要尺度；协商过程中的信息是否充分完整、意见或观点是否具有代表性、意见或观点背后的理由是否得到仔细的审议、偏好是否发生转变、协商的结果是否促进了审慎明智的法律或政策的出台或得到有效的治理是判断协商民主质量高低的重要标准。在具体的研究中，西方学者阐释协商民主的视角是多元的，包括作为政府体制理论的协商民主、作为公民参与理论的协商民主、作为政治合法

[1] David Held, *Models of Democracy*, California: Stanford University Press, 2006, p. 232.

[2] Shawn W. Rosenberged., *Deliberation, Participation and Democracy: Can the People Govern?* New York: Palgrave Macmillan, 2007, pp. 1-2.

[3] Amy Gutman and Dennis Thompson, *Why Deliberative Democracy?* New Jersey: Princeton University Press, 2004, pp. 3-6.

性理论的协商民主、作为治理理论的协商民主、作为民主决策理论的协商民主，相关的研究议题则涉及协商与民主理论的发展、协商民主与公民参与的发展、协商民主与政策分析范式的发展、协商民主与国际问题的治理、协商民主本身的制度化等诸多方面。①

二　协商民主：中国语境下的讨论与争论

"协商民主"在中国的兴起与发展同英文中的"Deliberative Democracy"存在密切的关系。"Deliberative Democracy"在我国的译介，有寄予其厚望者，也有质疑者。在译介之初，即存在对"Deliberative Democracy"所反映的西方观点与中国语境的考量。从已有的研究文献来看，"协商民主"与"审议民主"是"Deliberative Democracy"两种主要的翻译。在陈家刚将"Deliberative Democracy"译作"协商民主"之后，"协商"的翻译在我国开始流行起来。② 谈火生则指出"协商"一词在中文语境中和"Deliberative"有着一定的差距，因为"协商"一词至少在口语中具有相互让步、讨价还价的意味，而这正是"Deliberative Democracy"所反对的。此外，"协商"一词容易产生先入之见，即误以为是指中国特有的政治协商制度，这样就不仅会产生误导，而且会削弱"Deliberative Democracy"本身的启发意义。因此，他认为"Deliberative Democracy"应翻译为"审议民主"，这样可以兼顾"慎思"和"明辨"两方面的意涵，更为契合"Deliberative"的本义。③

就"Deliberative Democracy"的"协商民主"这一译法，陈家刚认为这一翻译确实具有与本土话语进行对接，进而赋予本土话语以新的意义的特点，但同时认为该词能够相对表达参与主体的平等地位、对话和讨论、权力制约、批判性反思、妥协与共识等基本特征。④ 确实，具有本土意涵的"协商民主"这一翻译在中国迅即产生了十分重要的影响。2006年，《中共中央关于加强人民政协工作的意见》就指出，"人民通过选举、投票行使权

---

① 李强彬：《国外协商民主研究30年：路线、视角与议题》，《教学与研究》2012年第2期。
② 金安平、姚传明：《协商民主：在中国的误读、偶合以及创造性转换的可能》，《新视野》2007年第5期。
③ 谈火生等编译《审议民主》，江苏人民出版社，2007，第6~7页。
④ 陈家刚：《以协商民主看待政治协商》，中国人民政协理论研究会，http://www.cppcc.gov.cn/2011/11/21/ARTI1321842150546313.shtml，最后访问日期：2018年2月1日。

利和人民内部各方面在重大决策之前进行充分协商，尽可能就共同性问题取得一致意见，是我国社会主义民主的两种重要形式"。而在理论研究中，"往往将上述两种民主形式分别简称为'选举民主'与'协商民主'"①。

实际上，前述两位译者都认为"Deliberative Democracy"在中国具有借鉴、发展的价值。具有本土意涵的"协商民主"这一翻译容易使"Deliberative Democracy"与我国政治体制中的某些制度设计进行对接并使其很快受到关注，而"审议民主"这一翻译则提醒研究者需要关注西方学术研究中的"Deliberative Democracy"与中国语境下政治协商之间的差异。在台湾，研究者通常采用"审议民主"和"商议民主"两种翻译。也有研究者指出"审议"和"商议"之间存在差异，认为西方语境中"Deliberative Democracy"这一理论的核心乃是要求："受政策影响者要充分论辩的过程，多元观点间要不断地讨论，寻求说服对手，因此，商议一词的中文意涵会远比审议更为贴切，也减少审议一词带有参与者间不对等的权威意涵"②。

不难看出，民主本质的协商解释在西方产生了广泛影响，在中国亦是如此。但是，协商民主在中国的研究和实践还颇有争论。特别是有研究认为协商民主在中国早已付诸实践并已制度化，认为中国共产党领导的多党合作和政治协商制度就是协商民主的一种制度形式。③ 进而指出，西方的"协商民主"与中国的政治协商制度有不少相似之处，中国的政治协商制度已经有半个多世纪的实践，而西方的"协商民主"还刚刚处在理论研究和局部实践阶段。④ 不同于这样的判断，有研究认为协商民主与政治协商之间存在明显差异，中国人民政治协商中的"协商"（consultation）意为咨询，而西方的"协商"（deliberation）意为"慎思"（consideration）和"讨论"（discussion），因此，此"协商"非彼"协商"。⑤ 根据政治协商与协商民主在协商原则、基础、体制机制和理念等方面的差异，有研究进而认为，社

① 浦兴祖：《"协商民主"若干问题初探》，《工会理论研究》2007年第4期。
② 〔美〕埃米·古特曼、丹尼斯·汤普森：《商议民主》，谢宗学、郑惠文译，台北智胜文化事业有限公司，2006。
③ 李君如：《和谐社会构建中的民主法治》，《中国党政干部论坛》2005年第11期。
④ 李君如：《人民政协在民主政治建设中大有可为》，中国共产党新闻网，http://cpc.people.com.cn/GB/64093/64102/6976529.html，最后访问日期：2018年2月1日。
⑤ 金安平、姚传明：《协商民主：在中国的误读、偶合以及创造性转换的可能》，《新视野》2007年第5期。

会主义民主政治与西方的协商民主是两股道上跑的车，根本就是两种不同性质不同类型的民主政治，① 理由是：其一，协商民主要求权力平等分享，而这在多党合作与政治协商的政治格局中是无法实现的；其二，政协组织在我国"一院制"的体制下，不是具备利益分配与利益整合功能的政策综合机构，因而难以从传统的单向集中型政治协商转向双向互动型协商政治。

在肯定性与否定性的两种观点之外，有研究强调协商民主与中国政治制度在某些方面存在亲和性，认为中国的政治过程可以变得更具协商民主性，认为尽管我国的政治协商在参与主体的地位、参与主体的作用、制度和组织的功能、角色定位等层面还不属于完全意义上的协商政治，但是我国的多党合作和政治协商制度已经从基本制度安排和政治运行机制方面建立起了协商政治的框架体系。② 在争论中，有观点指出，"到底如何认识西方协商民主和中国协商民主的关系，如何认识协商民主与人民政协的关系还需要继续深入研究"③。

三 协商民主：中国语境下的发展

协商民主在中西方的兴起和发展有其各自的社会背景。西方语境中，在其支持者看来，协商民主能够改善当今西方社会的合法性危机，缓解金钱政治、政治疏离、政治冷漠、三权分立体制下的立法困境以及大众民主下的个人主义病变等。④ 中国语境下，在完善国家治理体系和实现治理能力现代化的过程中，显然有必要借鉴、吸收国际上先进的理论研究成果。可以说，当下中国协商民主的深入推进既是公共政策问题日益复杂化而引发的"治理亏空"的要求，也是中国民主政治建设与发展的现实需要。就协商民主作为产生好建议的一种方式而言，它能够促进民主决策、科学决策，协商过程可以使利害相关者更好地分享和了解其所面临的问题，增强相互的信赖，避免或减少金钱与权力的操控。作为一种治理机制和方式而言，协商民主要求通过协商来形成审慎的偏好并使之成为公共治理和公共政策

---

① 张献生、吴茜：《西方协商民主理论与我国社会主义民主政治》，《中国特色社会主义研究》2006 年第 4 期。

② 王金红：《商政治与中国政治文明建设》，《唯实》2004 年第 2 期。

③ 郑万通：《在中国人民政协理论研究会成立大会上的讲话》，《中国政协》2007 年第 1 期。

④ 〔美〕伊森·里布：《美国民主的未来：一个设立公众部门的方案》，朱昔群等译，中央编译出版社，2009，第 10 页。

的合法性基础。

就中国语境下协商民主的实践性与未来走向，协商民主的代表性论者博曼认为，"某种类似直接协商的多元政治更适合较大的和多元的政体如欧盟和中国似乎是荒谬的。然而，经验和规范的思考都支持这种反直觉的建议……如果大的政体能够实现这种民主前提——充满活力的公共领域，具有各种形式社团的公民社会，以及允许个人根据其基本权利诉诸正义的司法制度——那么，对于中国使其庞大的、充满活力的政体民主化之努力来说，这种制度化的、广泛并且深入的公共协商可能会成为一种模式"①。另一位代表性论者菲什金则这样指出，"关于协商民主的某些基本观点，也许会在中国得到很好的应用。政治理论应该在实际中得到应用和检验。这些思想当然不仅仅局限于传统的西方社会，相信也会在中国得到成功的应用"②。这些观点表明：协商民主在中国的实践和发展是可能的，对此应抱以信心和期待。在笔者看来，协商民主的实践可以显著地推动中国公共政策过程的优化和公共决策制度的创新，从而不断提升公共政策的品质以顺应社会发展的需求，同时也重塑公民角色、政府角色以及它们之间的关系，推动民主治理的发展。

因为，协商民主不仅是有关政府体制的一种理论，更是有关如何阐释、理解和解决分歧、矛盾与冲突的一种治理理论。对此，萨托利的观点可为我们拨开迷雾，即选举不制定政策，选举只决定由谁来制定政策；选举不能解决争端，它只决定由谁来解决争端；一次选举所显示的仅仅是某些公民从竞选公职者中作出的第一步选择，而在一次普选中对候选人作出第一选择的多数，我们很难把它理解为对某项具体政策作出第一选择的多数。③因此，即使没有竞争性的选举制度，民主实践的空间也是巨大的。表面上看，中国的政治环境与现实条件并不具备协商民主发展所要求的西方土壤。然而，当下中国实际上更具备实践协商民主的内在动力和现实需求，"中国正处在经济、政治、社会转型时期，社会矛盾不断增多。以现代社会科学

---

① 〔美〕詹姆斯·博曼、威廉·雷吉：《协商民主：论理性与政治》，陈家刚译，中央编译出版社，2006，第8~9页。
② 〔美〕詹姆斯·菲什金、彼德·拉斯莱特：《协商民主论争》，张晓敏译，中央编译出版社，2006，第8~9页。
③ 〔美〕乔·萨托利：《民主新论》，冯克利、阎克文译，东方出版社，1998，第122~123页。

为基础的协商民主方法和政治技术为缓和减少社会冲突提供了强有力的工具和手段，也是构建和谐社会的原则和方法"①。

在中国的政治和政策过程中，根据协商民主的主张，政治系统内由权力精英主导的"内输入"决策模式已越来越难以适应社会治理变迁的要求，也不符合民主决策、科学决策的内在精神，决策的过程越来越需要更多自由、平等、公开和理性的协商、对话与讨论。协商过程中不仅可以将被排斥、被隐蔽了的问题暴露、公开，而且揭示某一议题或意见是否从讨论中被排除及其原因，从而促成隐蔽议程的公开并控制"不决策"的权力。同时，协商过程也是增进政策合法性、塑造智识公民的参与和监督公共权力的过程。以协商民主的逻辑来审视我国的政治和政策过程，它可能更为切中其中的一些要害。比如，中国共产党在我国政策过程中"总揽全局"，但这并不意味着执政党的主张和意志理所当然地就是国家层面的法律和公共政策，执政党的主张和意志在上升为国家层面的法律和公共政策之前通常需要经由一个"酝酿"的过程，这种"政策酝酿"实际上决定着对政策问题的认定以及政策方案的形成及其选择，协商民主在"政策酝酿"中的嵌入是十分必要的。因为，在多元化迅速发展的社会背景中，"政策酝酿"尤其需要强调自我反思与公开利用理性的能力和过程。

因此，中国语境下应重在挖掘协商民主"治理"而不是"政制"层面的价值和意义。在实践中，"政制"层面的协商民主主要是以公共权力在政府机构之间的分配及其相互关系为核心的一套政府体制，"治理"层面的协商民主则指向各层级公共事务的有效应对。在中国的政治环境中，"政制"层面的协商民主实践确实有其限度，但"治理"层面的协商民主实践有其迫切的现实需求与巨大的发展空间。在协商导向的治理中，不仅民意代表、专家和政府官员，而且普通公民也被赋予重要的公共管理者或政策分析者角色。也就是说，通过创造适当的制度和协商条件，即使是普通公民也能够围绕影响他们生活的问题进行富有意义的对话，通过充分的正反信息的比较，在专家对话的辅助性支持下，他们能够更好地理解和解释问题，在不同甚至冲突的意见中形成自身的反思性判断并为寻求"好的治理"做出贡献。

---

① 〔澳〕何包钢：《协商民主：理论、方法与实践》，中国社会科学出版社，2008，第1页。

当前，中国正处于深度的社会转型与快速发展的现代化进程中，亟须通过持续的制度和政策创新来更加有效地整合多元化的社会利益主体，合理、有效调节各种利益分歧和冲突。中国共产党十六届六中全会通过的《关于构建社会主义和谐社会若干重大问题的决定》深刻地指出影响我国社会和谐的矛盾和问题是非常突出的，包括城乡、区域、经济社会发展很不平衡，人口资源环境压力加大，就业、社会保障、收入分配、教育、医疗、住房、安全生产、社会治安等方面关系群众切身利益的问题等。尽管任何社会都不可能没有矛盾，人类社会总是在矛盾运动中发展进步的，构建社会主义和谐社会也是一个不断化解社会矛盾的持续过程，但是我们必须不断地寻求更加有效的治理制度和治理方式。对于现代社会大多数复杂的社会问题，协商民主提供了一种新的治理思路，在充分信息、相互述理、批判性思考以及在过去、现在、将来的关系中使人们有可能去反思社会的治理和人们真正的幸福。

因此，协商民主是我国公共事务治理中重要的理论和思想资源。协商不只是政治活动清单上的一种，协商提供了其他政治活动可被证明是合理正当的方法。[1] 对于中国语境下协商民主的实践与发展，应当避免两种不当的观念。一是把协商民主简单地视为政治过程中的一种策略或者政治手腕、政治工具，协商只是"为我所用""拉拢""安抚"的权宜之计，而不是站在现代国家成长、民主制度建设和良政善治的角度来把握协商民主在当下中国的价值。毕竟，协商不同于一般的对话和交流，更不是一种权术，"如果只把协商民主当成是一种手段、一种策略，这就贬低了协商民主自身的独立价值。协商民主旨在追求一个人格受到尊重、每个人的声音及其理性观点得到尊重的社会"[2]。二是借西方协商民主论者对选举和投票的批评来论证我国政治制度和政策过程的协商民主属性及其优越性，实际上，就协商民主的理想和制度而言，我们还很有距离。同时，需要意识到，选举本身也是促成协商民主运转的一种重要的控制机制。

---

① Amy Gutman and Dennis Thompson, *Why Deliberative Democracy?* New Jersey: Princeton University Press, 2004, p. 56.

② 〔澳〕何包钢：《协商民主：理论、方法与实践》，中国社会科学出版社，2008，第18页。

中国语境下协商民主的发展：
理由、可能与路径[*]

协商民主（Deliberative Democracy）的译介极大地丰富、深化了我国学界、政界对当今西方民主理论与实践发展的认识，形成了诸多有关我国民主政治建设的新思考和新思路。在《中共中央关于加强人民政协工作的意见》中就明确提出了"人民通过选举、投票行使权利和人民内部各方面在重大决策之前进行充分协商，尽可能就共同性问题取得一致意见，是我国社会主义民主的两种重要形式"的主张，这为我国协商民主的发展提供了思想指导。在实践层面，浙江温岭的"民主恳谈制"已成为我国基层协商民主制度设计的典型样板，人民政协则为我国顶层的协商民主制度设计创造了空间。在这样的架构中，我国协商民主的发展既需要自下而上地从基层主要是乡村治理的层面上升至层级更高、范围更广的领域中，也需要自上而下地为协商民主的制度化创造条件。

一　中国语境下协商民主发展的理由

纵观协商民主提出、兴起与发展的历程，实践层面的协商民主实际上是在政制和治理两个层面上展开的，前者主要涉及政府体制尤其是政府机构及其权力行使之间的关系，后者主要涉及具体的公共管理和公共政策问题，指向各层级的公共事务治理，尤其涵盖治理模式、政策分析、公民参与、民主决策、专家与普通公民间角色关系的转换等。而面

---

*　原载《求实》2012 年第 8 期，作者为李强彬、廖业扬。基金项目：教育部人文社会科学青年项目"新时期我国公共政策议程设定转型与群体性事件治理研究"（11YJC810023）；四川省社会科学规划青年项目"基于公共政策议程设定转型的群体性事件治理研究"（SC11C001）。

对新时期我国改革、发展与稳定中的新问题、新矛盾，协商民主在促成治理机制和方式的转变以有效化解社会转型过程中的难题和挑战方面具有诸多优势。

（一）公共政策问题复杂化发展的回应

现代社会的公共政策问题日益呈现结构不良性，多数政策问题都会涉及可见或隐蔽的诸多利害相关者，很难假定他们具有始终如一的偏好及其排序。正如安德森所指，"有些公共问题的性质和范围是很难详细描述的，因为它们是发散的或者是'看不见的'。由于衡量标准非常不精确，政策制定者就很难确定问题的重要程度，也不知采取何种措施比较有效，更别谈是否应该采取行动了"①。而在我国社会转型与发展的大背景中，此类问题正大量涌现，不断加剧着资源有限性与价值追求多元性之间的冲突，因此必然要求政策制定者不断提升其倾听、调停和解决分歧的能力。因为，在转型过程中，"曾经被认为是绝对的、普遍的、永恒的，或者被盲目接受的规范和真理，正在受到人们的质疑……过去曾被当作理所当然的事情，现在却被人们宣布为需要得到论证和证明"②。

深度的社会转型和快速发展需要适时的制度改革和政策创新来整合多元化的社会利益主体，以有效调节各种利益关系。近年来，我国城市拆迁、农地征用、企业改制、事业单位改革等方面反映出来的矛盾和问题即说明制度改革与政策创新的重要性。面对日益复杂化的公共政策问题，人们将越来越希望公共政策是在这样的政治体系和过程中被制定出来的：决策者应当为其作出的决定提供理由、根据和论证并接受批判性的检验；任何政策相关者在政策制定中能够平等地发表看法和意见并得到回应而非凭借权力或金钱的优势来作出决定；分散的利益主体可以就问题提出自己的方案；政策制定过程中的讨论、辩论和决定是开放的；政策决定的产生方式是民主的，公众能够对政策的走向实施有效的影响，并且"在合理的时间范围内，所有成员都有同等的有效机会来了解各种备选的政策及其可能的结果"③，也就是如温家宝同志所言，"群众有权利知道政府在想什么、做什

---

① 〔美〕詹姆斯·E. 安德森：《公共政策制定》，谢明等译，中国人民大学出版社，2009，第100页。

② 〔德〕卡尔·曼海姆：《意识形态与乌托邦》，黎明等译，商务印书馆，2000，第3页。

③ 〔美〕罗伯特·达尔：《论民主》，商务印书馆，1999，第43页。

么，并且对政府的政策提出批评意见，政府也需要问政于民、问计于民"[1]。而以上这些要求，正是协商民主内在的核心理路和基本指向。

（二）公民政治参与意识深入化发展的回应

政治参与主要是指不具有公职的普通公民影响政治和政策过程的行为，就是"平民试图影响政府决策的活动"[2]。在奉行多党政治、选举竞争的自由主义民主政治中，公民主要是通过投票选举政治领导人或者说通过决定政治领导人的去留来间接实现控制公共政策走向的目标。但是，当今时代的政治参与更多地指向公民对决策者和决策过程的直接影响而不仅仅是通过投票来间接实现自己的政策愿望，因为选票并不能完全承载选民多元化的政策要求。因此，如何使政治参与适应社会发展的新环境、新需求，更加有效、有序地实现良好的政治治理的功能正成为世界各国面临的共同的挑战。其间，基本的问题是：当政治参与的有效性与公民的期望之间存在较大差距，参与的制度供给与现实需求之间存在严重失衡时，社会受挫感就会应运而生，潜在的政治抗议和政治冷漠就会带来社会不稳定甚至社会动荡。

就政治参与之需求的一面来说，我国基于利益和权利的公民政治参与意识正日益增强。这是因为，20 世纪 80 年代以来的改革已使我国经济运行机制实现了从高度集中的计划经济体制向社会主义市场经济体制的转变，市场经济的发展激发了公民的自主意识、权利意识、权益意识和参与意识。在所有制结构方面，单一的公有制经济体制已经被打破，多种所有制经济并存发展的格局已经形成。在分配体制方面，我国在坚持按劳分配为主的同时，已将各种生产要素纳入分配体制，实现了多元化的分配形式。经济领域的这些重大变革催生和加剧了政治和社会层面多元化价值观的发展以及由此而驱动的对政治生活的关注和参与。因此，依靠全能型的政府管理模式来处理市场经济社会的利益分歧和利益冲突已显得不太可能，也不会如意。

就政治参与之供给的一面来说，与西方国家选民通过竞争性的选举机

---

[1] 温家宝：《群众有权力知道政府在想什么、做什么》，人民网，http：//politics. people. com. cn/GB/1026/8885319. html，最后访问日期：2018 年 3 月 1 日。

[2] 〔美〕塞缪尔·亨廷顿等：《难以抉择——发展中国家的政治参与》，汪晓寿等译，华夏出版社，1988，第 5 页。

制而间接控制公共政策的方式不同，中国共产党是我国唯一的执政党，因此我国公民政治参与的实现应更集中地体现在人们对决策过程的影响方面，应更着重于通过决策制度的设计来促进公民政治参与意识的提高，以此不断提升政治参与的制度化水平，在决策过程中实现充分的利益表达和利益整合。而作为一种政治参与的民主理论，协商民主是理性、温和的，虽然它起于利益和价值冲突，体现为意见分歧和观点的不一致，但它处理分歧和不一致的机制显著地不同于简单的理性算计和讨价还价。协商作为一种政治参与方式具有诸多优势，"审议能够澄清并且有时还能够改善已经觉察到的分歧；它能够为了使人们至少在'同一页上'开始而提供一个共同的信息基础；而且它还能够培育一种团结的意识和对一些可能会被提出的解决方案的承诺"，"良好的审议常常会以种种表明下一步要采取什么措施的方式使几乎是最有相反思想的人们至少会改变他们的某些偏好，有时会产生一致的意见，有时则会澄清一些冲突"①。以公共协商的方式影响政治和政策过程更为理性，更可能产生深思熟虑的政治与政策效果。

（三）社会公正感问题显性化发展的回应

30多年的改革、发展在使我国取得巨大成就的同时，也在使社会公正感问题从隐性转向显性。一般来说，社会公正问题主要源于社会资源的稀缺性和社会活动主体自利性之间的矛盾和紧张，如果社会公共资源不存在匮乏，或者社会公共资源能够充分满足人们的多样化需求，也就不存在社会公正问题；或者，如果社会活动主体具有高度的道德思想觉悟，可以做到毫不利己专门利人，社会公正问题也不会存在。但事实并非如此，资源往往有限且具有竞争关系的个人和群体又都想从中获得较大的份额，这就会使社会公正问题必然与社会发展相依相伴。在我国，随着改革、发展的深化，人们必将更多地追问改革成本的分担与改革成果的共享问题，使有关的争论越来越走向前台并成为变革现实的动力和要求。

社会公正感虽是一种主观的心理感受，但有着不容忽视的力量，它会不可避免地反映到人们的社会和政治行动当中，从而对现有的制度安排和政策输出起着十分关键的维持或阻滞作用。而面对主体的自利性和资源的

---

① 〔美〕珍妮特·V.登哈特、罗伯特·B.登哈特：《新公共服务：服务，而不是掌舵》，丁煌译，中国人民大学出版社，2004，第28页。

稀缺性及其分配，协商过程有助于使那些没有得到其所想乃至所需的人接受集体决策的合法性。协商民主的观点主张，如果人们的诉求是根据其应得而不是其讨价还价的能力来加以考量的话，决策就会具有更大的可接受性，"特别是对于那些其所得不及其应得的人而言，这一点更有必要。即使仍有很多人不同意这一决策，但如果大多数人采取的态度是在仔细权衡各种相关的相互冲突的道德诉求之后而再行决定的话，这就和那种仅仅根据相互竞争的政治力量的大小来进行决策的态度具有很大的不同"①。

二　中国语境下协商民主发展的可能

协商民主在我国的发展与当下中国社会转型的大背景是不可分离的，我国传统的政治—经济、国家—社会高度集中的一元化体制的打破促进了社会自主性力量的成长。同时，在建立健全社会主义市场经济体制的过程中，我国政治体制改革的紧迫性和重要性日益凸显。因此可以说，社会发展的现实需要与政府治道变革的现实需求为当下中国协商民主的发展创设了时代背景。

（一）政治空间的独特性支持

首倡协商民主的毕塞特认为，协商民主是美国立宪者所设计的一套政府体制，这样一种政府体制是立宪者对 18 世纪 80 年代美国政府机能失调和民主过度的一种回应，其目标是在促进明智、理性和责任的政策制定的同时，保持大众政府的精神实质和形式。在毕塞特看来，协商民主可以解释美国政府体制中一些明显的矛盾。例如，两院制的立法机构、最高法院终身制和具有否决权的总统。在协商民主作为政府体制这一层面的含义中，其核心是主张经由权力的分立与制衡以及竞争性的选举机制来促成协商多数的统治。也正是基于这种政府体制层面的协商民主逻辑，国内有研究者指出协商民主在我国不可行。②

当然，以自由主义民主政治权力分立与制衡、多党政治和竞争性选举的原则来审视协商民主在我国的发展确实会得出不可能、不现实的结论。

---

① 〔美〕埃米·古特曼、丹尼斯·汤普森：《审议民主意味着什么》，载谈火生等编译《审议民主》，凤凰传媒出版集团、江苏人民出版社，2007，第 5 页。

② 张献生、吴茜：《西方协商民主理论与我国社会主义民主政治》，《中国特色社会主义研究》2006 年第 4 期。

因为，我国政府体制以坚持中国共产党的领导为核心，制度设计的政治基础不是权力的分立与制衡，而是议行合一，中国共产党是我国唯一的执政党。但是，需要明确的是协商民主不仅是有关政府体制的一套理论，也是有关公民参与、政治合法性、政策分析、公共事务治理和民主决策的一种理论。如瓦拉德斯指出，"协商民主是一种具有巨大潜能的民主治理形式，它能够有效回应文化间对话和多元文化认知的某些核心问题。它尤其强调对于公共利益的责任、促进政治话语的相互理解、辨别所在政治意愿，以及支持那些重视所有人需求与利益的具有集体约束力的政策"①。因此，协商民主所主张的经由审慎思辨和相互证立的过程而形成反思性治理和反思性决策的观点对于我国公共管理和公共政策过程的优化具有重要意义，在中国语境下其发展也拥有独特的政治空间。

第一，作为唯一的执政党，中国共产党有支持和发展协商民主的内在动力。我国政府体制不同于经由竞争性选举而使政党上台执政的政府体制，中国共产党在我国的执政地位具有历史的继承性和合法性。但是，这并不意味着中国共产党的执政地位是与生俱来并具有永久性，党的十七届四中全会通过的《中共中央关于加强和改进新形势下党的建设若干重大问题的决定》指出"党的先进性和党的执政地位都不是一劳永逸、一成不变的，过去先进不等于现在先进，现在先进不等于永远先进；过去拥有不等于现在拥有，现在拥有不等于永远拥有"。因此，面对新的国际国内环境，中国共产党必须与时俱进地完善其领导方式和执政方式，不断提高执政能力，如何将执政党的主张和意志更好地上升为国家层面的立法和公共政策应是改革、完善执政党领导方式和执政方式的最为关键的内容。

从执政党通过政策的制定与执行来掌控国家权力的角度来说，协商民主在执政党政策主张与意志形成中的嵌入不仅可以检验执政党的政策目标与公众的期望和要求之间的吻合度，预防决策的随意性，而且还可以增强执政党利益表达、沟通和综合的能力，避免把对政策的抱怨转移到对一党执政的制度上来。因为，在一党执政的体制中，"由于不存在任何与之竞争的反对党和在野党，可能会出现权力监督力度不够的情况；由于一个党长期执政，可能会使执政党和公共权力之间的界限不清，执政党越界干预，

---

① 转引自陈家刚编译《协商民主》，上海三联书店，2004，第3页。

造成权力滥用；由于政党可以使用行政手段，对民众造成压力，可能导致政党与民众沟通渠道的堵塞等"①。而协商民主在执政党政策主张与意志形成中的嵌入不仅有利于产生正确、有效的公共政策，而且对于提高执政党的执政能力和巩固执政党的执政地位和执政合法性具有直接的强化作用。

第二，面对西方民主模式的挑战，特别是多党制和竞争性选举的压力，中国特色的社会主义民主政治建设如何发展出一种新的民主模式？对此，基本的原则是必须"把坚持党的领导、人民当家做主和依法治国有机统一起来，既借鉴人类政治文明的有益成果，又坚持走中国共产党和中国人民自己选择的政治发展道路"②。因此，在中国照搬西方的民主模式是行不通的。民主的理论和实践也表明，民主不仅仅意味着通过竞争性的选举机制来决定政党执政与否或政治领导人的去留，也意味着决策过程中的协商，意味着对有待作出决定的问题之理由、根据和论证进行批判性的检验。与多党制、竞争性选举相比，基于协商的民主理论在中国的政治背景下将更容易被接受、创新和发展。正如博曼所言，"除了其协作解决问题以及合作解决冲突的优势之外，协商还在以确立民主必要条件为目标的制度革新与转型中发挥核心作用。许多国家，也许还包括中国，都处于这种创造性的民主发展阶段"③。

第三，随着经济社会的发展，民主执政正成为执政党的目标追求之一。在党的十六大报告中，执政党明确提出要"健全民主制度，丰富民主形式，扩大公民有序的政治参与"，要求"各级决策机关都要完善重大决策的规则和程序，建立社情民意反映制度，建立与群众利益密切相关的重大事项社会公示制度和社会听证制度等"。在党的十七大报告中，执政党更是明确提出"人民民主是社会主义的生命。发展社会主义民主政治是我们党始终不渝的奋斗目标"，"坚持国家一切权力属于人民，从各个层次、各个领域扩大公民有序政治参与，最广泛地动员和组织人民依法管理国家和社会事务、管理经济和文化事业"，"要健全民主制度，丰富民主形式、拓宽民主渠道，

① 王长江：《政党现代化》，江苏人民出版社，2004，第165页。
② 胡锦涛：《庆祝中国人民政治协商会议成立55周年大会上的讲话》，《人民日报》2004年9月22日。
③ 〔美〕詹姆斯·博曼：《公共协商：多元主义、复杂性和民主》（中文版序言），黄相怀译，中央编译出版社，2006，第4页。

依法实行民主选举、民主决策、民主管理、民主监督，保障人民的知情权、参与权、表达权、监督权"。在这些要求和判断中可以体察到，当今中国的政治体系正变得越来越开放，公民参与政治和政策过程的空间正在不断扩大，执政党支持下的民主政治空间的拓展将为协商民主在当下中国的发展提供有力的政治支持。

（二）协商资源的非累积性发展

自由而平等的公共协商有赖于基本的协商资源的支撑，作为一种民主理论，"协商民主无法假设所有公民都处于同样的地位，具有同样的利用机会和资源的能力"①。因此，关键的问题就转化为如何在政治和政策行动中使既存的不利条件如金钱和权力的不平等分配以及资源利用能力方面的不平等不至扭曲协商过程。对此，科恩提出通过公共的资助来确保公民有机会进入公共领域，从而促进协商。②博曼根据阿马蒂亚·森有关贫困是最低限度能力的不足所导致的结果而提出协商过程中有效社会自由的问题，也就是行为者将财富、资源和机会转变为其选择目标成就的能力差异问题，即某些团体因为"能力贫困"而被排斥的可能性确定了公民平等的"底线"（floor），而某些团体强大到在协商之前就能够限制可行性替代的确立则为过分的能力自由设立了"上限"（ceiling）。在这两种情况下，行为者都会缺乏有效社会自由所必需的相互尊重的条件，前者是因为没有赋予其这种自由，后者是因为他们不授予他人这种自由。进而，博曼得出结论，制度的主要作用就是矫正社会能力和公共支持的不足③，而协商理想的实现就有赖于协商资源的再分配以及资源利用能力的培育。

资源何以分配的观点与协商民主何以可能是高度相关的，无论如何，资源分配的累积性观点与协商民主的实现条件是不一致的。精英主义式的资源累积性分配会使资源总是为某些少数人掌握，形成"赢者通吃"的局面，是一种严重不平等的资源分配方式，不可避免地会造成政治影响力的不平衡，导致某些人操控政治和政策过程。而多元主义式的资源分配则持

---

① 〔美〕詹姆斯·博曼：《协商民主与有效社会自由：能力、资源和机会》，载陈家刚编译《协商民主》，上海三联书店，2004，第146页。

② Joshua Cohen, *Deliberation and Democratic Legitimacy*, in Alan Hamlin and Philip Pettit, eds., *The Good Policy*, *Normative Analysis of the State*, Oxford: Basil Blackwell, 1989, p. 31.

③ 〔美〕詹姆斯·博曼：《协商民主与有效社会自由：能力、资源和机会》，载陈家刚编译《协商民主》，上海三联书店，2004，第159、164页。

散布性的观点，即在某一领域中拥有优势资源的集团在其他领域不一定占有优势，不同的集团总能在政策形成过程的某一阶段产生影响。多元主义的资源分配观与协商民主的主张在某种程度上具有一定的一致性，它们都反对精英主义式的资源分配。不同之处在于，多元主义强调资源在不同集团之间的散布，政治行动是拥有不同资源的集团之间相互讨价还价和平衡的结果；而协商民主则强调资源在全社会中的散布性分配，以确保人们具有提出说服性观点的基本能力而不是迫于强制的压力而同意别人的观点，即政治行动是在审慎思辨和相互证立的过程中根据"更佳观点"的理性力量而进行的，主张"协商设置下应考虑的是理由和观点，而不是人的肤色和其银行存款的多少。虽然这种理想不能完全实现，但民主程序可起到平衡器的作用，在一定程度上平衡资本家控制工人、男人控制女人、白人控制黑人及其他少数民族等社会上的不平等"①。

在当下中国，社会的整体性进步激发了社会资源获取途径的多元化发展，市场而非行政权力主导的资源分配逻辑促进了人们创造性、主动性和独立性的发展。相较于传统的由政治权力主导而形成的资源分配格局，我国社会资源的分配格局在整体上已呈多元化发展趋势，人们利用各方面资源参与政治活动、维护自身权益的能力正在不断提高。在市场经济条件下，只有资源广泛分布才可能有自主的交易，市场经济体制的建立健全将为协商民主的发展提供有利的资源分配格局，正如江泽民在庆祝中国共产党成立八十周年的大会上指出的，在社会变革中出现了民营科技企业的创业人员和技术人员、受聘于外资企业的管理技术人员、个体户、私营企业主、中介组织的从业人员、自由职业人员等新的社会阶层。②

（三）现代信息技术的支撑

信息技术在当今时代的政治社会功能已体现在方方面面，它首先启发了人们的觉悟，改变了人们思考和交流问题的方式，"为社会提供了源源不断的变化源泉……实实在在地改变个人之间、公司之间，甚至国家之间的关系"③。

① 〔南非〕毛里西奥·帕瑟林·登特里维斯：《作为公共协商的民主：新的视角》，王英津等译，中央编译出版社，2006，第142页。

② 习近平：《干在实处走在前列——推进浙江新发展的思考与实践》，中共中央党校出版社，2016，第233页。

③ 〔美〕拉雷·N.格斯顿：《公共政策的制定——程序和原理》，朱子文译，重庆出版社，2001，第34页。

有研究者甚至认为"整个世界最有决定意义的历史因素，乃是80年代起进行的信息主义再建构的过程，它加速、引导与塑造了信息技术范式，并引出相关的社会形式"①。其次，作为触发政治和政策行动的机制，计算机迅速、准确地处理信息的能力及其无空间限制的传播功能已经对社会能做什么的限度作了新的定义②，"随着技术手段的发展，信息运动对受告知公民所起的积极效果，信息提供者和其他公民之间的相互反应（而不是公民对信息的消极接受），以及对最新信息的提供等发展趋势将变得越来越明显"③。

因此，在现代信息技术的支撑下，人们有可能打破代议民主的局限，追寻"直接民主"的实现形式，从而提高公民有效参与政治的广度、深度和效度，使得远距离民主、电子民主、网络民主成为可能，通过"政府在线"进行直接的"官民对话"和公民对话。在互联网社会时代，公众获取信息资源的成本大为降低，官方将越来越难以单独控制信息的来源和信息的传播，这意味着公众越来越难以被"糊弄"和"欺骗"，政治和政策过程中单方面的"劝导"和"劝诫"将越来越难以奏效，而协商将显得越来越重要。毕竟，在资源的分配中，信息和知识的分配并不像金钱和权力的分配那样不均，信息技术的发展将使理性的讨论变得更便捷，也更能使面对面的协商对话成为可能。

三　中国语境下协商民主发展的路径

协商民主在我国的兴起固然有其翻译之故，但更深刻的原因在于协商民主回应了我国民主政治建设的理论与实践命题。在译介之初，不少研究者将协商民主与我国人民政协的制度安排进行对接，试图赋予我国政治制度和政策过程以协商民主的属性，同时也试图通过西方协商民主论者对投票和选举的批评来说明我国政治制度和政策过程的优越性。对此，须注意的是协商民主不仅仅是"协商的"，而且是"民主的"，是"协商"与"民

---

① 〔英〕曼纽卡·卡斯特：《网络社会的崛起》，夏铸九、王志弘等译，社会科学文献出版社，2001，第26页。
② 〔美〕拉雷·N.格斯顿：《公共政策的制定——程序和原理》，朱子文译，重庆出版社，2001，第36页。
③ 〔美〕海伦·英格兰姆、斯蒂文·R.史密斯：《新公共政策：民主制度下的公共政策》，钟振明、朱涛译，上海交通大学出版社，2005，第101页。

主"的统一，否则就会曲解协商民主的本质意涵，也会消解协商民主在当下中国民主政治建设中的价值。

（一）实践空间的把握

国外有关协商民主实践的代表性观点是，"商议不应该被限定在立宪会议、最高法院的判决意见或他们的理论分析中。它应该扩展到整个政治过程——扩展到我们所谓中层民主地带。中层民主中的商议论坛……不仅包括立法会议、法庭审理和政府所有层次上的听证会，也包括各种草根组织、职业联盟、股东大会、医院和其他类似机构中的市民委员会"①。迈克尔·萨乌德在检索各种文献后强调存在多种协商的可能性。② 在一些特设的小型论坛上，由小样本量的人口代表参与辩论并就某些议题进行表决（协商性民意测验或公民评议会）；在政党内部；在国会或其他议会机构；在诸如欧盟治理结构中的超国家委员会；在私人或志愿者协会；在法院；在各种"受特别保护的少数民族聚居地"等特定共领域，换言之，在社会中受压制的群体中。

因此，从层次上讲，协商民主可上可下，其逻辑适用于不同层级、不同领域的公共事务治理。始创于我国浙江温岭的"民主恳谈会"就是协商民主在当下中国乡村公共事务治理中的一种体现，这种制度安排不仅促进了公民参与，而且通过一整套协商民主程序赋予了地方公共政策以合法性和更强的公共可接受性，如泽国镇原党委书记蒋招华通过民主恳谈会发出了"三个没想到"的感叹。③ 一是没想到决策层对民意的估计和真实的民意之间会有那么大的偏差；二是没想到决策层平时听到的"民声"并非真实广泛的"民声"；三是没想到基层的党委政府在民意收集和反映机制上尚存在那么多的缺陷。实际上，这三个"没想到"所反映出的问题不仅在基层，而且在范围更广、层次更高的公共事务治理中亦是如此。因此，协商民主在当下中国的实践应当上升到层次更高、范围更广的领域和制度层面。

---

① 〔美〕埃米·古特曼、丹尼斯·汤普森：《民主与分歧》，杨立峰等译，东方出版社，2007，第11页。

② 〔英〕戴维·赫尔德：《民主的模式》，燕继荣等译，中央编译出版社，2008，第288页。

③ 中共温岭市泽国镇委、镇人民政府编《协商民主恳谈：参与式公共财政预算安排决策机制——泽国镇2006年城镇建设预算安排决策过程资料汇编》，2006，第4页。

（二）协商文化的塑造

文化与思想意识对人们行为和社会制度的影响根深蒂固，任何改变，如果没有文化和思想意识层面的改变，行为和制度层面的改变就很难获得真正的成功，协商民主在当下中国的发展需要着力塑造协商文化。为此，一是需要承认社会价值和利益冲突的广泛性和必然性。协商民主的观点主张，其基点不仅仅是价值冲突，也基于社会生活中的利益冲突，社会生活中不可避免地既有利益上的冲突，也有合作中的摩擦①，分歧、冲突和争论对于政治和政策过程的理解是非常重要的，这是理性对话的重要前提。

二是要摒除政治和政策过程中的官僚主义文化。官僚主义是协商、讲理、相互辩护和为决策提供正当性证明的最大危害，它唯上、唯权是从，以命令和潜在的强制为工具，因此谈不上不同意见的表达，更谈不上就分歧的意见进行审慎思辨和相互的证立。就官僚主义的理解及其危害，邓小平的论述甚为深刻，即高高在上，滥用权力，脱离实际，脱离群众，好摆门面，好说空话，思想僵化，不负责任，不守信用，公文旅行，互相推诿，以至官气十足，动辄训人，打击报复，压制民主，欺上瞒下，专横跋扈，徇私行贿，贪赃枉法，等等。② 相较于官僚主义，协商尤其反对以等级身份来参与公共讨论，协商遵循经由理由和观点的批判性检验而产生的理性的说服力量来行动，而不是根据依附、指挥和命令的逻辑来行动。

三是要发展参与性政治文化。我国传统的政治文化具有显著的臣民式服从性色彩，在这一文化模式下，"公民对政治系统及其输出过程很感兴趣，但对输入过程或自身作为参与者的意识却很淡薄"，依附性是服从性政治文化的典型特征。在服从性政治文化中，人们对政治和政策的影响非常有限，当失望、不满和怨恨达到临界时，人们通常又会诉诸暴力甚至革命的方式来寻求变革。为了避免从一个极端走向另一个极端，参与性政治文化的塑造和发展极为重要，即公民在参与性政治文化中对于作为整体的政治系统、输入系统、输出系统以及有意义的公民政治参与都具有相对较高的政治意识和文化，并且表现出明显的倾向性，也知道个人和群体是如何

① 〔美〕塞拉·本哈比：《民主与差异：挑战政治的边界》，黄相怀、严海兵等译，中央编译出版社，2009，第78页。
② 《邓小平文选》第2卷，人民出版社，1994，第327页。

影响决策过程的①，这正是构成协商文化的必要基础。

四是要提高社会信任度。公众对政府能力的信任态度对于民主制度及其政治上审慎思辨的特性来说十分重要，协商需要在基本的信任关系中展开，否则公众之间就会普遍产生一种愤世嫉俗的情绪。② 在有关信任与协商的论证中，彼得·麦克莱弗蒂（Peter Mclaverty）和达伦·哈尔平（Darren Halpin）借助哈贝马斯关于工具理性与交往理性的区分，通过案例实证考察后指出，交往过程中以讨价还价和聚合为基础的政治向协商实践的转化是可能的，并且交往个体之间信任的增长对于协商的展开起着重要作用，"信任的增长可以将围绕固定立场的讨价还价'转向'协商，换句话说，协商的位移发生了"③。因此，社会资本尤其是社会信任的培育和提升是构成协商民主重要的文化条件之一。同时，协商反过来也是培育社会资本和提高社会信任的重要途径，帕特南就特别强调参与在培育社会资本和提升社会信任中的作用，即"公民参与网络增加了人们在任何单独交易中进行欺骗的潜在成本……培育了强大的互惠规范……促进了交往，促进了有关个人品行的信息之流通……体现的是以往合作的成功，可以把它作为一种具有文化内涵的模板，未来的合作在此之上进行"④。

（三）协商制度的构造

协商民主不是一种乌托邦式的想象，也不是一种反事实的思想试验，它是实质性与程序性原则的统一。在大而复杂的现代社会，哈贝马斯认为协商唯一的可行形式产生于正式的有组织的制度性决策机制与公共领域中非正式的"匿名的"论辩和商讨之间的交互交往当中⑤，这种交互交往是通过公共领域影响立法机构中正式辩论的议程和理由的充分性来实现协商的公开性规范价值的。同时，这样的相互交往经由制度性渠道或沟通的"水

① 〔美〕詹姆斯·E.安德森：《公共政策制定》，谢明等译，中国人民大学出版社，2009，第50~51页。

② 〔美〕海伦·英格兰姆、斯蒂文·R.史密斯：《新公共政策：民主制度下的公共政策》，钟振明、朱涛译，上海交通大学出版社，2005，第217页。

③ Peter Mclaverty and Darren Halpin, "Deliberative Drift: The Emergence of Deliberation in the Policy Process," *International Political Science Review* 2（2008）：197~214.

④ 〔美〕罗伯特·D.帕特南：《使民主运转起来》，王列、赖海榕译，江西人民出版社，2001，第203~204页。

⑤ Jürgen Habermas, *Between Facts and Norms: Contributions to a Discourse Theory of Law and Democracy*, Cambridge: The MIT Press, 1996, Chap. 8.

闸"而使协商政治在大而复杂的社会所不可避免的约束环境中变得可能。进而，哈贝马斯指出，即使真正的对话和论辩偏离了协商政治的理想程序，预先设定的理性对话仍然"间接驾驭"着实际的论辩过程。①

以交往权力的形成为基础，哈贝马斯提出了协商民主制度设计的双轨模式，即程序受限制的正式协商机制以及决策和程序不受限制的非正式的意见形成过程，他认为这两个领域的分工是有效的。正式决策领域的协商程序通过共同合作解决实际问题来塑造集体意志，同时通过调整非正式意见的形成过程来使现实生活中出现的问题得到确认、阐释并使之成为议题。因此，协商政治的双轨模式依赖于"民主地制度化的意志形成"与"非正式的意见形成"之间的有效互动，后者以程序不受控制的方式运作，是对前者的重要补充。按照哈贝马斯的构想，狭义的政治权力（行政权力、立法权力和司法权力）应该是从交往权力（公共领域中的自由商谈对于立法、司法和行政权力产生的力量）转化的结果②，交往权力所输入的信息导控着政府的行动。据此可以认为，当下中国协商民主的制度化可以沿着正式、非正式和界面式三种协商形态来展开，它们具有不同的功能和制度载体。

首先，正式协商发生在正式的建制化机构中，是政治系统中的建制化协商，相对于社会协商或一般的公民协商，这种建制化协商一般是对民意的进一步提炼、筛选、回应和吸纳，是国家公共事务治理的代表们在建制化的公共机构中以公开的方式就有争议的问题进行审慎思辨与相互证立的过程。在我国，执政党、人大、人民政协的制度安排应成为正式协商的主要场域。

其次，非正式协商是发生在公共领域中的公民协商和社会协商，它以公民社会为载体而区别于正式的建制化机构中的协商。在正式与非正式协商的关系中，前者通过"过滤非规制性协商使之成为规制性协商"③，把非正式的公共领域中交流的力量转变为行政的力量并最终转换成可实施的政策。而非正式协商中的公众意见则是正式的建制化协商中的"基本原料"，

① Jürgen Habermas, *Between Facts and Norms: Contributions to a Discourse Theory of Law and Democracy*, Cambridge: The MIT Press, 1996, p.484.
② 〔德〕哈贝马斯：《在事实与规范之间：关于法律和民主法治国的商谈理论》，童世骏译，三联书店，2003，第180页。
③ 〔南非〕毛里西奥·帕瑟林·登特里维斯：《作为公共协商的民主：新的视角》，王英津等译，中央编译出版社，2006，第92页。

民主恳谈会、公民调查委员会、电子公民会议、协商民意调查、公民陪审团、共识会议等是非正式协商形态中典型的制度安排。

最后，界面式协商以大众传媒为基本纽带，以正式和非正式协商主体的混合为特征，是实现交往权力制约公共权力的重要途径，其重心是强调正式的建制化协商机构与社会公共领域之间直接的互动和相互的渗透。当以协商民主的主张来审视听证会、论证会、咨询会、座谈会等制度的改革和完善时，这些制度就可以成为保持公众意见与正式的政策决定之间连续性的重要的协商安排。

四 结语

无论在西方还是在中国的语境中，协商民主的内核——公民及其代表经由审慎思辨和相互证立的过程就分歧性的问题相互给出具有说服力的理由——应当是一致的。作为产生好建议的一种机制，协商过程可以使利害相关者更好地分享和了解所面临的问题，增强相互信赖，避免或减少金钱与权力的操控。在政治和政策的行动过程中，管理者和决策者应当为其作出的各种决定说明理由、根据和论证，并接受批判性的检验，协商民主在中国这样一个有着独特政治、经济、文化和社会特征的环境中的实现应特别注意实践空间的把握、协商文化的塑造和协商制度在正式、非正式和界面层的展开。进而，中国语境下协商民主的发展应充分认识到协商民主在不同层面的展开，面对当下中国日益复杂化的社会问题以及由此而引发的"治理亏空"，协商民主在当下中国的发展应着重考虑其治理层面的价值和意义，即在协商的过程中如何创新治理模式，构造协商治理的制度安排，以有效化解各种社会矛盾和冲突，实现和维持社会的和谐发展。

中国特色公众协商途径与协商
民主实施满意度[*]

中国语境下，在将协商民主的规范性诉求转化为精细、良性和常态的操作性实践过程中，有几个方面的突出问题亟待回应：协商民主被贯彻和实施的总体状况怎么样；地方各级领导干部对其的总体评价如何；如何推动地方各级领导干部更好地贯彻和实施协商民主。为此，本研究立足于作为公众参与的协商民主，考察协商民主实施满意度在公众协商途径及其实施周期，以及不同职务级别、单位类型和地区的领导干部之间的差异。

一 理论框架与研究假设

在宏观层次，协商民主实施的成功或失败深受政治经济社会条件的限制，特别是文化多元主义、社会不平等和社会复杂性的挑战。[①] 在中观层次，协商民主的实施，特别面临官僚结构不平等、信息不平等、暂时性不平等所造成的制度性难题，必然使人们在任何组织中的平等参与能力存在差异，也影响到人们与组织之间关系的紧密程度。[②] 在微观层次，协商民主的实施面临策略性选择的挑战，比如扭曲或压制信息以强化对己方有利的立场；此外，还面临规模难题，比如有研究认为当参与者超出一定的数量

* 原载《国家行政学院学报》2017 年第 1 期，作者为李强彬、谢星全。基金项目：国家社会科学基金重大项目"健全社会主义协商民主制度研究"（13 &ZZ033）；国家社会科学基金青年项目"群体性事件政策议程学发生机制与治理研究"（14CGL038）；中国博士后第九批特别资助（2016T90866）；四川大学青年学术人才项目（SKQX201306）。

① 〔美〕詹姆斯·博曼：《公共协商：多元主义、复杂性和民主》，黄湘怀译，中央编译出版社，2006，第 17~18、90~126、163~164 页。

② Karen Wendlin, "Unavoidable Inequalities: Some Implications for Participatory Democratic Theory," *Social Theory and Practice* 2（1997）：161-179.

（在 20 人以下可行），协商就会崩溃，演讲将替代对话，修辞的吸引力将替代理由充分的论辩。①

就本文而言，主要围绕协商民主贯彻与实施中的"谁来实施—实施什么—如何实施—实施得怎么样"及其内在关联来考察中国协商民主实施的状况。其中，"谁来实施"涉及的是协商民主的实施主体及其有关属性，"实施什么"涉及的是公众协商的具体途径，"如何实施"涉及的是不同公众协商途径的实施周期或经常化水平，"实施得怎么样"涉及的是协商民主的实施满意度。进而，重点考察"实施什么"在不同单位组织间"实施得怎么样"。

基于已有研究成果，本文的基本判断是：协商民主在中国的实施与持续发展离不开各级领导干部的支持与推动，领导干部对协商民主的态度、倾向、认知和评价对于协商民主"实施得怎么样"起着十分关键的作用。同时，协商民主的实施也有利于培育政治精英的权威和合法性。② 进而，提出研究假设：

假设 1：不同属性的协商民主实施主体显著影响协商民主"实施得怎么样"；

假设 2：协商民主实施满意度在不同地区与不同职务级别的领导干部之间有显著差异。

对于"实施什么"，也就是通过哪些制度安排或途径来贯彻协商民主，本研究主要从作为公众参与理论的协商民主的角度予以界定。因为，"作为合法性的一种规范性解释，协商民主激起了理性立法、参与式政治和公民自主治理的思想"③。在德雷泽克看来，"民主走向协商，表明人们在持续关注着民主的真实性：在多大程度上，民主控制是实质性的而不是象征性的，而且公民有能力参与其中"④。有学者甚至将协商民主直接界定为"一种大众参与的公共决策机制和治理模式，是一种行政民主"⑤，

---

① Robert E. Goodin, "Democratic Deliberation Within," *Philosophy and Public Affairs* 1 (2000): 79-107.
② 何包钢：《儒式协商：中国威权性协商的源与流》，《政治思想史》2013 年第 4 期。
③ James Bohman and William Rehg, *Deliberative Democracy*, Cambridge: The MIT Press, 1997, p. XII.
④ 〔澳〕约翰·S. 德雷泽克：《协商民主及其超越：自由与批判的视角》，丁开杰等译，中央编译出版社，前言。
⑤ 何包钢：《协商民主：理论、方法与实践》，中国社会科学出版社，2008，第 2 页。

并将中国的协商民主制度概括为"民情恳谈会、民主恳谈会、民主理财会、民情直通车、便民服务窗、居民论坛、乡村论坛和民主听（议）证会"①。

因此，在一个更广泛的意义上可以将公众协商界定为普通公众针对特定议题与党政机构和党政领导干部所进行的对话、沟通和交流，包括以面对面、电话、网络等为基础的问题反映、民意表达和决策咨询等，接近于哈贝马斯所论及的广泛的非正式协商领域。

公众协商途径的实施周期即"如何实施"，是协商民主贯彻中的第三个要素，反映的是协商民主实施的制度化、常态化问题，意味着各级领导干部真正接受和实际运用协商民主的程度。协商民主实施的周期或经常化水平之所以是影响"实施得怎么样"的一个非常关键的要素，是因为实践中常常缺乏协商周期的刚性约束而使很多协商民主实践流于形式，陷入"想协商就协商，不想协商就不协商"的境地，导致协商民主实施的形式化、虚化和空化。进而，依据"实施什么"与"如何实施"的理论描述，提出研究假设：

假设3：领导干部对协商民主"实施得怎么样"的评价在不同单位类型和不同公众协商途径的实施周期之间有显著差异。

二　数据、模型与统计

（一）调查方式与数据来源

本研究数据源于陈家刚教授主持的 2013 年度国家社会科学重大项目"健全社会主义协商民主制度研究"课题组实施的"完善和发展社会主义协商民主问卷调查"②。该调查主要针对厅、处级领导干部发放问卷，调查方式是配额抽样。课题组向 12 省省委党校参训党政领导干部发放问卷 2880份，完成有效问卷 2223 份。在 2223 个样本中，职务级别为处级的有 1030份，占 46.3%；副处级的有 609 份，占 27.4%；副厅局级的有 414 份，占18.6%；科级的有 79 份，占 3.6%；厅局级的有 57 份，占 2.6%；副科级的有 11 份，占 0.5%。

---

① 何包钢：《中国协商民主制度》，《浙江大学学报》（人文社会科学版）2005 年第 3 期。
② 本次调查由中央编译局陈家刚主持实施，中山大学何俊志、清华大学孟天广、吉林大学于君博、中央编译局陈雪莲、王艳等专家学者参与调查设计，孟天广负责数据库建设工作。

　　基于研究问题，本文以协商民主实施满意度为因变量，以公众协商途径、领导干部职务级别、单位类型和地区为组间因素，采用方差分析，实证检验协商民主实施满意度在组间因素的主效应及其交互效应。变量的具体描述见表1。

表 1　变量描述

变量名称		变量内容	变量取值	均值	标准差
因变量		总体来说，您对本地贯彻实施协商民主的满意度如何？	1 非常满意，2 比较满意，3 一般，4 比较不满意，5 很不满意	3.11	0.811
组间因素	公众协商途径	您所在单位或您个人在日常工作中通过决策听证会开展协商民主的情况如何？	1 从不，2 偶尔，3 有时，4 经常	2.01	1.02
		您所在单位或您个人在日常工作中通过干部接待群众开展协商民主的情况如何？	1 从不，2 偶尔，3 有时，4 经常	2.65	1.12
		您所在单位或您个人在日常工作中通过向群众或群众代表开放党务会议开展协商民主的情况如何？	1 从不，2 偶尔，3 有时，4 经常	2.01	1.08
		您所在单位或您个人在日常工作中通过党政机关定期收集群众意见开展协商民主的情况如何？	1 从不，2 偶尔，3 有时，4 经常	2.66	1.09
		您所在单位或您个人在日常工作中通过网络问政平台与群众开展协商民主的情况如何？	1 从不，2 偶尔，3 有时，4 经常	2.39	1.12
		您所在单位或您个人在日常工作中通过干部热线电话开展协商民主的情况如何？	1 从不，2 偶尔，3 有时，4 经常	2.4	1.17
		您所在单位或您个人在日常工作中通过接待群众信访开展协商民主的情况如何？	1 从不，2 偶尔，3 有时 4 经常	2.98	1.1
		您所在单位或您个人在日常工作中通过群众对党政主要领导进行年终评议去开展协商民主的情况如何？	1 从不，2 偶尔，3 有时，4 经常	2.75	1.22

变量名称		变量内容	变量取值	均值	标准差
组间因素	单位、地区与职务	您所在单位类型是?	1 党政部门,2 人大,3 政协,4 法检机关,5 群团组织,6 企事业单位	1#	0.846
		您的工作单位在哪个省 \ 直辖市 \ 自治区?	1 东部省份,2 中部省份,3 西部省份	1#	2.26
		您目前担任的行政职务级别是?	1 科级干部,2 县处级干部,3 厅局级干部	2#	0.487

注:#表示变量值的众数。

(二) 统计与分析

基于研究假设,按地区、职务级别、单位类型及其交互项作协商民主实施满意度主效应检验和交互项的简单效应检验。F 检验表明,我国领导干部的协商民主实施满意度的误差方差齐性。因此,可以采用 Tukey HSD 检验组间因素主效应及其交互项的简单效应。统计显示(见表2),协商民主满意度在不同地区 ($p < 0.05$)、不同职务级别 ($p < 0.01$)、不同单位类型 ($p < 0.1$) 的领导干部之间存在差异;其中,协商民主实施满意度在不同地区的不同职务级别的领导干部之间亦存在差别 ($p < 0.01$)。

表 2 组间因素主效应及简单效应检验

组间因素	III 型平方和	自由度	均方	显著性水平
职务级别	21.25	2	10.62	0.000
单位类型	14.99	5	3	0.068
地区	9.08	2	4.54	0.021
地区 * 职务级别	23.06	4	5.76	0.000

1. "谁来实施"与协商民主实施满意度

基于研究假设,分别检验协商民主实施满意度在领导干部职务级别、单位类型和地区之间是否存在显著差异。统计显示（见表3），在0.01水平，厅局级领导干部对本地贯彻协商民主的满意度分别显著高出县处级领导干部和科级领导干部0.211个单位和0.246个单位；党政部门、人大和政协部门的领导干部对本地贯彻协商民主的满意度分别比企事业单位领导干部显著高出0.146、0.343、0.348个单位；东部地区领导干部对本地贯彻协商民主的满意度显著高于西部地区领导干部0.159个单位，中部地区领导干部对本地贯彻协商民主的满意度显著高于西部地区领导干部0.096个单位。因此，假设1得到支持。

表3　不同职务级别、单位类型、地区的领导干部协商民主实施满意度多重比较

组间因素 I	组间因素 J	满意度均值差 I-J
厅局级领导干部	科级干部	0.246 *** （0.083）
	县处级干部	0.211 *** （0.042）
企事业单位领导干部	党政部门干部	-0.146 *** （0.039）
	人大领导干部	-0.343 *** （0.089）
	政协领导干部	-0.348 *** （0.103）
	法检领导干部	-0.122 （0.094）
	群团领导干部	-0.104 （0.077）
西部	东部	-0.159 *** （0.040）
	中部	-0.096 * （0.046）

注：*** 表示 p 值<0.01；** 表示 p 值<0.05；* 表示 p 值<0.1。

　　基于研究假设，进一步考察协商民主实施满意度是否在领导干部职务级别和地区之间有交互效应。统计发现，科级领导干部、县处级领导干部和厅局级领导干部的协商民主实施满意度折线在西部、中部地区存在交叉（见图1）。因此，可以初步判断，领导干部协商民主实施满意度在地区和职务级别之间存在交互效应。

　　进一步统计检验协商民主实施满意度是否在地区和职务级别之间存在交互效应显示（见表4）：在0.01显著水平下，西部地区厅局级干部协商民主实施满意度分别显著高出县处级干部、科级干部0.362和0.522个单位，假设2得到支持。

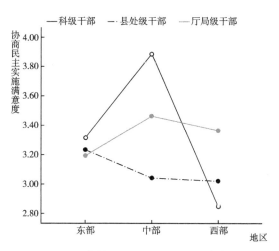

图 1 地区与职务级别的交互效应

表 4 地区和职务级别交互项简单效应检验

地区	行政级别 I	行政级别 J	满意度差值 I-J
西部	厅局级干部	科级干部	0.522 *** （0.123）
		县处级干部	0.362 *** （0.082）

注： *** 表示 p 值<0.01；** 表示 p 值<0.05；* 表示 p 值<0.1。

2. "实施什么"与协商民主实施满意度

基于研究假设，考察协商民主实施满意度在不同单位类型、不同公众协商途径之间是否存在交互效应。统计发现（见表 5），党政部门的协商民主实施满意度在决策听证会、开放党务会议、定期收集民意、接待信访群众的实施周期之间存在显著差别。人大、政协部门的协商民主实施满意度分别在开放党务会议、定期收集民意的实施周期之间存在显著差异。

统计还发现，人大、政协、法检、群团、企事业单位领导干部对本单位开展决策听证会、接待信访、热线电话、群众评议、接待群众、网络问政的协商民主实施满意度在不同周期之间无显著差异。因此，表 5 只呈现单位类型和不同协商民主实施周期之间的参数。例如，在 0.05 显著性水平，党政部门的领导干部"经常"召开决策听证会获得的协商民主实施满意度分别显著高于"从不""偶尔""有时"召开决策听证会获得的协商民主实施满意度 0.325、0.331、0.293 个单位，即党政部门开展决策听证会越是"经常"，协商民主的实施满意度越高；党政部门干部"经常"收集民意获得的协商民主实施满意度显著高于"偶尔""有时"收集民意获得的满意度 0.301 和 0.186 个单位。

此外，在 0.01 显著性水平，政协领导干部"经常"收集民意获得的协商民主实施满意度显著高于"偶尔"收集民意 1.521 个单位；人大领导干部经常开放党务会议获得协商民主实施满意度显著高于从不开放党务会议 0.833 个单位。党政部门领导干部更偏好选择不接待或少接待信访群众这一公众协商途径，表现在党政领导干部"从不"接待信访群众获得的协商民主实施满意度显著高于"经常"接待信访群众获得的协商民主实施满意度 0.527 个单位。

接待信访群众与协商民主实施满意度的负向关联在某种程度上揭示了不同单位类型的权力配置及其在政治生活中的影响。一方面，统计显示群众信访的主要对象是在政治生活中实际影响更大的党政部门而不是人大、政协、法检、群团组织和企事业单位等；另一方面，作为一种体制内具有合法性的利益表达或政治参与渠道，信访理应成为与政府进行沟通和交流的重要渠道，并受到领导干部的重视，然而由于信访事项牵涉利益复杂，加之信访维稳的压力，地方各级领导干部往往视信访为"烫手山芋"，甚至将其视为影响地方社会稳定和政绩的比较"负面"的行为。因此，在这样的背景下，"拦访""截访""围访"可能成为地方领导干部的一种现实选择，造成地方领导干部对"接待信访"这一重要的公众协商途径的重视不够。

数据揭示，具有中国特色的协商民主实施满意度不仅受组织性质的影响，也深受公众协商途径实施周期的影响。从领导干部主观偏好角度讲，他们对主动发起的公众协商途径实施如决策听证会、党务会议、定期收集民意的协商民主实施满意度在不同单位间有显著差别，假设 3 得到部分支持。

表5 单位类型和协商民主途径交互项满意度差值检验

单位类型	实施周期 I	实施周期 J	决策听证会满意度均值差 I-J	开放党务会议满意度均值差 I-J	定期收集民意满意度均值差 I-J	接待信访群众满意度均值差 I-J
党政部门	经常	从不	0.325*** (0.090)	0.429*** (0.083)	0.117 (0.096)	0.527*** (0.095)
		偶尔	0.331*** (0.089)	0.267*** (0.084)	0.301*** (0.077)	−0.017 (0.078)
		有时	0.293*** (0.086)	0.169 (0.079)	0.186** (0.062)	0.004 (0.062)
人大部门	经常	从不		0.833** (0.307)		
		偶尔		0.436 (0.342)		
		有时		0.496 (0.298)		
政协部门	经常	从不			0.768 (0.447)	
		偶尔			1.521*** (0.462)	
		有时			0.666 (0.405)	

注：*** 表示 p 值<0.01；** 表示 p 值<0.05；* 表示 p 值<0.1。

三 结论与探讨

第一，不同地区的领导干部对协商民主实施满意度的评价有显著差异。研究表明，东部地区领导干部协商民主实施满意度比西部地区领导干部高，正如何包钢所指出，"经济条件和富裕程度较高的地区，有建构和发展协商制度的优势条件"。因而，建立健全我国协商民主的制度化实践，不仅要考察"贯彻什么"，也要注意为协商民主实施主体创造适当的经济社会条件。

第二，不同职务级别领导干部对本地贯彻协商民主的满意度评价显著不同，表现在厅局级干部的协商民主实施满意度比县处级和科级干部高。这反映出，基层协商是我国协商民主实践中的薄弱环节，也具有较大的拓展空间。科级和处级领导干部通常处于公共事务管理的第一线，直接面对社会公众，公众协商的面更广、要求也更高，因而影响他们对贯彻和实施协商民主的总体评价。与此同时，在压力型体制下，基层领导干部面临的压力更大，对政绩的追求也更为强烈，这可能会导致他们忽视公众协商或者面临公众协商的要求时不予以实质性回应而特别偏爱政府推动。

第三，领导干部的协商民主实施满意度不仅受公众协商途径及其经常化水平的影响，也受单位类型的影响。从领导干部的主观偏好来讲，我国领导干部"从不"开展干部接待、网络问政、热线电话、群众评议等公众协商与偶尔、有时、经常开展此类公众协商所获得的满意度无显著差别。但是，党政干部主动发起的公众协商途径，如开展决策听证会、党务会议、定期收集民意的经常化水平越高、协商周期越短，获得的协商民主实施满意度越显著高于周期较长的公众协商途径。同时，各级领导干部比较倾向和偏爱政府主动发起的公众协商如决策听证会、党务会议和定期收集民意，不太偏好政府被动卷入的公众协商如干部接待、网络问政、热线电话、群众评议等。这间接说明，在我国的协商民主实施中，领导干部亟须转变观念，应更加主动、积极地重视公众主动发起的公众协商并为其作用的发挥创造条件，推进公共事务治理过程的公开、透明和开放。

第四，我国政协领导干部定期收集民意及其经常化水平对本地协商民主"实施得怎么样"有显著影响。这一研究发现在很大程度上说明政协作为连接党内外政治协商与沟通的机构，应能有效传递民主党派、无党派人士、工商联、港澳台同胞及海外侨胞、宗教界人士等组织、团体的意见，集思广益地积极推进决策民主化、科学化。此外，政协领导干部更倾向"经常"去收集民意而不是"偶尔"去收集民意，说明政协领导干部收集民意的积极性较高，党政部门应该重视政协参政议政的重要作用，重视政协干部"经常"收集民意这一重要的公众协商途径，推进政协民意收集与回应的制度化、规范化和专业化，提高政协领导干部的协商民主实施满意度。

总体上，在持续推动我国协商民主走向实践的过程中，需要不断创造有利于协商民主实践的政治经济社会条件，增强党政机构实施协商民主的主动性。应特别重视公众主动发起而党政机构和领导干部被动卷入的公众协商，提高基层和中层领导干部的协商民主实施满意度，不断增强协商民主被领导干部实际接纳的程度和运用的可能性。同时，特别需要防止协商民主被束之高阁而难以制度化、常态化。

领导干部协商式决策观：
一项描述性分析*

公共决策的民主化科学化一直是政策过程研究的重要议题。以 1986 年万里发表《决策民主化和科学化是政治体制改革的一个重要课题》的讲话为标志，此后党的历次重要会议文件都十分强调决策的民主化科学化问题。比如，党的十六大报告指出，"正确决策是各项工作成功的重要前提。要完善深入了解民情、充分反映民意、广泛集中民智、切实珍惜民力的决策机制，推进决策科学化民主化"。党的十七大报告指出，"增强决策透明度和公众参与度。制定与群众利益密切相关的法律法规和公共政策原则上要公开听取意见"。党的十八大报告进一步指出，"凡是涉及群众切身利益的决策都要充分听取群众意见，凡是损害群众利益的做法都要坚决防止和纠正"。可以说，作为政治、政策和管理的核心，决策科学与否、民主与否、适当与否直接关涉人心向背，关系到社会的稳定与发展。错误、失败的决策不仅造成直接的资源浪费和经济损失，且波及面广、持续性强，同贪腐造成的危害相比是有过之而无不及。特别是面对新时期我国改革、发展中的新问题、新矛盾，在社会稳定压力大、社会风险防范成本高、决策复杂性强且难度大的形势下，迫切需要与时俱进地推进公共决策的民主化科学化。

就协商民主与决策民主化科学化之间的关系，早在 1987 年党的十三大报告所提出的社会协商对话制度实际上就是协商民主思想的体现和运用。党的十三大报告强调，"各级领导机关的工作，只有建立在倾听群众意见的

---

* 原载《党政研究》2017 年第 3 期，作者为李强彬、李佳桧。基金项目：国家社会科学基金重大项目"健全社会主义协商民主制度研究"（13&ZZ033）；国家社会科学基金青年项目"群体性事件政策议程学发生机制与治理研究"（14CGL038）；四川大学青年学术人才项目（SKQX201306）。

基础上，才能切合实际，避免失误。群众的要求和呼声，必须有渠道经常地顺畅地反映上来，建议有地方提，委屈有地方说。这部分群众同那部分群众之间，具体利益和具体意见不尽相同，也需要有互相沟通的机会和渠道。因此，必须使社会协商对话形成制度，及时地、畅通地、准确地做到下情上达，上情下达，彼此沟通，互相理解"。近年来，党的十八大报告提出要"把政治协商纳入决策程序，坚持协商于决策之前和决策之中，增强民主协商实效性"。2013 年，党的十八届三中全会强调，"在党的领导下，以经济社会发展重大问题和涉及群众切身利益的实际问题为内容，在全社会开展广泛协商，坚持协商于决策之前和决策实施之中"。2015 年，《中共中央关于加强社会主义协商民主建设的意见》进一步指出，"坚持协商于决策之前和决策实施之中，增强决策的科学性和实效性。坚持广泛参与、多元多层，更好保障人民群众的知情权、参与权、表达权、监督权。坚持求同存异、理性包容，切实提高协商质量和效率"。可见，协商民主已成为推进我国民主政治发展和决策民主化科学化的重要的理论资源与实践路向。

然而，从理论化的协商民主转向操作化、经验化、制度化的协商民主，不仅需要构建合理的制度体系和打破经济、社会、政治方面的束缚与限制，而且需要在全社会真正树立民主的协商观念和协商性文化。尤其对领导干部而言，特别需要实现从以"权力"为中心到以"诉理"为中心的转变，打破传统官僚主义束缚。因为，以"权力"为中心的官僚主义与官本位之"高高在上，滥用权力，脱离实际，脱离群众，好摆门面，好说空话，思想僵化，不负责任，不守信用，公文旅行，互相推诿，以至官气十足，动辄训人，打击报复，压制民主，欺上瞒下，专横跋扈，徇私行贿，贪赃枉法，等等"[1] 的观念和行为与协商民主的理论品质是格格不入的。作为一种民主决策的理论，协商民主之于科学民主决策的重要性正如浙江省温岭市泽国镇原党委书记蒋招华通过民主恳谈会所发出的三个"没想到"的感叹：一是没想到决策层对民意的估计和真实的民意之间会有那么大的偏差；二是没想到决策层平时听到的"民声"并非真实广泛的"民声"；三是没想到基层的党委政府在民意收集和反映机制上尚存在那么多的缺陷。[2] 为此，本研

---

① 《邓小平文选》第 2 卷，人民出版社，1994，第 327 页。

② 中共温岭市泽国镇委、温岭市泽国镇人民政府编《协商民主恳谈：参与式公共财政预算安排决策机制——泽国镇 2006 年城镇建设预算安排决策过程资料汇编》，2006，第 4 页。

究基于对十二省市领导干部的问卷调查，旨在从民主决策角度反映我国领导干部对协商民主的认知、态度和倾向，以期推进协商民主在中国的深入、持续和良性发展。

一 协商式决策：观念性要素

协商民主在其提出与兴起之时，就与政策制定、公共决策联系在一起。比如，毕塞特就把协商界定为关于公共政策价值的论证，认为立法和政策制定并非自利个体理性计算的结果，而是相关者就共同目标进行诉理、说服和论辩的结果，这实际上提出了一种不以理性计算为基础而以"理由更佳的观点"为基础的民主决策观，倡导经由对话和交往理性而不是"独白"或"闲扯"来推动决策的产生。根据协商民主的理论特质，协商式决策的观念性要素主要可概括为：意见包容、相互论理、真诚理性、自由平等和尊重认同。

意见包容。包容性表明协商民主区别于协商，因为协商可能发生在不具包容性的精英和小团体之间而排斥其他的决策相关者。意见的包容性表明，协商的参与者并非简单的统计学意义上的人数的代表性，而是基于"意见市场"的多元性意见的代表性，它要求所有与决策议题相关的意见不能因为其持有者政治社会经济条件方面的属性而被排斥在协商过程之外，协商和对话应尽可能容纳不同的观点和意见。

相互论理。论理是协商民主的基本特征，根据"理由更佳的观点"来进行决策是协商民主的内在要求。相互的论理性表明，当议题相关者之间对话的一方要求另一方接受自己的意见时，另一方也须要求对方以同样的方式接受自己的观点。在这样的过程中，"一个论点的价值不会因其提出者的动机不具有足够的美德而贬低其真正的价值。同样，一个站不住脚的论点也不会因为其提出者的真诚、诚实或美德而增加其价值"[1]。与此同时，"那些不全面的审慎思辨形式必须被更全面的审慎思辨所替代，并且因此来确保那些具备一定价值但价值有限的目标让位于那些更加广泛的甚至更具有价值的目标"[2]，从而经由扩展、精炼和更为理性的意见来形成决策。

---

[1] James S. Fishkin and Peter Laslett, *Debating Deliberative Democracy*, Blackwell Publishing Ltd, 2003, p. 206.

[2] 〔美〕海伦·英格兰姆、斯蒂文·R. 史密斯：《新公共政策：民主制度下的公共政策》，钟振明、朱涛译，上海交通大学出版社，2005，第30~32页。

真诚理性。真诚表明协商过程中的意见表达是意见持有者本来的想法，要求排除信息欺骗、事实扭曲和策略性行动。协商过程形成的是交往权力，只有真诚对话才能正确地去认识和界定问题，进而解决冲突。同时，公共理性的观念又意味着对话、权衡证据和反思性思考的过程应建立在不能合理地予以拒绝之理由的基础上。也就是，"在公开的场合，如果未能说明为什么自己认为好的、可信的、合理的、有利的观点对于他人而言亦是如此，就会无法使他人信服"①。

自由平等。协商式决策过程中的自由平等要求排除强制的可能，意味着"政治决策应该通过协商而不是金钱或权力的途径进行，同时，协商决断的参与度应尽可能平等而广泛"②。实际上，协商民主的兴起在很大程度就是"为了回应西方社会面临的诸多问题，特别是多元文化社会潜藏的深刻而持久的道德冲突，以及种族文化团体之间认知资源的不平等而造成的多数人难以有效地参与公共决策等方面的问题，而对民主本质进行深刻反思的结果"③。

尊重认同。尊重认同是对他人以及他人意见的承认，是一种更深层次的合法性宣称，正如曼宁所言，"有必要从根本上改变对于自由理论和民主思想的普遍看法：合法性的源泉不是先定的个人意志，而是它的形成过程，即协商本身"④。同时，尊重认同也是协商民主功能和价值本身的体现。正如有研究认为，尽管协商民主理论也受到诸多质疑和批评，但在回答诸如协商可以或可能塑造偏好、缓和个人利益、赋予社会边缘群体以权利、调节分歧、促进整合和团结、提高识别能力、形成合理的意见与政策、产生共识⑤等问题上，协商民主的支持者都给出了肯定性的回答。

二 领导干部协商式决策观基本状况

(一) 数据来源

该数据源于陈家刚主持的 2013 年度国家社会科学重大项目"健全社会

---

① Seyla Benhabib, *Democracy and Difference*: *Contesting the Boundaries of the Political*, Princeton, N. J. : Princeton University Press, 1996, pp. 71-72.

② 〔加〕马克·华伦：《协商性民主》，孙亮译，《浙江社会科学》2005 年第 1 期。

③ 陈剩勇：《协商民主理论与中国》，《浙江社会科学》2005 年第 1 期。

④ Bernard Manin, "On Legitimacy and Political Deliberation," *Political Theory* 3 (1987): 351.

⑤ Simone Chambers, "Deliberative Democratic Theory," *Annual Review of Political Science* (2003): 307-326.

主义协商民主制度研究"课题组实施的"完善和发展社会主义协商民主问卷调查"。调查由中央编译局陈家刚主持实施，中山大学何俊志、清华大学孟天广、吉林大学于君博、中央编译局陈雪莲、王艳等专家学者参与调查设计，孟天广负责数据库建设工作，调查主要针对厅、处级领导干部发放问卷，调查内容涉及党政干部的协商民主观、认知、行为及评价。调查采取配额抽样方式进行，配额依据为党政干部的行政级别及地域归属。调查实施从 2015 年 3 月 1 日至 6 月 17 日，项目组与全国 12 省省委党校的研究者合作，共向 12 省省委党校参训党政领导干部发放问卷 2880 份，完成有效问卷 2223 份，有效完成率为 77.2%。为保障调查质量和受访人隐私，调查采取匿名调查方式，由受访人自填问卷。在 2223 个样本中，职务级别为处级的有 1030 人，占 46.3%；副处级的有 609 人，占 27.4%；副厅局级的有414 人，占 18.6%。科级的有 79 人，占 3.6%；厅局级的有 57 人，占2.6%；副科级的有 11 人，占 0.5%。

（二）基本状况

第一，多数领导干部认为协商民主是一种民主决策的方式，具有促进科学决策的重要功能。在学术研究中，对于协商民主本身的界定与理解，有的论者强调协商民主是一种政府体制，有的认为是一种决策方式，有的认为是一种治理方式，有的认为是一种公民参与方式，有的认为是塑造政治合法性的一种方式，等等。就此，针对我国领导干部对协商民主内涵的理解，问卷以"您认为协商民主是什么？（限选三项）"这一题目展开调查，结果显示：在 6 个选项中，选择比例最多的两项分别是"一种民主的决策方式"（76.2%）和"通过公开平等讨论做决定的制度形式"（60.6%）。进而，针对政治生活中领导干部对适合开展协商民主的政治环节的认知，问卷"您认为协商民主最适合在哪个环节展开？请按照适合程度排序"这一问题实施的调查显示：在"最适合"选项中，"决策"环节是选举、决策、管理、监督四环节中被选比例最大的，占受访者的 51.6%。再者，针对协商民主的功能，当问及"您认为协商民主的作用体现在什么方面？（限选三项）"时，有 77% 的领导干部认为协商民主的作用体现在"促进科学决策"。可见，从领导干部对协商民主本身的内涵、对适合开展协商民主的政治环节和对协商民主功能的认知来看，从决策的角度来理解和运用协商民主是领导干部中的一种比较普遍性的看法，这与协商民主之"民主"

一面的主张比较一致，实践中应当开掘好协商民主促进民主科学决策的功能。

第二，多数领导干部认为制定政策应该"因地制宜"地包容相关者所有的意见，倾向经由"推选"而不是"投票"和"随机"产生的代表来反映意见和观点。意见的包容性是审视协商民主品质的重要标准，它与参与者的代表性、广泛性直接相关。当问及"如果通过广泛征求意见和讨论再出台政策，您认为政策相关人都应该参与吗？"这一问题时，有56.3%的领导干部认为"应该，但要因地制宜"，26.7%的领导干部认为"应该全部参加"，有12.8%的领导干部认为"没有必要参加"。调查数据显示，多数领导干部认为政策相关者都应参与意见的征求和讨论，只是在具体的方式方法上比较强调"因地制宜"，其缘由可能在于需要考虑协商民主实践中参与者规模、操作成本和可操作性等问题。进而，当问及"在无法保证所有人都参与协商的情况下，您认为应该如何选取代表？（多选）"时，选择"按比例推选不同行业和领域的代表"的最多，占总人数的74.5%；选择"推荐与协商主题相关的人或组织"占总人数的58.7%；选择"投票产生"和"随机抽样选取"的分别占总人数的38%、28.6%。可见，我国领导干部对通过投票和随机抽选两种方式来选择代表和反映意见的评价不是很高，还是比较强调"推选代表"来反映相关意见。

第三，多数领导干部首先比较倾向于认为协商过程中的发言应围绕主题和反映群体的利益，其次是"争论但不吵架"。协商式决策要求以相互的论理为基础，这需要恰当的发言规则。当问及"您认为参与协商座谈会的代表应该如何发言（多选题）？"时，选择"应该围绕主题，不相关的不说"的领导干部占总人数的71.9%，选择"表明自己或自己所在群体的利益"的领导干部占总人数的71.2%，选择"可以争论但是不能吵架"的领导干部占总人数的54.5%，选择"按照程序规定和要求发言"的领导干部占总人数的51.5%。调查数据显示，不同政治身份的受访者对代表应如何发言在一定程度上存在不同看法，民主党派中75.5%的领导干部和无党派中83.9%的领导干部比较强调发言的群体代表性，中共党员中71.9%的领导干部比较强调发言的切题性，群众身份中71.4%的领导干部强调发言的程序规范性。进一步将领导干部的多重身份与"应该如何发言"进行交叉分析发现，具有政协委员身份的受访者中73.8%的领导干部认为"应该围绕主题，不相关的不说"，具有人大代表身份的受访者中74.2%的领导干部认为应该"表明自己或自己所在群体的利益"，具有党代表身份的受访者中74.7%的人认为"应该围绕主题，不相关的不说"或"表明自己或自己所在群体的利益"。调查表明，民主党派、无党派的领导干部比较强调发言的群体代表性，中共党员的领导干部比较强调发言的切题性，群众比较强调发言的程序规范性。在多重政治身份中，政协委员倾向于"应该围绕主题，不相关的不说"，人大代表倾向于"表明自己或自己所在群体的利益"，党代表人员倾向于"应该围绕主题，不相关的不说"和"表明自己或自己所在群体的利益"。

第四，约一半的受访领导干部"愿意"在协商对话中真实表达自己的思想观点，选择"看情况"的受访领导干部比例较大。当问及"在协商对话或讨论问题中您愿意真实表达自己的思想观点吗?"这一问题时，有51.8%的受访者回答"愿意"，有4.9%的受访者选择"不愿意"，39.3%的受访者选择"看情况"。数据反映出，尽管超过一半的受访者倾向"讲真话"，但选择"看情况"的领导干部不在少数，因此需要在实践中切实创造"讲真话"的制度条件和社会氛围。进一步将领导干部的多重政治身份与"是否愿意真实表达自己的思想观点"进行交叉分析表明，共青团员身份领导干部中的85.7%、中共党员身份领导干部中的52.2%和民主党派身份领导干部中的45.5%选择"愿意"真实表达，群众身份领导干部中的64.3%和无党派人士领导干部中的50%选择"看情况"真实表达，可见拥有党团政治身份的领导干部与其他政治身份的领导干部在是否愿意真诚表达意见方面具有差异性。此外，调查显示科级干部中超过一半的人（54.4%）选择"看情况"，其他级别的干部则大多数选择"愿意"。

第五，约一半的受访领导干部认为党和政府与群众"肯定能"或"基本能"进行直接平等的协商对话，选择"一般""基本不能""绝对不能"的受访领导干部还为数不少。针对"您认为党和政府能够与群众进行直接平等的协商对话吗?"这一问题，54.9%的受访领导干部认为党和政府"肯定能"或者"基本能"，17.4%的受访者认为"基本不能"或"绝对不能"，有23.7%的受访者认为"一般"。进一步将所在的单位系统与"是否能进行直接平等的协商对话"进行交叉分析发现，法院检察院系统中35.0%的领导干部认为"肯定能"，党的系统中30.3%、政府中

32.2%、政协中32.3%、群团中32.5%、企事业单位中28.4%的领导干部认为"基本能"，人大机构中28.9%的领导干部认为"一般"。数据表明，不同单位系统对党和政府能否自由平等协商对话的认知存在差异性，法院检察院中较多认为"肯定能"，人大中较多认为"一般"，其他则多数认为"基本能"。

第六，多数领导干部认为参与协商的人"应该遵守"或"必须遵守"协商达成的结果，具有民主党派身份的领导干部选择"必须遵守"的比例最大。对于"您认为参与协商的人应该遵守通过协商达成的结果吗？"这一问题，回答"应该遵守""必须遵守""不一定"的受访者分别占47.3%、38.4%、10.3%。用政治身份与其进行交叉分析，发现有45.5%的民主党派领导干部认为"必须遵守"协商共识，有36.4%的民主党派领导干部认为"应该遵守"协商共识，"必须遵守"所占的比重大于"应该遵守"所占的比重；而对于共青团员身份的领导干部，"应该遵守"和"必须遵守"的比重持平，均为42.9%，对于中共党员、无党派人士以及群众，"必须遵守"的比重小于"应该遵守"所占的比重。调查显示，民主党派身份的领导干部比其他政治身份的领导干部更加注重协商共识的约束性，前者中多数人认为"必须遵守"协商共识，而后者中较多数人认为"应该遵守"。民主党派与其他政治身份的领导干部的态度有差异，原因可能在于中国特色的政治协商制度中民主党派地位特殊，民主党派的领导干部对协商共识的约束性更加重视。如果协商结果或协商共识没有约束性，那么只会使协商成为一种"闲谈"。

第七，仅约一半的领导干部认为公众参与公共政策讨论"能够"或"基本能够"改善政策实施的效果，公众协商影响公共政策的空间还比较大。调查显示，50.6%的领导干部认为居民参与公共政策的讨论"能够"或者"基本能够"改善政策实施效果；25.1%的领导干部认为居民参与公共政策的讨论改善政策实施的"效果一般"；18.2%的领导干部认为居民参与公共政策的讨论改善政策实施的"效果不大"；2.1%的领导干部认为居民参与公共政策的讨论"不能够"改善政策实施效果。在理论上，公众参与公共政策讨论对改善和优化政策的执行具有十分重要的影响，因为公众参与关涉政策的认同性和可接受性，但调查反映出领导干部对此的评价并不高，表明我国公众参与公共政策讨论的质量还需要进一步提升。

第八，多数领导干部认为，与民生、老百姓切身利益相关的议题适用协商式决策。当问及"您认为解决下述政策问题时，应该采用哪种方式？"这一问题时，大多数领导干部选择除了"领导干部任免"（34.6%）和"评价政府工作成绩"（55.6%）这两项应该主要"由投票决定"外，其他诸如火车票定价、土地拆迁和征用补偿标准等民生领域均应主要"由协商决定"。结果可以看出，在干部选拔和工作绩效评价等领域，推行协商民主决策的阻力较大，目前来说协商式决策在这些领域的适用性还较低。一般而言，我国党政领导干部选拔主要由上级组织人事部门考核、任免，因此能否在干部选拔和绩效评价领域运用协商民主值得深入探讨，但是与公众生活息息相关的政策问题是可以大力推进协商式决策的。

三 深化协商式决策观的建议

1. 加强协商民主的制度建设，缩短理论主张与实际效果之间的差距

针对协商式决策的实践与完善，问卷设计了题目"如果现有协商形式存在不足，您认为如何完善？（多选）"来了解领导干部对此的看法，调查结果依领导干部选择次数所占比例的排序是："协商程序要更规范"（16.2%），"协商的结果要有反馈和评估"（15.2%），"确保参与者地位平等"（15.1%），"参与者要更多地了解协商内容"（14.7%），"要塑造说真话，讲实情的氛围"（14.0%），"更多关注解决实际问题"（12.1%），"各方面的利益都要表达出来"（12.1%）。进一步的数据显示，工作年限在一定程度上会影响领导干部对加强协商式决策的看法，党政部门中工作年限"不到10年"的领导干部中62.0%的受访者选择"协商的结果要有评估和反馈"，进入党政部门工作年限在"10年到20年"的领导干部中60.6%的受访者选择"协商的结果要有评估和反馈"，进入党政部门工作年限在"20年到30年"的领导干部中62.2%的受访者选择"协商程序要更规范"，进入党政部门工作年限"大于30年"的领导干部中60.9%选择"协商程序要更规范"。数据在一定程度上说明，进入党政部门在20年以内的人偏向于协商结果的评估，而进入党政部门20年以上的人偏向于协商程序的规范性。可见，完善协商式决策程序、提高领导干部的程序意识和注重协商内容接近实际、协商结果的反馈与评估应是建立健全协商式决策制度的重要内容。

2. 努力提升协商民主实施的满意度，增强领导干部协商民主意识的普及性

就领导干部对本地实施协商民主的满意度而言，不同职务级别的领导干部对本地贯彻实施协商民主的满意度都不是很高，大多数领导干部对本地贯彻落实协商民主的满意度状况的评价是"一般满意"（49.4%），只有23.6%的领导干部对本地贯彻落实协商民主"比较满意"或"很满意"，另有19.7%的领导干部对本地贯彻落实协商民主"比较不满意"或"很不满意"。数据表明，我国地方贯彻协商式民主决策的力度有待于进一步加大。此外，领导干部协商民主观的普及性同样有待提升，调查显示54.2%的受访者"没有听说过浙江温岭的民主恳谈会"，有61.3%的受访者没有组织过听证会或者公众座谈会等活动。

3. 多途径开展协商民主，强化决策取向的协商民主实践

协商式决策的广泛推进需要以具体的制度平台和途径为基础，当问及"您所在单位或者个人在日常生活中通过如下途径开展协商民主的状况如何？"时，有28.6%的领导干部表示"从来没有"开展过决策听证会，25.8%的领导干部表示"有时"开展决策听证会，22.9%的领导干部表示"偶尔"开展决策听证会，仅有9.9%的领导干部表示"经常"开展决策听证会，表明通过决策听证会来实施协商民主的实践还有很大拓展空间。

关于党务会议定期向群众代表开放，有27.2%的领导干部表示党务会议"从来没有"定期向群众代表开放，有22.8%的领导干部表示党务会议"偶尔"定期向群众代表开放，有23.8%的领导干部表示党务会议"有时"定期向群众代表开放，表示党务会议"经常"定期向群众代表开放的仅为13.2%。数据表明通过党务会议向群众代表开放状况的不乐观。这在一定程度上说明需要发展党内民主，推进党务会议定期向群众公开，党务会议公开有利于在全社会实质性塑造协商性的政治文化。

选择"有时"开展的协商民主途径的比例分别是："多部门联席协商"（32.8%）、"党务政府机关定期收集群众意见"（30.4%）、"通过网络问政平台与群众协商"（26.4%）。"经常"开展的协商民主的途径是："干部定期接待群众"（30.2%）、"干部热线电话"（24.3%）、"接待群众信访"（44.1%）。调查数据显示，不同的协商民主途径开展情况不一样，选择

"从来没有开展"中最多的是"决策听证会""党务会议定期向群众开放"，选择"有时开展"中最多的分别是"多部门联席协商""党务政府机关定期收集群众意见"和"通过网络问政平台与群众协商"，选择"经常开展"中最多的是"干部定期接待群众""干部热线电话""接待群众信访"。这表明，协商民主的实施在功能上需要推动公众从最基础的知情、获得信息逐步上升到对决策过程的实质性影响，甚至分享决策的权力。

四 结语

近十余年来，协商民主在我国的译介已产生了广泛的学术影响与实践回应。我国领导干部的协商民主意识已显著增强，协商民主的制度化在我国正逐步形成体系，上至国家顶层的政党协商、政协协商，下至基层的乡镇与社区协商，尤其是源于温岭的"民主恳谈会"以不同的形式已在我国遍地开花，已被证明在我国有其特殊的发展空间与现实可能，正如有西方协商民主论者断言，"某种类似直接协商的多元政治更适合较大的和多元的政体如欧盟和中国似乎是荒谬的。然而，经验和规范的思考都支持这种反直觉的建议……如果大的政体能够实现这种民主前提——充满活力的公共领域，具有各种形式社团的公民社会，以及允许个人根据其基本权利诉诸正义的司法制度——那么，对于中国使其庞大的、充满活力的政体民主化之努力来说，这种制度化的、广泛并且深入的公共协商可能会成为一种模式"[1]，"关于协商民主的某些基本观点，也许会在中国得到很好的应用。政治理论应该在实际中得到应用和检验。这些思想当然不仅仅局限于传统的西方社会，相信也会在中国得到成功的应用"[2]。同时，我们也应看到，由于传统政治文化中"官本位"思想、服从性甚至依附性思维的影响，我国领导干部协商式决策观的树立还面临诸多难题，比如如何创造"敢于讲真话、敢于反映实情、敢于接受不同意见"的社会氛围和制度条件，如何确保协商是民主的而不仅仅是协商的，如何确保协商过程是自由、平等、

---

① 〔美〕詹姆斯·博曼、威廉·雷吉：《协商民主：论理性与政治》，陈家刚译，中央编译出版社，2006，中文版序，第8~9页。

② 〔美〕詹姆斯·菲什金、彼德·拉斯莱特：《协商民主论争》，张晓敏译，中央编译出版社，2009，中文版序言，第3页。

公开、透明和真诚的，如何打破官民间的不平等，如何增进官民间的信任，如何使公共决策真正具有审慎思辨性，如何使公众协商真正能够影响最终的决策，等等。克服这些难题，很大程度需要在全社会真正树立协商民主的意识，但更重要的是亟须在各级领导干部中确立高品质的协商式决策观。因为在权力相对集中的制度下，只有领导干部的观念和意识得到转变，协商性民主、协商式民主决策才能真正、快速、有效地得到贯彻并产生实效。

协商民主的实践品质：审视维度与基层观察[*]

在中西方民主话语中，协商民主已成为一种重要的理论与实践范式。在西方的研究中，有学者就指出，民主理论在 1990 年左右出现了"协商转向"，这一转向要求把"沟通"和"反思"置于民主的中心。2000 年以后，这一转向更加密集和迅速，出现了协商民主的制度转向、系统转向、实践转向和经验转向。① 在中国，协商民主一经译介便产生了广泛的学术与实践影响，一方面深化了中国学者和实务工作者对西方民主理论与实践发展的认识，另一方面拓展了关于中国民主政治发展和治理变革的认识和期盼。

以 2006 年《中共中央关于加强人民政协工作的意见》提出"人民通过选举、投票行使权利和人民内部各方面在重大决策之前进行充分协商，尽可能就共同性问题取得一致意见，是我国社会主义民主的两种重要形式"为标志，协商民主在中国开始从学术引介转入国家民主政治建设的视野。2015 年《中共中央关于加强社会主义协商民主建设的意见》提出"继续重点加强政党协商、政府协商、政协协商，积极开展人大协商、人民团体协商、基层协商，逐步探索社会组织协商"，又预示着协商民主在中国的实践将迎来新的机遇和发展。为此，迫切需要关注的问题就是：多样化协商民主实践的开展，其品质如何；在何种程度上与其理论上的主张、诉求是一

---

* 原载《国外理论动态》2015 年第 6 期。基金项目：国家社会科学基金青年项目"群体性事件政策议程学发生机制与治理研究"（14CGL038）；国家社会科学基金重大项目"健全社会主义协商民主制度研究"（13&ZZ033）；四川大学青年学术人才项目（SKQX201306）。

① John S. Dryzek, *Foundations and Frontiers of Deliberative Governance*, Oxford：Oxford University Press, 2010, pp. 1-2.

致的；如何判断协商民主实践的成功与失败；可以从哪些维度审视协商民主的实践品质；等等。

一 协商民主：理论特质

审视协商民主实践的品质，首要的是应当以协商民主的理论特质为指引。一般认为，协商民主（Deliberative Democracy）的概念化最早由毕塞特推动，其基本的出发点就是反对把立法和政策制定解释为自利个体理性计算、讨价还价的结果，转而强调立法和政策制定应是就共同目标进行论辩、述理和说服的结果，认为只有"扩展和精炼后的公共意见"所促成的"理性的、温和的声音"才能形成冷静、明智的判断，进而达致共同体利益的实现，并把协商界定为参与者认真考虑各种实质性信息与理由并独立作出判断以及彼此说服一个好的公共政策由什么构成的论理过程。① 在随后的研究中，尽管协商民主的支持者因为对协商的意涵、目标、范围与实现方式的看法存在分歧，形成了诸多不同版本的协商民主，但就研究者所试图阐明的基本问题而言，他们是一致的：都认为民主不是对个体的偏好与利益简单地进行计算和加总，民主质量的高低必须回答"多数何以成为多数"这一关键问题。其间，述理、偏好转换、理由的公共检视、更佳观点的驱使和协商共识是十分重要的。

显然，协商民主由"协商"和"民主"两个方面的属性构成而非仅有"协商"而无"民主"或仅有"民主"而无"协商"。在"民主"的一面，协商民主要求所有受特定决策影响的人或其代表都需要参与做出决策的过程；在"协商"的一面，协商民主要求通过参与者之间的论辩来进行决策制定，并且要求参与者忠于理性和公正的价值观。② 与其他民主理论相比较，协商民主有区别于其"竞争对手"的一套核心主张：最基本的是它主张将个体间相互的论理作为指导性的政治程序，而不是竞争性利益之间的讨价还价；主张基本的政治活动——理由的给出、权衡、接受或拒绝——是一种公共活动，这与纯粹的私人的投票活动是相反的；其要点为协商民主是民主协商而非协商，民主协商应当体现对公众期望的回应和每个成员

① Joseph M. Bessette, *The Mild Voice of Reason：Deliberative Democracy and American National Government*, Chicago：The University of Chicago Press, 1994, p. 46.

② John Elster, *Deliberative Democracy*, Cambridge：Cambridge University Press, 1998, p. 8.

的政治平等这两个基本的民主原则。[1]

进而根据古特曼和汤普森的研究，协商民主从理论转向实践需要遵循实质性与程序性的系列原则。其中，协商民主的实质性原则指向基本的自由、平等和机会，协商民主的程序性原则指向协商过程的相互性、公开性和责任性。在所有的原则中，相互性即当要求他人接受自己可辩护的理由时，自己也必须依照同样的精神来接受他人合理辩护的理由是最为基本的。因为在他们看来，相互性之于政治伦理中的正义就如可重复性之于科学伦理中的真理，科学中真理的发现要求公开地证明其可重复性，政治伦理中正义的发现则要求相互性，需要公开的协商。[2] 此外，实践中的协商民主也是持续动态的，这意味着协商的暂时性，协商的暂时性原则要求对长时间的变迁保持开放性，意味着公民及其代表的观点透过进一步的道德和政治论证可能会改变，进而作出新的检验。因此，围绕特定的需要和期望，具有分歧甚至冲突性的意见在上述原则的指导下，在正式、非正式、界面的制度平台上经由证据、理由、论证的协商经验，达致修正、转换后的反思性偏好，最终达成协商共识或形成协商多数以产生正式的意见或政策决定。从而，协商民主得以运转起来（见图1）。

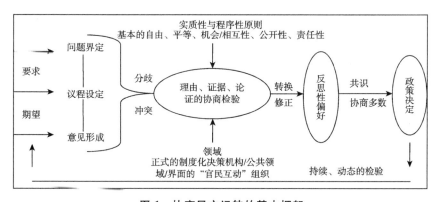

图1　协商民主运转的基本框架

资料来源：李强彬：《协商民主与公共政策前决策过程优化：中国的视角》，四川大学出版社，2013，第146页。

---

[1] John Parkinson, "Legitimacy Problems in Deliberative Democracy," *Political Studies* 1 (2003).

[2] Amy Gutmann and Dennis Thompson, *Why Deliberative Democracy*? New Jersey: Princeton University Press, 2004, p. 101.

因此，协商民主的理论特质可以概括为：一种关于如何提高政治过程民主品质的理论，其核心是强调政治与政策过程中不同意见的代表性而非统计学意义上的人数的代表性。以及，它主张基于"更佳的理由"来审视不同意见的价值。因为，在利益与信息分散加剧、社会价值越来越多元化的社会里，最重要的是在面对特定议题时，不同的意见如何能得到真实的反映和平等的对待，而不能因为人数或资源的匮乏而将特定的意见予以忽视或排斥；而且，基于"更佳的理由"所作出的选择更能经受住公共的批判性检验并保持持续的开放性。因此，作为产生好建议的一种方式，协商过程要求利害相关者更好地理解其共同面临的难题，增强相互的信赖，避免或减少金钱与权力的操控，促进科学民主决策，从而实质性地提升民主的质量。作为产生好选择的一种制度安排，通过创造一种意见市场，协商过程要求人们有机会去审视和检验哪一种意见基于公共利益之立场，哪一种意见更能够经由"不可行性检验"而成为最佳的选择。

二　协商民主实践品质：审视维度

协商民主实践转向的成败在很大程度上取决于协商民主实践品质的高低，一项真正的、有效的协商民主实践应当与协商民主的理论特质相一致。对此毕塞特论述到，协商民主的实践要促成"扩展和提炼了的公共意见"，要避免直接、原始、自发、无知、没有反思性的大众情绪在民主过程中居于主导地位，"评估协商民主之民主特性的合适标准就是政府制度促成明智与述理的控制而不是无知与感情用事或偏见多数控制的程度"[1]。就协商民主实践品质的具体衡量，菲什金和法拉尔认为取决于其四项标准实现的程度：完整性，即特定议题正反两方面的论证相互回应的程度；信息性，即人们所拥有的信息的合理与准确的程度；尽责性，即参与者根据议题的利弊对议题做出决定的程度；多样性，即协商参与者代表相关者多样性观点的程度。[2] 卡森和哈兹卡普认为，一个完全的民主协商需要满足以下三项标

---

① Joseph M. Bessette, *The Mild Voice of Reason: Deliberative Democracy and American National Government*, Chicago: The University of Chicago Press, 1994, pp. 34-35.

② James Fishkin and Cynthia Farrar, "From Experiment to Community Resource," in John Gastil and Peter Levine, eds., *The Deliberative Democracy Handbook*, San Francisco: Jossey-Bass, 2005, p. 71.

准：一是影响性，即协商过程应当能够影响政策与决策的制定；二是包容性，即协商过程应当具有人口代表性以及多样性观点和价值的包容性，为所有人提供平等参与协商的机会；三是协商性，即协商过程应当提供开放式对话、充分信息、相互尊重、理解和重构议题的空间，以及以获得共识为方向。[①]

毫无疑问，协商民主的实践要素必定包括协商什么、谁来协商、协商过程如何、协商结果的影响力等基本问题，一个成功的协商民主实践理应在回答这些基本问题的过程中对协商民主的理论特质作出回应。依据协商民主的理论特质与运转框架，协商民主的实践品质可以从协商议题的专注性、参与者所持意见的包容性、信息的充分与准确性、参与者原初意见的转换性、协商意见的影响性、协商程序的规范性等维度予以审视。

协商议题的专注性。协商议题的专注性聚焦于"协商什么"这一问题。由于实践中的协商民主"耗时费力"，需要付出成本，因而并非所有的议题都适合协商实践。为了取得实效，纳入协商民主过程的议题应当尽可能明晰和专注，以聚集相关的、切题的多元性意见。协商议题的专注性要突出以下几方面的属性：一是议题是特定时期、特定层级被广泛关注的公共问题，涉及集体的公共事务，需要政府的回应和作为；二是议题的影响范围要明确，即要确定议题相关者（组织和个人）的范围；三是议题是实质性而非象征性的，即议题对特定的相关者具有潜在的损害、影响或分配性功能，是受特定相关者所关注的；四是围绕议题的相关看法和要求是具有分歧性甚至是冲突性的，进而在协商过程中或揭示偏好、提供信息、政策学习、决策咨询，或相互尊重、创造信任，相反对那些共识性很强、本身并无多大分歧的议题进行协商则难免有"作秀"之嫌。

参与者所持意见的包容性。参与者所持意见的包容性是民主协商区别于协商的关键标准，因为协商可以发生在不具包容性的精英团体和个人之中。协商民主实践中的包容性强调参与者意见的代表性而非参与者统计学意义上的人数的代表性，因而必须排除与议题相关的特定意见被隐蔽、被操控、被故意排斥的可能性。在多元性意见或偏好表达的过程中，不能有任何显

[①] Lyn Carson and Janette Hartz-karp, "Adapting and Combining Deliberative Designs," in John Gastil and Peter Levine, eds., *The Deliberative Democracy Handbook*, San Francisco: Jossey-Bass, 2005, p. 22.

性或隐性的强制，否则协商民主的运转就失去了基本的"原料"。在参与者所持意见的包容性约束下，协商民主的实践过程应促成与议题相关的所有观点和意见都有同等的机会得到表达、反映并受到参与者平等的对待，从而使民主协商所产生的结果更趋于理性和成熟。参与者所持意见的包容性之所以重要，源于对事物所作的任何一种特殊的阐释都不能被视为对某一现象正确的或终结的理解，每一种现象都可以从新的角度给予新的解释。①

协商信息的充分与准确性。信息是现代社会关系得以建构的核心资源，协商民主的实施是多元性意见之间的沟通与反思，其基础就在于正反、多方面信息和证据的支持。因此，一项成功的协商民主实践，不同观点背后的信息应当是充分完整的，要经受持续性、公开性以及反向证据的检验；同时，成功的协商民主实践所反映出的信息应当是准确、可靠的，因而需要避免信息的错漏和模糊性。真实的协商必须建立在充分准确的信息的基础之上，这是因为，信息能指引政策支持者形成其行政或立法建议，政策支持者（或反对者）可以利用信息就其所提出的备选方案之优点（或缺点）来说服其他决策制定者，政策过程中争论的各方可以集合、提取和散布信息以动员治理制度之外的力量来支持或反对某一政策创议。② 只有当协商过程中的信息完整、可靠，支持正反两方面观点的理由和根据得到了充分的反映时，协商才能够发现真正的问题所在并提出相应的解决方案，以创造真正的政治合法性。

参与者原初意见的转换性。协商民主要促成"扩展和提炼了的公共意见"，控制或缓和没有反思的大众情绪，这自然会要求参与者秉持开放的心态，在面对"理由更佳"的观点时改变自己原初的立场和偏好而不是固执己见，这是衡量协商民主之"协商性"的重要标准。因为，在协商民主实践中，"一个论点不会因其提出者的动机不具有足够的美德而贬低其真正的价值。同样，一个站不住脚的论点也不会因为其提出者的真诚、诚实或美德而增加其价值"③。因此，协商的参与者需要根据协商的进展自觉地修正

---

① 〔英〕戴维·赫尔德：《民主的模式》，燕继荣等译，中央编译出版社，2008，第8页。

② Joseph M. Bessette, *The Mild Voice of Reason: Deliberative Democracy & American National Government*, Chicago: The University of Chicago Press, 1994, pp.49-55.

③ Jeffrey K. Tulis, "Deliberation Between Institutions," in James S. Fishkin and Peter Laslett, eds., *Debating Deliberative Democracy*, Oxford: Blackwell Publishing Ltd, 2003, p.206.

没有说服力的偏好，并且在协商过程中对他人表示真正的尊重，祖开胸怀以接受他人更佳的观点；需要认真对待协商过程中新的论据和论证，以及原有论据和论证的新的诠释，包括反对者提出的理由和自己曾经拒绝过的埋由，这样的过程将使人们知道"自己的想法在什么地方与别人产生冲突，又在什么地方同他们的实践行为相矛盾。随着他们驾驭局势的水平不断提高，他们也努力探究最令人信服的解决问题的方法"①。

协商意见的影响性。经由民主协商，参与者可能达成共识并形成一致的决定或形成协商多数的意见。当然，协商也可能使分歧和冲突进一步显化，但这并不表明协商是失败的，相反它会使参与者更加深刻地认识到彼此不同的关切并掌握到更多的信息，为持续的协商奠定下一步的基础。"论辩之所以需要，这不仅是因为就某一问题澄清立场的需要，而且是说服其他人站在自己这一立场的需要。即使政策被解释为团体寻求私利目标的活动，这些人也必须通过诉诸公共利益和明智的优点来证明其正当性。假如我们仅仅根据权力、影响和讨价还价而排斥争论和辩论来理解政策制定，那么我们将失去很多。"② 可见，协商是十分重要的，经由民主协商所形成的协商意见不仅应当创造参与者之间相互的认知、尊重与信任，促进社会广泛地对特定议题的认识，更重要的是需要与正式的立法或政策制定具有联结性，以影响正式的、权威性的立法与政策的输出，或是促进社会治理的改进。

协商程序的规范性。为了知晓人们在哪些方面存在分歧、冲突和争论，必须创造审慎思辨与相互证立的程序来规范和指导协商民主实践的展开，这样的程序不能忽视、排斥任一与议题相关的意见，不能忽视、排斥社会边缘群体和弱势群体的偏好表达，要避免虚假的信息和潜在的强制，要使不同甚至相互冲突的意见能在意见竞争的制度平台上受到同样的对待。这需要从协商的发起、议题的提出、意见的征询、参与者的遴选、发言的规则、协商意见的形成等诸多方面的程序限制来促成深思熟虑的公共意见的形成。毕竟，"讨论的潜能在适当的规则和程序之下才能发挥，没有控制的

---

① 〔美〕海伦·英格兰姆、斯蒂文·R. 史密斯编著《新公共政策：民主制度下的公共政策》，钟振明译，上海交通大学出版社，2005，第19页。

② Giandomenico Majone, *Evidence, Argument, and Persuasion in the Policy Process*, New Haven: Yale University Press, 1989, p.2.

讨论容易导致不停的争论甚至暴力，一个无组织化的协商团体往往产生各种形式的分裂……为了避免和减少这样的危险，公共协商需要制度化……确保通过倾听不同意见而不是妥协折中来作出决定。事实上，民主政府的历史就是各种程序被设计出来用以制度化和规范公共协商的历史"①。

三 基层协商民主运转：彭州市社会协商对话会议的制度设计

作为一种政府体制，协商民主深刻反映着国家政治机构之间相互的关系。作为一种治理行动，协商民主已在全球、国家、地方和社区层面有着广泛的实践。在中国语境下，面对越来越多的"结构不良型"公共事务治理问题，面对公众参与需求发展与制度供给不足之间的短缺，党和政府需要寻求新的治理制度和治理方式以应对社会的发展与变迁，而协商民主理论的引介、发掘和发展为我国地方治理的创新提供了新的理论资源。从浙江温岭的"民主恳谈"到四川彭州的"社会协商"，在大约十五年的时间里，协商民主在基层已彰显出巨大的生命力，对于国家治理体系的完善和治理能力的现代化具有重要的推动作用。

2012年以来，党的十八大明确提出"健全社会主义协商民主制度""推进协商民主广泛、多层、制度化发展"；党的十八届三中全会提出"构建程序合理、环节完整的协商民主体系""开展形式多样的基层民主协商，推进基层协商制度化"；《中共中央关于加强社会主义协商民主建设的意见》明确要求"稳步推进基层协商"。在中央的顶层设计与社会治理现实的推动下，2013年4月以来，四川省彭州市先后出台《关于构建社会协商对话制度的意见（试行）》《构建社会协商对话制度试点工作的实施方案》《构建镇、村（社区）社会协商对话制度的实施方案》《关于成立彭州市构建和完善基层协商民主制度工作领导小组的通知》《关于开展社会协商对话双评工作（试行）的通知》《关于探索构建企（事）业单位社会对话制度的通知》《企（事）业单位社会对话工作实施方案》等指导性文件，构建起了镇、村两级社会协商制度平台，覆盖了企（事）业单位，走出了一条基层协商民主实践之路，为审视我国基层协商民主的实践品质提供了一个"样板"。在

---

① Giandomenico Majone, *Evidence, Argument, and Persuasion in the Policy Process*, New Haven: Yale University Press, 1989, p.4.

协商议题的产生、协商参与者的确定、协商参与者职责、协商对话会议职责、协商对话会议的召开、协商对话会议结论的运用等方面，彭州市社会协商对话会议的制度设计都有相应的规范。

社会协商对话会议议题的产生。好的协商议题是成功的协商民主实践的前提，彭州市镇、村两级社会协商对话会议议题的产生有明确的规定。在村一级，村（居）民社会协商对话的组织基础是议事会，议事会的议题要求涉及本村（社区）范围内村（居）民的切身利益，是村（居）民关心的事项，议题的提出者包括村（社区）党组织、村（居）委会、村民小组、村民议事会成员、十人以上村民联名。在镇一级，镇社会协商对话会议的议题要求涉及本镇范围内群众的切身利益，是群众关心的事项，议题的提出者包括镇党委、镇政府、村（社区）党组织、村（居）委会、镇社会协商对话会议成员。同时，无论村（居）民议事会议还是镇社会协商对话会议，均成立议题审查小组。在村一级，由村（社区）党组织书记担任议题审查小组组长。在镇一级，由分管党务的副书记担任议题审查小组组长。

社会协商对话会议参与者的产生。在村一级，村（居）民议事会成员一般为20至50人的规模，要求成员中村（社区）、组干部身份的不超过50%。成员的产生方式主要有自荐、群众推荐、组织推荐三种方式。如果是群众推荐，要求以村（居）民小组为单位，每5至15户产生1名村（居）民代表，再以每村（居）民小组2至4人的名额在村（居）民代表中产生村（社区）议事会成员。在镇一级，社会协商对话会议成员一般为20至60人的规模，要求成员中镇机关干部身份的不超过2名、村（社区）干部身份的不超过25%，也是由自荐、群众推荐、组织推荐产生。如果是群众推荐，按每村（社区）1至3人的名额在村（社区）议事会成员中协商产生社会协商对话会议成员。如果是组织推荐，无论是村议事会成员还是镇社会协商对话会议成员，辖区内的民主党派、无党派、民族宗教、非公有制经济、新社会阶层五大类人士是重点推荐对象。同时，村一级议事会成员和镇一级社会协商对话会议成员均有任期，任期为三年一届。

社会协商对话会议的职责。在村一级，村（居）民议事会的职责主要有四项：一是宣传上级党委、政府的政策；二是对涉及本村（社区）

范围内村（居）民切身利益和村（居）民关心的重大事项进行协商和决策；三是对信访群众反映，但超过现有法律法规解决范围的问题进行协商；四是收集汇总议事会形成的决议、共识，并通过议事会成员在村（居）民中广泛宣传、解释。在镇一级，镇社会协商对话会议的职责主要有五项：一是及时进行上情下达、下情上传的对话沟通；二是对涉及本镇范围内群众切身利益和群众关心的重大事项（如财政预决算等）进行协商；三是在镇党委、政府重大事项决策前、执行中进行协商；四是对信访群众反映，但超过现有法律法规解决范围的问题进行协商；五是收集汇总协商会形成的共识，并通过社会协商对话会议成员在群众中广泛宣传、解释。

镇社会协商对话会议成员的职责。根据制度设计，镇一级社会协商对话会议成员的职责主要是以下几个方面：一是学习，学习党和国家的方针政策以及社会协商知识，提高协商议事能力；二是联系，要密切联系村（社区）其他议事会成员和农户，听取意见、建议和要求，收集、整理、上报议题；三是监督，监督检查协商讨论所达成共识的实施情况，提出整改意见、建议；四是宣传，就社会协商对话会形成的共识向群众做好宣传、解释。同时，成员需按时出席镇社会协商对话会议、认真发表意见、积极参加闭会期间的培训学习、视察、专题调研、不将个人利益或小集体利益带到社会协商对话会议中、不提无理要求、主动配合镇、村（社区）做好各类村级事务，等等。

镇社会协商对话会议的召开。根据制度设计，镇社会协商对话会议原则上要求每半年召开 1 次，一年不得少于 2 次。如果镇社会协商对话会议成员有三分之一以上提议，可以临时召集镇社会协商对话会议，也可根据工作需要，临时召开小组社会协商对话会议。镇社会协商对话会议和小组协商会由召集人组织召开，主要的议程包括：传达上级党委、政府的决策和工作安排；通报全镇近期工作重点；通报上次会议协商、议决事项的办理情况；议题审查组通报本次会议的议题审查情况；协商本次会议各项议题。社会协商对话会议的具体流程为：①议题提出者陈述议题；②参会成员发表意见；③记录人记录发言，主持人总结梳理发言；④会议表决（采取无记名投票表决）；⑤宣布表决结果。

社会协商对话会议结果的运用。在镇一级，镇社会协商对话会议的意见建议经归纳、梳理后作为镇党委、政府的决策参考，对涉及面较广、反响较大的意见、建议可报市委、市政府；会议形成的共识和意见、建议采纳情况以书面形式（镇、村公开栏张贴）告知社会协商对话会议成员，对未被采纳的意见、建议，在下一次会议上陈述理由并做解释。在村一级，村（社区）议事会议形成的决议，由村（居）民委员会负责执行，形成的意见、建议作为村（社区）党支部、村（居）民委员会决策参考，重要的意见、建议报镇党委、政府。可见，镇一级社会协商对话会议形成的意见是建议性的，村一级议事会形成的意见具有做出决定的功能。

四　基层协商民主的实践品质：基于彭州市的思考

彭州市通过建立镇社会协商对话会议和村民议事协商会，构建起了县区之下整个基层全覆盖的两级社会协商对话制度，搭建起了政府和群众之间有效沟通的桥梁，形成了将"政府意愿"转化为"群众自愿"的有效路径，将"政府替群众决策"变为"社会共同决策"，改变了传统的单向封闭型决策模式。在促进科学民主决策、改善干群关系、拓展公民参与的广度深度、化解社会矛盾、积聚民意等方面，彭州市的社会协商对话会议实践成效显著，在我国基层协商民主实践中呈现以下几方面的特色。

一是地方基层"一把手"积极推动。彭州市社会协商对话会议的制度设计一开始就受到市委"一把手"的高度关注，市委发文明确由统战部牵头组织实施，专门成立了以市委书记任组长的彭州市构建和完善基层协商民主制度工作领导小组，同时由市政协主席、市委副书记、市委常委统战部部长担任副组长，领导小组下设联席会议办公室，由统战部部长兼任办公室主任。相应地，各镇也成立了构建和完善基层协商民主制度工作的领导小组，由镇党委书记任组长。因此，通过市、镇两级工作领导小组的领导与推动，社会协商对话会议得以在彭州市全面铺开。

二是建立了相对稳定、正式的基层协商民主实践载体。彭州市的基层协商民主实践以社会协商对话会议为组织基础，镇一级的社会协商对话会议工作领导小组组长由镇党委书记担任。同时，由镇党委推荐产生社会协商对话会议的召集人和秘书长，镇社会协商对话会议的成员有固定的任期。这样一种相对正式的而非按特定议题产生的组织有利于社会协商对话会议实践的稳定性，降低社会协商的组织成本，促进社会协商的持续化、常态化运作。因此可以说，彭州市的社会协商对话会议实践是一种组织化的实施和推动。

三是群众推荐产生的社会协商对话会议成员具有显著的"层层代议性"。彭州市镇一级社会协商对话会议成员没有根据与议题的相关性或兴趣采取自愿报名、随机抽样的方式来产生，主要通过群众推荐产生。镇一级社会协商对话会议成员是在村（社区）一级议事会成员中推荐产生的，村（社区）一级议事会成员是在村（居）小组代表中推荐产生的，而村（居）小组代表又是在户的基础上推荐产生的。通过层层推荐产生的社会协商对话会议成员实际上具有"层层代议"的功能，这有利于降低社会协商对话会议的组织难度和运转成本。

四是镇社会协商对话会议的意见与正式的制度之间具有较好的联结性。实践中，镇一级社会协商对话会议尽管在功能上主要定位于意见发表、信息搜集、信息沟通、决策咨询、政策解释、政策宣传，只有建议权而无决策权。但是，社会协商对话会议的组织与实施一开始就有地方党委、政府的直接参与，因而社会协商对话会议中的意见与信息同地方党委、政府的政策制定与社会治理具有较好的对接性，相关的意见和看法容易为地方党委、政府的决策者所关注，并对地方的社会治理产生直接的影响。

然而，尽管彭州市社会协商对话会议在实践中密切了党群、干群关系，让普通公民有了为党委、政府提供意见、建议的机会。但是，就协商民主本身的理论特质而言，彭州市社会协商对话会议在协商议题的产生、协商参与者意见的包容性、协商信息的充分与准确、参与者所持原初意见的改变、社会协商对话会议的影响性、社会协商对话会议程序的规范性等方面还有较大的提升空间。

一是社会协商对话会议议题的专注性不足。协商对话议题的挑选和拟定直接影响着协商对话讨论的范围、边界、深度和广度，协商的议题既不能"太大"也不能"过小"，应当是特定层级为社会所关切、为政府所关注的社会难题，具有分歧性和意见的多元性。同时，议题的拟定最好能以问题的方式直观地呈现，使讨论的议题的主旨更加明晰。以2014年彭州市磁峰镇社会协商对话会议第二次会议的议题"莲花湖旅游综合开发招商方案"为例，如果以"莲花湖旅游综合开发开发什么，为什么"为议题或许更能集中协商参与者的注意力和意见表达。同时应注意，当需要在多个议题中选择协商议题时，协商对话会议的组织者必须公布议题审查的标准和过程，以使真正具有专注性、为社会所关切的议题进入协商对话会议，不能排斥争议大、歧见多的议题，议题的选择要说明理由。

二是参与者所持意见的包容性需要增强。协商民主不同于其他民主理论的独特之处就在于它聚焦于意见的代表性而不是简单的人数的代表性。因此，实际的协商民主实践的参与者必须能代表多元性的意见并为之辩护，这不仅要求协商参与者具有人口学意义上的年龄、性别、职业等方面的代表性，而且要求协商参与者具有实质意义的意见的代表性。因此，社会协商对话的组织者在选择、推荐协商参与者时需要重点关切围绕议题可能存在的不同看法，进而产生特定意见的代表者，以更好地促进反思和沟通。在彭州市的实践中，协商参与者为"层层推荐"产生，因而"乡土精英性"色彩比较浓厚，比如特别强调协商参与者要"在本区域内有一定影响力和协商议事能力""辖区内的民主党派、无党派、民族宗教、非公有制经济、新社会阶层五大类人士要作为组织的重点推荐对象"。类似的要求很可能使与特定议题极为相关的"普通人"难以表达其偏好，更难以影响社会协商对话会议的结果。

三是协商信息的充分与准确性不够。高质量的社会协商对话需要以信息的充分与准确性为基础，要求与议题相关的背景信息、不同意见及其背后的理由在协商之前客观、中立地呈现给协商参与者，使协商参与者有充分的时间阅读、熟悉与议题相关的信息。一般的公众较少具备特定议题的专业知识，因而必要时要给予参与者充分思考、提出疑问的时间，并使协商参与者有机会与相关专家进行面对面的问答和交流，专家在这样的过程中成为协商的推动者而不是知识的垄断者，进而给予协商参与者客观、中立的信息和证据，以促使协商参与者能够在充分信息的基础上作出更好的分析和判断。但在彭州市的实践中，制度的设计和运转在这一方面对协商信息充分性、准确性、完整性的考虑存在不足。

四是参与者原初意见的转换性衡量不足。为了形成"扩展和提炼了的公共意见"，协商参与者需要具备开放的心态，而在面对更佳理由时改变自己的原初偏好。尽管协商不一定形成共识，但经过协商，要能知道参与者在哪些方面的看法发生了改变，在哪些方面还存在分歧和冲突，从而为进一步的沟通和反思奠定基础，促进协商的持续性和动态性。参与者原初意见的转换性不仅表现在接受他人"理由更佳"的观点，而且表现为对不同意见和观点的尊重。为此，协商对话的时间需要有充分的保障，对参与者协商前后的意见和态度应进行分析，进而更好地发现潜在的、有价值的观点和看法，而不能简单地诉诸投票，视"议题获得应到会成员三分之二以上的赞成票即可通过"。

五是社会协商对话会议结果的影响性有待提升。协商民主实践除了促进公民教育、政策学习、社会认知发展和共同体凝聚力提升之外，还需要对实际的政治和政策过程产生实质性影响。当协商发生在正式的权威性建制化政治机构之中时，协商的结果会直接转化为具体的政治或政策行动；当协商发生在非正式、界面的制度领域时，协商的结果不具有直接行动的影响力。因而，非正式、界面协商的结果应当与正式的制度结构具有联结性，从而使公众协商的结果能通过具体的途径转化为党委、政府的行动。就此而言，彭州市社会协商对话会议实践需要进一步明确协商对话会议结果的影响途径，使社会协商对话会议与党委、人大、政府的工作形成有机的制度化对接，而不是笼统地由社会协商对话会议的主持人对协商共识进行简单的归纳。

六是社会协商对话会议程序的精细化有待提高。协商民主的实施需要遵循其实质与程序性原则，以保障相关者能有同等的机会参与协商，使不同的议题、不同的意见能在社会协商对话中得到充分的反映和同等的对待。为此，从议题的发起、信息的提供、专家的参与、发言的规则、议题的讨论到报告的撰写和利用，都应围绕协商民主的理论特质予以明确的规定。同时，在社会协商对话会议的参与者与非参与者之间要建立沟通的机制，要确保协商过程的公开性、透明性和可问责性，从而更好地促进协商民主实践品质的提升，使基层的协商民主实践真正发挥好推进基层治理体系完善和治理能力现代化的重要作用。

五　结语

我国广泛多层制度化的社会主义协商民主实践正在不断探索中，基层的协商民主实践有其操作和组织上的优势，应当重点推进，使其走向精细化、高品质。同时，在协商民主的运转中，应当充分认识到：尽管协商起于分歧与冲突，却不一定终于共识，协商也可能产生新的不一致和冲突，但协商民主仍然是改善政治过程与公共政策品质的重要途径和方式。基层的协商民主实践应在推进民主的公共问题界定、公开的公共问题议程设定、智识的公民参与、被有效监督的公共决策权力等方面彰显其力量。在基层协商民主制度的设计中，需要紧扣协商民主的理论特质，遵循其基本的实质性与程序性原则，充分保障潜在协商参与者基本的自由、平等和机会，提高协商过程的相互性、公开性和责任性，真正促成深思熟虑的基层社会治理，从而在源头上促进社会和谐、增进社会稳定。

群众路线与时俱进与社会
治理能力提升[*]

党的十八届三中全会明确提出了"全面深化改革的总目标是完善和发展中国特色社会主义制度，推进国家治理体系和治理能力现代化"的论断，这一论断使国家治理体系和治理能力的现代化程度成为判断改革是否成功、措施是否有效的重要标准，党和政府解决社会矛盾、满足人民需要的能力则直接反映着国家治理体系和治理能力的现代化水平。在新的历史时期，群众路线与时俱进与社会治理能力提升是紧密地联系在一起的，社会治理水平的提高必须着眼于最广大人民根本利益的维护，必须以人民群众广泛、多层、制度化的参与为基本载体，必须以人民群众的智慧为基本动力，使党的群众路线成为提升社会治理能力的重要法宝。

一　新形势下社会治理能力提升面临的重大挑战

改革开放三十多年来，围绕经济建设这一中心和社会主义市场经济体制的建立这一主线，我国的政治、经济、文化和社会建设成绩斐然。但是，在取得巨大成就、社会发展进入新阶段的同时，也衍生出新的社会挑战与难题，直接考验着党和政府的社会治理能力。

第一，社会不公正感显性化发展，社会治理的压力日趋增大。一般来说，社会公正问题主要源于社会资源的稀缺性和社会活动主体自利性之间的矛盾和紧张，如果资源不存在匮乏，或者说人们具有高度的道德思想觉悟，可以做到毫不利己专门利人，那么就不会存在社会公正问题。但事实

　＊　原载《观察与思考》2014年第5期，作者为李强彬、陈朝兵。基金项目：四川省软科学项目"政策议程设定转型中群体性事件制度化治理的实现"（2013ZR0019）；四川大学青年学术人才项目（SKQX201306）。

并非如此，资源往往有限且具有竞争关系的个人和群体又都想从中获得较大的份额，这就会使社会公正问题必然与社会的发展相依相伴。尽管社会公正难以直接地予以度量，但作为一种心理感受，社会公正感是容易体察到的：得其应得即为公正，反之则为不公。在社会治理过程中，社会公正感会倾向于支持或认同既定的政治体系和政策输出，社会不公正感则会倾向于反对或不认同既定的政治体系和政策输出。当社会公正感从一种主观感受转化为现实的社会和政治行动时，其强弱高低就会对既有的制度安排起到维持或阻滞的作用。在社会转型与发展的进程中，随着我国改革、发展的全面深化，人们必将越来越关注改革成本如何分担、改革成果如何分享的问题，社会不公正感将越来越从隐性转向显性，从幕后登上前台，转化为具体的社会和政治行动，对党和政府的社会治理能力提出更高要求。近年来，我国城市拆迁、农地征用、企业改制、事业单位改革、户籍制度改革、收入分配制度改革、公共服务均等化中所反映出来的种种问题表明，必须进一步促进社会公正、提升社会公正感，以有效应对改革和发展中的诸多难题。

第二，社会价值观多元化发展，公众参与意识深度化发展。当前，社会价值观和利益主体伴随我国改革的深化分别呈现出了快速的多元化和分散化发展趋势，公众的权利意识、权益意识、自主意识和参与意识持续增强，公众越来越要求拥有参与与其生活密切相关的公共事务的机会和制度。在参与实践中，公众参与主要是指不具有公职身份的普通公民影响政治和政策过程的行为，是"平民试图影响政府决策的活动"[①]。在奉行多党政治、选举竞争的政治体系中，公众主要通过投票选举政治领导人或者说通过决定政治领导人的去留来间接地控制公共政策的走向。然而，选票并不能承载选民实际的、多元化的政策诉求，公众参与越来越需要指向公众对决策者和决策过程的直接影响。因而，如何使公众参与的制度和机制满足民主治理的要求，有效、有序地实现公众对事关自身权益的公共事务的参与是现代社会治理的内在要求。当公众参与的有效性（公民期望和要求实现的程度）与公众的期望和要求之间产生较大差距，公众参与的制度供给与公

---

① 〔美〕塞缪尔·亨廷顿等：《难以抉择——发展中国家的政治参与》，汪晓寿等译，华夏出版社，1988，第 5 页。

众的参与需求之间产生较大失衡时，社会受挫感、社会怨恨就会应运而生，潜在的政治抗议和政治冷漠就很可能会引发社会的不稳定。因此，加强和创新公众参与的制度和机制，把公众参与的力量有效地导入社会治理过程，是社会治理能力提升的迫切要求。如果缺乏公众积极、有效的参与，政府将很难使其行动具有充分的合法性。

第三，社会问题复杂化发展，社会协同力量亟须培育壮大。社会的发展必然使越来越多的社会问题呈现出结构不良性，也就是说多数社会问题都会涉及可见和隐蔽的诸多利害相关者，而他们通常具有不同的价值观和效用标准，因而很难假定一个或几个利害相关者有着始终如一的价值选择和偏好，利益冲突可能持续存在甚至激烈以致引起社会的不稳定。在这样的背景下，党和政府的角色必须得到恰当的定位，不能以"全能"的角色和"单向"的管理思维来处理社会问题，而应以"协同合作"的网络化思维来应对复杂社会问题的治理。在网络化的治理思维中，政府不仅需要公众参与的力量，还应广泛借助社会组织、新兴媒体的力量，并且要善于根据各方力量的优势、劣势来合理确定政府公共权力的边界和功能，避免政府错位、缺位、越位、失位，充分利用和发展社会中多元化的协同力量。社会的协同力量不仅在社会偏好的发现、社会问题的识别方面具有重要价值，而且在最大化治理的共同体、减少和克服管理中的障碍、增强管理的可接受性以及避免管理过程中的抗议和梗阻方面具有诸多优势。比如，作为政府和市场组织之外的社会组织，在专业人才、专门信息和管理机制方面就具有诸多优势，在科教文卫、社会救助、扶贫开发、环境保护、法律援助等社会管理活动中就可以充分发挥社会组织的力量。

第四，权—责—利关系明晰化发展，法治社会建设亟待加快。利益分歧和利益冲突是现代社会治理的常态，毕竟，"人们奋斗所争取的一切，都同他们的利益有关"①。因此，社会治理中围绕"利"，必须明确"权"和"责"，进而必须加快法治社会建设，以有效协调各种利益关系、权力责任关系、权利义务关系。法治社会不仅要求在全社会树立遵法、守法的观念，更需要依据法律来维护和保障人们的权益，政府则要依法行政、依法治理。在权益受到侵害时，人们可以有效地运用法律来予以保障；在公共权力滥

---

① 《马克思恩格斯全集》第 1 卷，人民出版社，1960，第 82 页。

用时，滥用者必须受到法律的监督和制裁。长期以来，中国的社会重权力观念、淡法治观念、重人情关系、薄法律关系，致使社会问题的解决、社会秩序的维护、社会公平正义的实现难以法治化。然而，现代国家社会治理的历史经验表明，必须将国家和社会的活动纳入法治化轨道，充分保障人们的合法权益，使社会矛盾与冲突的化解法治化、规范化、程序化。以法治的观念、思维、程序和方法来规范社会行为、协调社会关系、促进社会认同、秉持社会公正、解决社会问题、化解社会矛盾、维护社会治安、应对社会风险，必然是实现社会稳定和社会协调、可持续发展的基本性保障。

二 提升社会治理能力要求党的群众路线与时俱进

社会治理是一个复杂的系统，"治理"一词本身与"统治"和"管理"具有明显的区别，全球治理委员会在《我们的全球伙伴关系》的研究报告中对"治理"作了这样的界定："治理是各种公共的或私人的个人和机构管理其共同事务的诸多方式的总和。它是使相互冲突的或不同的利益得以调和并且采取联合行动的持续的过程。"① 可见，"治理"的能量不限于科层化的官僚体制和自由、平等交换的市场机制，它意味着不同于国家与市场力量的社会性力量在公共事务治理中的积极介入，意味着国家、市场与社会力量的有效融合与充分的互补，意味着从"单中心"转向"多中心"，通过协同多方力量来共同应对和解决社会问题，这与党的群众路线的思想精髓是一致的。

关于党的群众路线，毛泽东曾于1943年作过比较集中和完整的论述，他在《关于领导方法的若干问题》中指出："在我党的一切实际工作中，凡属正确的领导，必须是从群众中来，到群众中去。这就是说，将群众的意见（分散的无系统的意见）集中起来（经过研究，化为集中的系统的意见），又到群众中去作宣传解释，化为群众的意见，使群众坚持下去，见之于行动，并在群众行动中考验这些意见是否正确。然后再从群众中集中起来，再到群众中坚持下去。如此无限循环，一次比一次地更正确、更生动、更丰富。"② 可见，作为一种认识论，群众路线表明人民群众才是创造历史

① 转引自喻可平《治理与善治》，社会科学文献出版社，2000，第2~3页。
② 《毛泽东选集》第3卷，人民出版社，1991，第899页。

的真正主体；作为一种领导和工作的方法，正确的领导必须尊重群众，必须要有群众基础，只有这样才能集思广益、兼听则明；作为一种政治关系，党的领导必须与群众的参与权融为一体，群众的参与是防止权力误用、滥用的有效保障；作为一种行为规范，领导干部必须虚心向群众学习，与群众形成血肉联系。

从中国共产党的发展历程来看，党的群众路线形成于革命战争年代，是党领导人民群众取得战争胜利、建立中华人民共和国的基本保证。在从革命党转变为执政党、从取得政权到巩固执政地位和提升执政能力的新阶段新形势下，党的群众路线需要与时俱进地贯穿到新形势下的新任务和新工作中去，融入党和政府社会治理能力的不断提升当中，成为公民参与常态化、社会力量协同化、公众权益保障法治化和公共权力监督社会化的重要推动。

以群众路线为基础，实现公民参与的常态化。公众参与是加强和创新社会治理的民意保障。相较于专家和政府官员，公众经常被认为缺乏时间、精力和专门的训练来参与社会公共事务的治理，实际上，公众并不总是知之甚少、冷漠、不关心社会公共事务，如给予适当的机会和制度安排，公众是能够进行有效参与的。因此，在今后一段时间，需要着力解决公民参与社会治理的范围、层次和效果的问题，使公民参与社会治理的范围更广、层次更高和效果更好。毫无疑问，伴随经济社会发展水平的不断提高，公众的参与性必将日渐增强，在事关公众切身利益的社会公共事务中如果缺乏公民的积极参与，党和政府的社会治理活动就很难得到公众的认同及其自愿性支持。

以群众路线为基础，实现社会组织力量的协同化。从"市场的失灵"到"政府的失灵"，社会组织的力量越来越被人们所认识和利用，社会力量的协同就是社会组织的能力在社会公共事务的治理中与党和政府的力量有机结合，以有效化解社会矛盾和提供社会公共服务。在这样的过程中，各类社会组织、志愿组织和城乡基层社区的社会治理功能将得到彰显，通过其专业优势，可以在政府管不了、不好管、管不好的领域弥补政府社会治理的不足，发挥拾遗补缺的协同功能。通过建立健全社会组织参与社会治理的制度和机制，增强社会组织的社会公信力，加强对社会组织从业人员的专业化和素质培训，创造有利于社会组织"发力"的制度、法律和政策环境，实现社会组织力量的协同化，是新时期实践群众路线的重要体现。

以群众路线为基础，实现公民权益保障的法治化。作为现代社会治理的基本方式，法治是协调社会关系、化解社会矛盾、规范社会秩序的稳定的治理制度。提升党和政府的社会治理能力，迫切需要将社会治理活动纳入法治化的轨道，以法律来规范政府、市场、社会和公众的力量，充分保障人民群众的合法权益，防止公共权力侵犯公民权益，严格依法行政、依法治理，确保各方力量在法治的框架下推动社会治理持续发展，从"被动维稳"转向"主动创稳"，从"政治维稳"转向"法治维稳"，实现良政善治。

以群众路线为基础，实现公共权力监督的社会化。早在约 300 年前，孟德斯鸠就敏锐地指出，"一切有权力的人都容易滥用权力，这是万古不易的一条经验，有权力的人们使用权力一直到遇有界限的地方才休止"①。由于公共权力的行使具有内在的垄断性和扩张性，一旦公共权力从工具变为目的，权力就被异化了。党的群众路线要求从群众中来到群众中去，这实际上对公共权力的行使作了最深层次的规范：公共权力来自人民群众，公共权力的行使必须服务于人民群众。为此，在解决社会问题的过程中，解决方案背后的主张及其理由、根据和论证应为人民群众所知晓，不同的意见、观点和立场应尽可能地在社会层面得到理性的表达和回应，从而节制公共权力的随意性。

三　群众路线与时俱进与社会治理能力提升的着力点

在群众路线与时俱进中提升社会治理能力需要找准着力点。就"社会治理能力"而言，世界银行在其开发的世界治理指数中将公民表达与问责、政治稳定与无暴力、政府效能、规制质量、法治以及腐败控制列为评价指标。国内学者俞可平将公民参与、人权与公民权、党内民主、法治、合法性、社会公正、社会稳定、政务公开、行政效益、政府责任、公共服务、廉政等十二项维度纳入"治理评估框架"，列为衡量治理质量的重要标准。无论国际还是国内学者提出的标准都表明，公民的权利和利益是至关重要的，人民群众根本利益的实现和保障是最为根本的。在新的社会发展阶段，

———————

① 〔法〕孟德斯鸠：《论法的精神》（上），张雁深译，商务印书馆，1961，第 154 页。

党的群众路线是提升我国社会治理能力的重要的思想资源和理论资源。围绕群众路线与时俱进和社会治理能力的提升，迫切需要在以下几个方面寻求突破。

第一，拓展公民权利的范围与层次，落实公民权利。群众路线与时俱进与社会治理能力的提升都必须重视公民权利的发展，并把保障和充分实现公民权利作为共同的使命。公民权利本是一种自然和正当的要求，然而由于受特定历史发展阶段下经济社会发展水平的限制，公民权利的范围及其实现必然打上历史的烙印。在不同的社会发展阶段，人们在内容上和层次上对公民权利的诉求也是有很大差异的。当下，我国正处于改革的攻坚期和深水区，各项改革不断推进，公民权利的范围和层次需要积极拓展，公民的政治参与权、利益诉求表达权、信息知情权、环境健康权等需要得到更好、更充分的保障。

第二，强化公共服务，不断保障和改善民生。民生问题向来是党的群众路线强调的重大问题，也是社会治理能力提升的归着点。在新时期新阶段，保障和改善民生尤其需要与公共服务供给的数量和质量结合起来。这是因为，改革开放至今三十多年来，我国在经济发展上取得巨大成就，已在解决人民群众温饱问题的基础上初步实现了小康生活。然而，保障和改善民生问题仍然突出，三农问题、城乡发展差距扩大、发展成果不公平分配、不同群体不平等待遇等问题仍然不容忽视，已成为民生发展中的棘手问题，而加强和改进公共服务、实现公共服务均等化对于这些问题的化解具有重要的推动作用。

第三，着力化解矛盾，推进参与性治理。群众路线与时俱进与提升社会治理能力都必须正视社会矛盾，重视人民群众在矛盾化解中的参与，人民群众积极、有效的参与是协调、平衡不同社会主体利益的重要途径。中国传统的政治文化具有显著的臣民式服从性色彩，参与意识比较淡薄。改革开放以来，尽管公众的权利意识、权益意识、自主意识和参与意识有所增强，但社会中的"特权"观念仍然浓厚，这极大地限制了人民群众的社会治理参与以及党和政府社会治理能力的提升。在党委领导、政府主导的社会治理中，必须将群众参与作为矛盾化解的一项前置条件，党和政府要相信人民群众的参与能力，人民群众也要相信党和政府对接群众参与的意愿。只有发扬"从群众中来、到群众中去"的优良传统，才能真正使群众的要求有渠道讲、建议有地方提、委屈有地方说。

第四，围绕利益分歧与冲突，加强协商与对话。无论来自国家、市场还是社会的力量，治理格局的形成需要在利益分歧与冲突中充分意识到合作的重要性，承认"他人"的重要性，在与"他人"一起讨论、论辩、述理的过程中解决共同面临的问题，只有这样，审慎的、相互尊重的、包容的、开放的协商与对话才能真正建立起来。协商与对话在社会治理过程中不仅有助于区分自私自利的要求与公共利益，而且能够更好地鉴别那些更为重要、更为紧迫的要求，并且权衡不同要求之下的理由和根据，得出更能经受得住社会考验的立场和观点。一个高质量的协商与对话需要公民具备宽容、理性、公益心和公共精神的品质，政府则不仅应当视各种力量为自由平等的参与主体，而且还应当主动地为他们的参与创造条件。

协商民主发展的典型议题

公共政策问题"界定"中的协商民主：逻辑、价值与理由*

问题界定即刻画、诊断问题的过程，通常与我们怎样思考和讨论问题相关。问题界定在政策制定中居于重要地位，如果不能很好地界定问题，就不可能很好地解决问题。问题的界定不仅直接关系到问题在决策者面前所受到的"注意力"，而且直接关系到解决方案的产生。问题是"界定"而非"发现"的观念表明：尽管不满或需要政府介入的某种"事实"客观存在，但问题并非不言自明，问题存在的"事实"并不直接导致政策行动的产生，因为事实是需要被解释的，不同的解释者往往会从各自的立场或喜好来认识和判定问题，以实现某种特定的目标和期望。因此，当人们在政策制定中都一致同意政府应当做些什么时，却对"为什么做、如何做"的问题而争论不休也就不足为奇。

一 公共政策问题"界定"的特性

有关政策问题及其界定的研究在 20 世纪 70 年代开始受到西方学者的关注。其中，罗杰·W. 库伯（Roger W. Cobb）和查尔斯·D. 埃尔德（Charles D. Elder）就政策问题界定的特性作了两个层面的定位： 一是获取好处的关键机制就是在社会冲突中巧妙地界定问题；二是有关政策问题界定的所有说法和解释都是社会建构的。进而，他们将政策问题界定的研究概括为四种视角。[①]

* 原载《理论探讨》2012 年第 6 期。基金项目：教育部人文社会科学青年项目"新时期我国公共政策议程设定转型与群体性事件治理研究"（11Y JC810023）；四川省社会科学规划青年项目"基于公共政策议程设定转型的群体性事件治理"（SC11C001）。

① David A. Rochefort and Roger W. Cobb, " Problem Definition, Agenda Access, and Policy Choice," *Policy Studies Journal* 1 (1993).

一是从因果关系的角度强调"是什么导致了问题的产生，它从何处来"；二是沿因果论将问题的"整体景象"置于关注的焦点，把"问题景象"看作对之前感知到的一些东西的主观陈述，由感知（直接的观察）、认知（解释指示物）、情感（感觉）、意动（潜在的行动）四个要素构成；三是强调"对问题能做些什么"与"问题本身"相比，公共政策问题界定更依赖于前者，即一个问题之所以成为问题，只有当人们能对其做些什么的时候它才成其为问题；四是关注谁是问题的界定者，即特别关注那些设法试图宣称问题情境是其专有的活动范围并力图将竞争性的问题界定排斥在问题情境边界之外的个人、群体或利益集团，将"问题界定"转化成"谁是问题的所有者"这样一个问题。

库伯和埃尔德所概括的四种研究视角尽管各有侧重，但都认为问题之所以称作"问题"，通常意味着应然与实然之间的某种差距，是一种不满足和焦虑的状态，或者说是一种感知到的不满意状态，这种不满意状态的消解必然涉及政治力量的介入。也就是说，对问题的归因往往伴随着不同的政治目的，关于问题源自哪里、谁应该对问题负责、合适的解决办法又是什么等，涉足的利害相关者往往是争论不休的。在戴维·德瑞（David Dery）看来，政策问题具有三方面的意涵并伴随着不同的"界定"意义。[1]一是作为情境（situation）的问题，即把问题理解为一种人们缺乏某种准备好的反应的状态，是一种令人讨厌的情境。据此，界定问题就是界定情境，就是对那一情境的因果关系进行描述和分析。除非我们知道问题的因果关系——其根源和"真正的"问题——否则我们就不能期望解决它。二是作为不一致（discrepancy）的问题，不一致意味着应然与实然之间的差距和亏空，而不是令人生厌的某种情境。三是作为机会（opportunity）的问题。作为机会的问题在考虑问题——是"这样的"——是如何被界定时，认为一个提出的问题就像一个迷宫，决策行为专注于如何穿过这样的迷宫，对解决方案进行搜寻、创造和检验。

无论是作为情境、不一致，还是作为机会的问题，其深层次议题在于：公共政策问题界定不仅仅是为一系列事实和感知贴上标签，而且是对不为

---

[1] David Dery, *Problem Definition in Policy Analysis*, Lawrence: University Press of Kansas, 1984, pp. 21-27.

人们所期望的境况的原因以及其结果予以说明。在潜藏于问题背后之利害关系的影响下，相关方在定义问题的时候通常不可避免地会因价值判断与利益诉求的差异而强调"事实"的某一方面并将其他的方面隐蔽或置于不顾，相应地则提出一些可能的方案而忽视其他。因此，问题界定不会是一个简单的技术性分析过程，其本质是对利益的界定。对此，弗兰克·R. 鲍姆加特纳（Frank R. Baumgartner）和布莱恩·D. 琼斯（Bryan D. Jones）分析到，"对政策问题通常的界定或理解是与政策子系统稳定的周期联系在一起的，在这个稳定的周期里，相应的政策子系统垄断了政策行动和控制了对政策问题的解释。而在其他的场合，事件、活动者、环境一起共同塑造新的问题景象，这种新的问题景象将导致原来居于统治地位的问题景象的覆灭并产生新的政策子系统安排"①。问题界定关涉稳定的政策子系统是如何被新的问题界定所干扰、破坏和重组，或者说权力在政策子系统之间是如何重新分配的问题。问题界定会把某些团体置于防御的位置而将其他一些团体置于进攻的位置，这深刻反映着问题界定中的政治博弈和利益冲突。② 问题界定同政策结果之间关系密切，界定问题的方式本身会对问题"起落"的位置及其在政策议程中的优先性设定产生重要影响。

可见，公共政策问题界定在政策过程中居于首要位置。在界定问题的过程中，尽管问题的情境或情势具有客观性，但相关者对问题的具体看法与态度通常是不一致的，持不同价值观与社会立场的个人、阶层和群体往往对同一问题情境的性质、范围、程度、缓急及其真实性、稳定性等抱持歧见，他们对问题情境的表述可能存在难以调和的冲突。与此同时，不同的问题界定必然指向相异的政策设计，如果想处理不满意的"状况"，决策者就必须寻找到问题的真正原因，而不只是关注症状。就政策问题所形成的政治共同体而言，其识别很可能充满模棱两可和似是而非的观念，实际上则是关于"理念""利益"和"权力"的冲突。恰如，当理性决策模型假定政治生活中存在可运用的客观事实时，德博拉·斯通却发现潜藏于每一政策议题背后的是一种对同一抽象目标或价值看似有理却相互冲突的理

---

① Frank R. Baumgartner and Bryan D. Jones, *Agendas and Instability in American Politics*, Chicago: The University of Chicago Press, 1993, p. 238.

② Janet A. Weiss, "The Powers of Problem Definition: The Case of Government Paperwork," *Policy Sciences* 2 (1989).

解的争执，即一个问题中不同方面的行动就好像它们都试图找到"真正"的原因，却又总是努力发挥影响以便让他们所选择的理念去指导政策，因而有关因果故事中的政治冲突超过了关于事件序列的经验主张。①

二　公共政策问题"界定"中协商民主逻辑的展开

在某种程度上，政策制定实际上就是界定问题、寻求问题解决之道的过程。在这一过程中，决策者需要不断追问：问题是否存在，问题的根源在哪里，问题最好的解决办法又是什么。对此，社会冲突理论家认为在冲突中获取利益的核心机制就是巧妙地解释问题，强调冲突中对问题没有一个固定不变的界定，特定的界定从属于积极参与者动机的解释。依照这一观点，社会冲突就成了在本身相互对立的立场中通过竞争性的问题界定而谋取利益的一个过程。社会建构论者则从没有客观的社会现实出发，认为社会现实都是社会建构的，公共政策问题界定尤其如此。正如库伯和埃尔德所言，"政策问题不是简单的抱怨，也不是有关情境的事实，它们是与解释和社会界定联系在一起的"②。

在"民主的政策科学"的视野中，无论出于公共政策问题界定的社会冲突论，还是社会建构论，协商民主与公共政策问题界定在逻辑上都具有内在的一致性。协商民主的理论特质主要是基于这样一个前提：政治偏好是相互冲突的，民主制度的目标就是处理这些冲突，协商民主与自由主义民主尽可能将分散的个体偏好聚合成集体选择的观点不同，它主张经由公开和非强制地对利害相关的议题进行讨论和辩护来作出具有约束力的集体决定。因而，协商起于冲突，是认识和化解冲突的一种机制，协商过程有助于更全面、深刻地认识问题背后的意义，找出更好的解决办法，其独特性是：在"民主"的一面，协商民主包含集体的决策制定，所有受特定决策影响的人或其代表都需要参与决策的过程。③ 在"协商"的一面，协商民主通过参与者相互间的论辩来进行决策制定，参与者忠于理性和公正的价值观。

---

① 〔美〕德博拉·斯通：《政策悖论：政治决策中的艺术》，顾建光译，中国人民大学出版社，2006，第 207 页。

② David A. Rochefort and Roger W. Cobb, "Problem Definition, Agenda Access, and Policy Choice," *Policy Studies Journal* 1 (1993).

③ John Elster, *Deliberative Democracy*, Cambridge: Cambridge University Press, 1998, p. 8.

研究中，尽管不少论者对协商民主持有异议，但协商民主有区别于其"竞争对手"的一套核心主张，最基本的是：主张将个体间相互的论理作为指导性的政治程序，而不是竞争性利益之间的讨价还价；主张基本的政治活动——理由的给出、权衡、接受或拒绝——是一种公共活动，这与纯粹的私人的投票活动是相反的；其要点在于协商民主是民主协商而不是协商，尽管存在一些非民主的用法，但民主协商应当体现对公众期望的回应和每个成员的政治平等这两项基本的民主原则。[①] 协商民主中的协商不仅仅是某种形式的对话，而且定向于影响或作出某种决定，即"协商"意味着参与者应努力为他们所赞同的政策提供证明，"民主"则意味着作出某种具有约束力的集体决定。经由协商而作出的选择或决定，其内在基础不是金钱或权力的多寡，而是自由、平等者之间的公共协商所产生的更佳观点之理性的力量。

最早提出并明确界定协商民主的毕塞特认为，协商过程由信息、论辩和说服三要素构成，它们具有不同的功能。[②] 首先，信息能指引政策支持者形成其行政或立法建议，政策支持者（或反对者）可以利用信息就其所提出的备选方案之优点（或缺点）来说服其他决策制定者，政策过程中争论的各方可以集合、提取和散布信息以动员治理制度之外的力量来支持或反对某一政策创议。其次，论辩能将纯粹的事实与期望的目标联系起来，论辩中支持新政策的人不仅要提供阐述紧迫的社会、经济或国家安全问题的信息，而且需要形成论点以说明其政策建议如何在一个合理的成本范围内可以改善目前的状况，而反对者则需要形成相反的论点以表明新政策并不能实现支持者所宣称的目标，那样做只会带来巨大的成本或带来难以接受的政策结果。第三，说服是协商过程的最后阶段和集中体现，当就某一问题的信息和论辩致使参与者在政策制定过程中接受了他或她在参与这个过程之前没有接受的实质性立场的时候，说服就产生了。因此，如果没有公共协商，失败者则会完全不相信大多数人思考和认真衡量了反对决策的少数人的观点。[③]

---

① John Parkinson, "Legitimacy Problems in Deliberative Democracy," *Political Studies* 1 (2003).

② Joseph M. Bessette, *The Mild Voice of Reason: Deliberative Democracy & American National Government*, Chicago: The University of Chicago Press, 1994, pp. 49-55.

③ 陈家刚：《协商民主》，上海三联书店，2004，第 20 页。

就作为政策过程首要环节的公共政策问题界定而言，它通常是从为实现特定的"政治目的"来加以判定的，透过问题界定需要作深层拷问的是：谁会获益，谁的利益会受到损害。在定义政策问题时，分析者需要追问此定义是如何界定利益方及其利益所在的，是如何来确定受益者和受损者的作用以及一个与此不同的定义将会怎样改变权力的关系。① 对于问题为什么被这样界定而不是其他这样一个议题，其答案一方面在于政策制定者了解问题的途径，更在于他们界定问题的方式。毫无疑问，在对客观事实进行主观认定的过程中，如果仓促或不加思考地接受某一问题界定，就可能漏掉重要的备选项或忽略范围更广的参与者的想法和观点。② 对此，安德森评论到，以往对政策形成的研究很少关注问题的性质及其界定，问题被认为是"既定的"。然而，现在普遍认为如果政策研究不考虑引起政府行为的问题的特征和维度的话，那么这种研究就远未结束。因为，"了解为何有些问题必须采取行动而其他的可以置之不理、为何某个问题要用这种方式界定而不是那种方式是非常重要的，它有助于我们确定政治系统中的权力所属"③。

进而可以审视和发现，公共政策问题界定中的协商民主逻辑在于：协商的观点不同于自由主义者所认为的个体拥有一些"给定的"偏好，即在参与前、参与中、参与后，个体都是其自身利益最好的裁判。相反，协商民主的观点认为，民主参与能够改变个体，个体通过参与会变得"更有公共精神，更容忍，更有见识，更关心他人利益，更追求自身利益"④。公共政策问题界定中协商民主逻辑的展开（见图1）有利于问题情境的利害相关者从"公共"的角度阐明有关"问题情境"的分歧和争论，经由偏好与意见的修正，得出更具说服力、更为全面的认识。因为，"作为审议者，为了对问题的本质及即将产生的方方面面的情况达成公共的理解，他们也开始站在公众的立场上考虑问题"⑤，同时这也更可能促使政策制定者避免犯诸

---

① 〔美〕德博拉·斯通：《政策悖论：政治决策中的艺术》，顾建光译，中国人民大学出版社，2006，第239~240页。
② Duncan Macrae and Jr. James A. Wilde, *Policy Analysis for Public Decision*, Lanham: University Press of America, 1985, p.35.
③ 〔美〕詹姆斯·E.安德森：《公共政策制定》，谢明等译，中国人民大学出版社，2009，第96~97页。
④ 〔澳〕约翰·S.德雷泽克：《协商民主及其超越：自由与批判的视角》，丁开杰等译，中央编译出版社，2006，第14页。
⑤ 谈火生等编译《审议民主》，凤凰出版传媒集团、江苏人民出版社，2007，第57页。

如"选择了'正确的'备选方案，而解决的却是'错误的'政策问题"之类的致命性错误。如果未经协商，未经倾听同样受到"问题"之影响的利害相关者的偏好和意见之前就假定已经知道了合适的解决方案，那么这不仅傲慢无礼而且也是不正义的。假如拒绝给问题的利害相关者以协商的机会，那么这不仅表明放弃了达致真正的道德妥协的可能性，而且也放弃了"公正检视针对他人的立场"的最有力的辩护。①

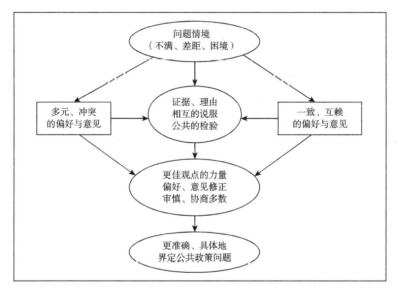

图1 公共政策问题界定中的协商民主逻辑

三 公共政策问题"界定"中协商民主的价值

现代社会，"糟糕型"政策问题（Wicked Problem）日益凸显，其典型表现就是：理性的综合的规划是不适当的、问题难以被界定、问题具有相互依赖与多层面的因果关系、价值差异明显、问题不稳定与持续的演化、高度的社会复杂性与多样化的利害相关者、认定问题性质与范围的知识基础存在争论。② "糟糕型"政策问题为政策的制定提出了更大挑战，而协商

---

① Amy Guttman and Dennis Thompson, *Why Deliberative Democracy*? New Jersey: Princeton Princeton University Press, 2004, p. 12.

② Brian William Head, "Public Management Research," *Public Management Review* 5 (2010).

也许是认识问题、界定问题的最佳途径，这至少有三方面的缘由。首先，从过程上看，协商可以被看作一种决策前对政策问题的讨论，即"协商或者是指特殊的讨论，它包括认真和严肃地衡量支持和反对某些建议的理由，或者是指衡量支持和反对行为过程的内部过程"①。其次，协商不仅仅是相互间的谈话，更是建设性的意见表达和交流，"协商就是各种观点不受限制地交流，这些观点涉及实践推理并总是潜在地促进偏好变化"②，这可以促成问题界定共识的形成。最后，协商要求利害相关者在互动的过程中通过更具说服力的观点而不是强制或交易的方式来修正自身的观点和偏好，遵循更佳观点之理性说服的力量。

面对大量的"糟糕型"政策问题，单一的主体很难掌握问题的全貌，没有人会严格地持同样的方式来刻画问题和建构"事实"。实际上，"我们每个人都在创造我们自己的'事实'，没有任何地方比我们在识别问题或议题以及解释并将它们与范围更广的意象图联系起来的时候更能表现出此种特点的了"③。对于问题界定中的冲突，决策者为了限制参与可以运用更为技术和专业化的语言来表达问题，而一旦与范围更广的社会主题如公平、正义、民主、自由、透明、合法化等相联系时，参与和讨论的范围就不得不扩大以回应社会对公共可接受性的追求。在协商的问题界定中，其重心不在于参与者的人数，而是要使不同的意见和观点受到实质性考虑。在将利害相关方（影响政策和受政策影响者）的看法和立场暴露出来后，需要通过分歧、立场和偏好的转化来形成问题界定的"协商多数"，以打破积极参与者的"操控"和有组织的利益集团的"密谋"。在"受更佳观点之理性力量的驱动"这一法则下，协商过程要求仔细、严肃、认真地考察正反两方面的原因和理由，明白需要做什么以及为什么。其间，"那些想要压抑差异的人们，往往都是从压抑中获益的人，一旦在公开辩论中必须为之辩护时，他们通常未能为所获得的这些好处辩护"④。协商的过程促使那些抱有不同想法的人付出说理和论证的代价以获得他人的认可，这种相互的认可

---

① 陈家刚：《协商民主：概念、要素与价值》，《中共天津市委党校学报》2005 年第 3 期。

② 陈家刚：《协商民主：概念、要素与价值》，《中共天津市委党校学报》2005 年第 3 期。

③ Brian W. Hogwood, Lewis A. Gunn, *Policy Analysis for the Real World*, London: Oxford University Press, 1984, p. 109.

④ 〔美〕阿米·古特曼、丹尼斯·汤普森：《商议民主》，谢宗学、郑惠文译，智胜文化事业有限公司，2006，第 51 页。

性证明使协商民主在公共政策问题界定中形成其独特的意义和价值。

首先，提高问题界定的合法性。依照协商民主的观点，合法性的来源不是个体先前的意愿（无前置协商的多数规则的投票），而是源于意愿的形成过程，即协商本身。① 协商和对话的过程性特征表明问题建构是所有相关者或其代表的参与，问题界定权不能为任何一方或哪一集团所垄断。

其次，提高问题界定的公开性。在公开的协商过程中，通过使支持和反对某一问题界定的各种理由、根据和论证公开化，人们将有机会质疑各种站不住脚的隐藏在问题界定背后的利益诉求，防止压制不同的观点和意见，从而阻止秘密的、幕后的政策协定。

最后，提高问题界定的责任性。当问题的利害相关者要求知晓某一问题的因果关系及其相应的根据和理由时，问题的界定将更为审慎和富有责任性，从而约束问题界定的随意性，减少政策在执行过程中的"回火"问题，避免政策在执行中产生各种"再界定、再决策"的问题。

总之，公共政策问题界定是一项高复杂性的政策制定工作，对于什么是需要严肃、认真对待的问题，不仅存在一定程度的武断性，而且围绕问题的理解也是颇具争议的。问题不是存在于"那里的"，对于任何问题的源头、影响和在社会环境中的重要性，人们都可能具有各自的看法。因此，仅仅表达一个问题是不够的，提出问题的人还必须说服其他人以表明问题是存在的或其提出的问题是一个真实的问题，认识和界定问题的方式则是此种说服过程的重要方面。

公共政策问题界定中协商民主的嵌入之所以值得去努力，这至少源于协商民主的如下优势。首先，协商民主能有效回应分歧与冲突的根源，协商可以：提升集体决定的正当性，回应道德分歧的源头之一，即资源的稀缺性；鼓励从公共精神的视界来思考公共议题，回应道德分歧的源头之二，即雅量的有限性；促成相互尊重的决策过程，回应道德分歧的源头之三，即道德价值观的不相容性；矫正公民和政府官员在集体行动中的错误，回应道德分歧的源头之四，即理解的不完全性。② 其次，协商民主能够有效克

---

① Bernard Manin, "On Legitimacy and Political Deliberation," *Political Theory* 3 (1987).

② Amy Guttman and Dennis Thompson, *Why Deliberative Democracy*? New Jersey: Princeton Princeton University Press, 2004, pp. 10-12.

服私人观念的局限并提高公共决策的质量。[①] ①通过信息的共享和知识的共用，公共协商能够转变个体的理解并提高他们掌握复杂问题的能力。公共协商能够揭示特定的偏好形成可能与不同群体的利益相关联，进而与某种思想观念的维护相关。在这种情况下，协商能够将并不代表多数的特定观点的单方面性和片面性暴露出来。②协商同样能揭示"适应性偏好"，即通过减少某人的期望来使其适应看似固定或不可改变的环境状态下的偏好形成。③公共协商能够以理性的术语来替代利益的术语，协商可以提高集体的判断能力，因为它不仅关注信息共享和意见沟通，而且关注论理和辩论检验。

---

① David Held, *Models of Democracy*, Cambridge：Polity Press, 2006, pp.237-238.

表达自由与公共政策问题的构建[*]

在政策过程中，虽然各种社会问题的情境或情势是客观的，但人们对各种社会问题的具体看法和态度则经常不一致甚至大相径庭，持不同价值观和社会立场的个人、阶层和群体往往对同一社会问题的性质、范围、程度、缓急以及其真实性等都具有不同看法。就政策过程来讲，政策问题的构建是社会问题进入政策议程的关键一环，它意味着政策相关者对某一社会问题的性质等进行界定，意味着当局是否采取行动以及如何采取行动等。帕森斯通过街头露宿的案例描述了构建政策问题的逻辑次序及其重要性：问题（issue）—露宿街头的人们→问题的性质（problem）—无家可归→政策—提供住房。然后他指出："问题是什么，我们可能形成一致的意见。但是对于问题的性质是什么，以及应该制定怎样的政策来解决问题，则可能无法形成一致的意见。如果我们将露宿街头的人看成是一个流浪问题，那么有关的政策反应可能是运用法律手段，动用警察。"① 可见，对问题性质等方面的不同界定往往预示着当局将采取不同的政策行动。

一 公共政策问题及其构建

构建政策问题是政策过程研究的逻辑起点，基于公共政策"资源和价值"的分配属性，政策制定者如想成功地解决社会问题，就必须首先探清真正的政策问题。纳塞尔·L. 阿克奥夫在《重新设计未来：解决社会问题

———————————

＊　原载《理论探讨》2008 年第 1 期，作者为李强彬、刘敏婵。基金项目：国家社会科学基金重大攻关项目"建立健全我国社会预警机制与应急管理体系"（06&ZD025）。

①　转引自〔英〕米切尔·希尔《现代国家的政策过程》，赵成根译，中国青年出版社，2004，第 98 页。

的一个系统方法》一书中认为"要想成功地解决问题，就必须对真正的问题找到正确的方案。我们经历的失败常常更多的是因为解决了错误的问题，而不是因为我们为真正的问题找到了错误的解决方案"①。当我们用正确的方案去解决虚假的政策问题时，就犹如"南辕北辙"地迷失了问题的方向，无谓地消耗了政策资源并将真正的社会问题搁置起来，"政策分析中最致命的是第三类错误，即当应该解决正确的问题时，却解决了错误的问题。"②

一般而言，政策问题的构建需要遵循"问题→社会问题→社会公共问题→公共政策问题"③ 的逻辑次序。一个问题上升到社会公共问题的层面需要具备三个条件：一是该问题必须在社会上广泛流传并受到广泛关注，或者至少必须为公众所感知；二是大多数人都认为有采取行动的必要；三是公众普遍认为，这个问题是某个政府职能部门权限范围内的事务，而且应当给予适当关注。④ 当政策制定者选择了有关的社会公共问题予以解决时，政策问题就被构建出来了。在这一过程中，对问题情境的把握至关重要，问题情境是客观的，而政策问题的构建则是思维作用于环境的产物。在金登的多元流分析途径中，问题情境是通过相应的指标、焦点事件和反馈表征出来的。"通常，问题并不是通过某种政治压力或对人的认识的重视而引起政府决策者关注的"，问题往往通过以下三种方式来引起决策者的关注。⑤一是有关指标，指标可以表明哪儿出了问题，可以评估问题的严重程度或发觉问题的变化，政策制定者常常根据指标的变化来考察一个系统的状态并据此来界定问题。二是焦点事件，"一些符号之所以变得流行起来并且具有重要的聚焦作用，其原因在于它们迅速捕捉住人们已经以一种比较模糊的、分散的方式感觉到的某种现实。"焦点事件可以预警，"可以强化对某一问题的某种预先存在的知觉，使人们的注意力集中到一个已经'被人们

① 〔美〕威廉·N. 邓恩：《公共政策分析导论》，谢明等译，中国人民大学出版社，2002，第155页。
② 〔美〕威廉·N. 邓恩：《公共政策分析导论》，谢明等译，中国人民大学出版社，2002，第197页。
③ 严强、王强：《公共政策学》，南京大学出版社，2002，第223页。
④ 林水波、张世贤：《公共政策》，台湾五南图书出版公司，1997，第117页。
⑤ 〔美〕约翰·W. 金登：《议程、备选方案与公共政策》，丁煌等译，中国人民大学出版社，2004，第114~129页。

忘到脑勺边去了'的问题上，焦点事件还可以与其他类似事件联合起来影响某类政策问题的界定"。三是反馈，"文官对议程最主要的贡献就是他们从其亲自对某一项目的管理经验中意识到一些问题"，反馈的途径主要有系统监控、社会抱怨、社会调查以及官员的经验等。在邓恩看来，"政策分析过程并非一开始就明确地提出问题，而是源于一种扩散的忧虑和初始的紧张迹象"[1]，这些忧虑即为政策制定者和公众所感受到的问题情境。因此，在政策问题的构建过程中，产生问题的外部条件被有选择地过滤，政策问题即"思想作用于环境的产物；它们是通过分析从问题情势里抽取出的要素。因此，我们所遇到的，是问题情势而非问题，问题就像原子和细胞一样是观念的产物"。邓恩特别告诫，"切忌将问题情势与政策问题混在一起，因为后者是精神的产物，由人类通过判断将经验转换而来。"[2] 不同的政策主体往往会从各自的立场来阐发、认识和界定政策问题，犹如"盲人摸象"。

二 政策问题构建中的表达自由：不仅仅是精英和集团

著名的民主理论家罗伯特·达尔在对民主制度进行设计时，设置了三个必不可少的条件，它们是：①明确阐述他们的选择；②通过个人行动和集体行动向其他公民和政府表明他们的选择；③使他们的选择在政府行为中受到同等的重视，也就是说政府在考虑这些选择时不因其选择的内容或选择由谁提出而加以歧视。[3] 达尔还分别列出了它们各自所需的制度保障，其中，公民的表达自由是这三项条件所共有的内容。从公共政策的角度来考察达尔的这三项条件可以看出，在政策问题的构建过程中，它们分别预示着政策相关者能就有关社会问题拥有自由阐发意见的权利和机会，其次是拥有有效的途径来向当局表明他们的政策诉求，最后是当局应当以同等考量各政策相关者的诉求。

政策相关者对政策问题的自由表达是公民政策参与的一种基本形式，

---

① 〔美〕威廉·N. 邓恩：《公共政策分析导论》，谢明等译，中国人民大学出版社，2002，第 158 页。

② 〔美〕威廉·N. 邓恩：《公共政策分析导论》，谢明等译，中国人民大学出版社，2002，第 159 页。

③ 〔美〕罗伯特·达尔：《多头政体——参与和反对》，谭君久等译，商务印书馆，2003，第 12 页。

表达就是要"人们将原来隐匿于内心的思想、观点等表现、显示、公开出来，为他人甚而社会所知悉、了解"①。而对于自由，阿克顿勋爵的理解可谓精辟，他认为："自由的本义：自我驾驭。自由的反面，驾驭他人"②，自由意味着自己而不是他人掌握对自身进行控制的权利。表达自由可以理解为公民个人能够驾驭自己并把自己的观点表达出来的权利，达尔称之为"表达意见的自由"，"对范围广泛的各种政治事务，无论官员、政府、体制、社会经济秩序，还是主流意识形态，都享有自由表达意见的权利，而不必担心遭到任何的惩罚。"③ 自由包括积极自由和消极自由，前者是"做什么的自由"，后者是"不做什么"的自由，这里所涉及的表达自由主要是指积极作为的自由，即政策过程中各政策相关者在想要表达自己的意见时可以表达，并且有途径表达，还能够有效地表达，而不受不当干预。在政策问题的构建过程中，决策者容许各种意见和观点竞相"自由飘浮"是必要的，因为"全知全能"的决策者是不存在的，政策制定者"在决策资料的收集、认定及其方法上，资料持有者的态度和资料成本等方面都存在局限性"④。表达自由暗含协商的意蕴，而"协商允许个人或团体从其他人从未考虑或想到的立场、境遇、优势等方面向他们表达如何看待这件事"，透过表达自由，政策制定者可以集思广益、集中民智，从而更好地了解民意，更准确地体察民情，更全面地倾听政策相关各方的声音，从而积极地构建真实而正确的政策问题。政策问题构建过程中各相关者表达自由权利的充分实现有利于打破精英对议程的"操控"和集团的"密谋"。

政策科学的开山鼻祖拉斯韦尔认为，在任何给定的时期，所有社会的决策权都典型地掌握在若干少数人手里，这些少数人便是社会的精英。戴伊认为拉斯韦尔的这一见解表明了这样一个基本事实，即无论是以少数人的名义，还是以某个人的名义，或者是以很多人的名义，一个政府总是由那么一些少数的人所操纵控制。⑤ 因此，精英主义论者认为精英是政治系统输出的决定性因素，精英的价值偏好决定着公共政策的性质、过程和变迁。

① 〔美〕罗伯特·达尔：《论民主》，李柏光等译，商务印书馆，1999，第15页。
② 〔英〕阿克顿：《自由与权利》，侯健等译，商务印书馆，2001，第305页。
③ 〔美〕罗伯特·达尔：《论民主》，李柏光等译，商务印书馆，1999，第94页。
④ 何增科等：《中国政治体制改革研究》，中央编译出版社，2004，第163页。
⑤ 〔美〕托马斯·戴伊：《理解公共政策（第十版）》，彭勋等译，华夏出版社，2004，第1页。

精英主义决策理论质疑公共政策过程中民主的可能性，认为决策不过是精英对问题的确认和构建。随着民主政治的发展，这一理论已越来越难以满足公民政策参与和利益诉求充分实现的强烈愿望，精英论者强调精英阶层的利益而往往忽视一般公众的利益诉求，这最终必将导致公共政策偏离其"公共性"的内核。在金登看来，任何决策议程的提出，都是问题流、政策流和政治流的汇合，其中国民情绪、大众舆论是政治流构成的重要元素，当公众的思想和看法与大众媒介传播相结合时，精英们并不能完全垄断权力或者封闭性地构建政策议程以及自主地作出政策决定，否则"政策之窗"将难以打开，政策的合法性也将受到质疑。

在多元论者看来，现实中的政策过程存在大量的利益集团，他们之间相互讨价还价和斗争，公共政策即为各利益集团在冲突中所进行的选择的结果。施瓦茨曼特将多元主义看成"既是一种规范的理论，同时也是解释和分析自由民主制度权力结构的一种方式"，"因为在多元主义作为其起点的一个具有不同利益的现代社会中，人民的权力是通过团体行为，通过政党和压力团体或利益集团的工作实现的。在发达社会中，由于多元利益的存在，社会处于分裂状态，这些团体则分别代表着不同的利益。多元主义对现代社会的利益多元化持褒扬态度，并强调其在社会运作中的作用。与自由主义理论家一样，他们认为现代社会的利益多元化是一种必然现象，是社会中的一种积极因素。"① 多元主义决策理论的核心假设是认为组织是个人与当局发生关系的纽带，当利益集团正式或非正式地向政府提出自己的利益要求时，就涉及公共政策被怎样制定。在博弈的过程中，各利益集团都希望政府所制定的政策符合其利益要求，从而促使当局作出有利于本集团的政策问题构建。多元主义的分析途径表明只有在多元利益均衡的格局下，才可以防止精英理论所指出的寡头垄断和寡头铁律，从而构造民主的政策过程。但是，利益集团的活动往往是造成政治不平等的根源，因为各个利益集团不可能行使同等的影响权力，在权力角逐的过程中往往会造成极大的不平等。"尽管在实际决策过程中，无论哪一个利益团体，在法理上，还是能力上，都无法取代政府的主导地位，公共政策不一定就反映影

---

① 转引自〔英〕米切尔·希尔《现代国家的政策过程》，赵成根译，中国青年出版社，2004，第28页。

响力最大的利益团体的政策要求，但是，这种模型无视公共利益要求的倾向，无疑将是对政府及其政策背离'公共'原则的某种认可。"① 因此，对于多元主义论者，我们不禁要问，政策相关者都能被纳入某一有组织的利益集团中吗？各利益集团中的成员在地位上都是平等的吗？实力各不相同的利益集团之间能够进行平等的自由对话和讨价还价吗？

三 表达自由与对话：在协商中构建政策问题

通过持续的自由对话来辩明政策问题是公民政策参与的一种基本形式，缺少这一环节，政策的有效性和合法性将受到质疑。因为"在政策被社团实施之前，所有的成员应当拥有同等、有效的机会，以使其他成员知道他对于政策的看法"②，"如果你在国家的统治中被剥夺了平等的发言机会，那么与那些有发言机会的人相比，非常有可能你的利益无法受到同样的重视。"③ "如果没有表达自由，人民不能对国家生活、社会生活的各种问题发表意见，表明态度，不能吐露心曲，诉说怨懑，人民的意志就无从产生，国家事务、社会事务就无法按照人们的意志来治理。那就无所谓民主政治，而只有专制、独裁。"④ 人们的表达自由不是空洞的口号，而是实实在在的一项基本权利，"沉默的公民或许会成为独裁者的理想臣民，但对于民主制度来说，却是一场灾难。"⑤ 表达自由实现的前提、形式和约束条件如下。

1. 前提是"充分的知情"

"充分的知情"是达尔民主制度设计的一个重要条件，"自由的表达不仅意味着我们有权说出我们的观点，还意味着我们有权听到别人的观点。"⑥ 在达尔看来，"充分的知情"即"在合理的时间范围内，所有成员都有同等的有效的机会来了解各种备选的政策及其可能的结果。"⑦ 在政策过程中，

① 卢坤建、姚冰：《论公共政策分析中的'公共'原则——可持续发展角度的透视》，《中国矿业大学学报》2000年第1期。
② 〔美〕罗伯特·达尔：《论民主》，李柏光等译，商务印书馆，1999，第93~94页。
③ 〔美〕罗伯特·达尔：《论民主》，李柏光等译，商务印书馆，1999，第84页。
④ 甄树青：《论表达自由》，社会科学文献出版社，2000，第117页。
⑤ 〔美〕罗伯特·达尔：《论民主》，李柏光等译，商务印书馆，1999，第106页。
⑥ 〔美〕罗伯特·达尔：《论民主》，李柏光等译，商务印书馆，1999，第105页。
⑦ 〔美〕罗伯特·达尔：《论民主》，李柏光等译，商务印书馆，1999，第49页。

倘若政策相关各方对自己需要了解的问题和信息一无所知或知之甚少，他们的政策诉求就会变成无的之矢，他们的利益则极有可能受到忽视。在政策问题的构建过程中，政府相关部门应当积极地为政策相关者提供信息，不得封锁和隐瞒问题信息，更不得压制政策相关者的意见表达。因为没有充分的知情，政策参与就会变得盲目、无方向和无意义。

2. 表达自由的主要形式

表达可以通过直接的言论来实现，也可以借助媒体、网络、报刊和杂志等媒介来实现，当公民的言论与这些媒介相结合时，表达的力量将是非常巨大的，这种力量是催生公共政策议程的重要途径。具体来讲，言论自由表明公民可以公开地发表自己对有关问题的看法和见解，在不违反宪法和法律的前提下，所言之论不受干涉和惩罚。通俗地讲，言论自由就是公民可以自由地"讲话"而不因此而获罪，否则整个社会就会呈"道路以目"；出版自由"是公民在法律规定或者认可的前提下，通过将文字作品、图画、乐谱、音像、电子网络信息等视听材料印刷、复印或制作成固定视听物，并将其发行、出售、展现，以表达思想、传播知识、交流感情的自主性状态。"[1] 在托克维尔看来，"出版自由的影响不仅及于政治观点，而且及于老百姓的一切见解。它不仅能使国家改变法律，而且能使社会改变风气。"[2] 在当今网络、通信技术高度发展的社会，人们早已远离"鸡犬之声相闻"的小国寡民时代，在这样一个"地球村"里，通过网络、电视、报刊和杂志等来了解国际国内的有关社会问题已是公民表达自由实现的重要途径，这些途径也是构建政策问题和设置政策议程的重要途径，"一些社会问题会引起新闻媒介的注意，通过新闻媒介的报道，这些问题很可能成为政策日程上的事务。而那些已被提到日程的问题，则能获取更多的关注。无论新闻媒介报道的动机如何，作为重要的舆论决定者，新闻媒介有助于政策议程的建构。"[3]

3. 约束条件

表达自由同其他任何一项自由权利一样，都需要一定的约束，需要遵循宪法和法律的规范。在孟德斯鸠看来，自由就是做法律所许可的一切事

---

① 甄树青：《论表达自由》，社会科学文献出版社，2000，第47页。
② 〔英〕托克维尔：《论美国的民主》，董国良译，商务印书馆，2001，第203页。
③ 〔美〕詹姆斯·E.安德森：《公共决策》，唐亮译，华夏出版社，1988年，第72~75页。

情的权利，如果一个公民能够做法律所禁止的事情，他就不再自由了。洛克也早在《政府论》中讲到，"……自由，正如人们告诉我们的，并非人人爱怎样就可怎样的那种自由……而是在他所受约束的法律许可范围内，随心所欲处置或安排他的人身、行为、财富和他的全部财产的那种自由。在这个范围内他不受另一个人的任意支配，而是可以自由地遵守他自己的意志。"同时，表达自由不得危及他人权利的实现。当别人的意见和观点与自身相左时，意见的一方不能以强制的方式来压制另一方，而应当代之以协商和对话，平等地对待彼此的观点，不能以无理甚至违法的方式对他人进行人身攻击。

表达自由在政策过程中具有重要价值，基于协商和对话的政策问题构建即意味着在表达自由的基础上，各政策相关者（影响政策和受政策影响的公众）就有关公共政策问题进行充分的协商和持续的对话，这种协商和对话能从不同的角度和方面来展现问题的各个"点"，而后通过分歧、立场和偏好的转化来形成"协商多数"，从而使政策相关者最大限度地形成问题共识并促使政策问题的构建更加民主、合法和有效。民主性、合法性、有效性是考察公共政策问题构建的三个基本维度，政策问题构建中的民主性意味着各政策相关方即使不是公共权力运行的主体，也拥有平等参与政策过程的机会，决策者应同等考虑他们的政策诉求并给予积极答复；政策问题构建中的合法性意味着制定出的政策不仅要符合法律的规定，更要寻求各政策相关方的认同和自觉执行；政策问题构建中的有效性意味着政策的制定应当按照一定的程序作出，追求政策收益的最大化和政策成本、风险的最小化，使制定出的政策在政治上、经济上和技术上具有可行性。

新近兴起的协商民主理论，其基础条件就在于必须充分实现公民的表达自由权利，只有公民的表达自由权利得到落实，相关公众才能进行持续的协商和对话。基于协商和对话的协商民主在政策问题构建过程中具有重要价值。[①] ①提高问题构建的合法性。因为政策问题构建中的对话过程，其政治合法性不仅仅出于多数的意愿，而且还基于集体的理性反思。②提高问题构建的公开性。因为通过使支持政策问题界定的各种理由公开化，人

---

① 陈家刚：《协商民主引论》，《马克思主义与现实》2004 年第 3 期。

民就能够对这些政策问题的前提和含义提出疑问，他们就有机会评论这种协商并指出可能的矛盾或事实上的疏忽……公开性还能够阻止秘密的、幕后的政策协定，因为参与者知道，他们需要公开其理由和动机以寻求公众支持其建议。③提高问题构建的责任性。由于知道特定建议的来源，以及其背后的理论依据，所以，公民就能够更好地确定支持特定政策的机构、政党和组织。参与者不仅必须表明为什么某种意识形态使他们受特定政策选择的制约，而且还要知道，他们为什么必须接受那种意识形态、其背景假设，以及他们支持它的特殊解释。

协商和对话是协商民主的核心概念，从过程上来说，协商可以被看作一种决策前的对政策问题的讨论。"协商或者是指特殊的讨论，它包括认真和严肃地衡量支持和反对某些建议的理由，或者是指衡量支持和反对行为过程的内部过程。"① 协商不仅仅是相互间的谈话，更是建设性的意见表达和交流，在构建政策问题的过程中，相关各方可以批判性地审视他人的观点并转化自身的偏好以促成问题共识的产生。而从结果上说，"协商就是各种观点不受限制地交流，这些观点涉及实践推理并总是潜在地促进偏好变化。"② 在公共政策过程中，从社会问题的发现到公共政策问题的构建再到议程的建立和决策的作出，协商都要求各政策相关者能够在互动过程中根据他人的立场和观点来整合自己的观点和偏好，这种互动依靠的是说服而不是强制和交易，协商的结果是要求减少偏好分歧，实现偏好转化，由此对公共政策作出深思熟虑的判断。

表达自由所蕴含的协商和对话能够为决策者捕捉到政策制定所需要的有关信息，从而弥补其"有限理性"的缺陷；它也有助于打破公共决策权力的封闭运行，增强政策制定的透明度和公开性；它还有助于整合精英论与多元论，融合理性主义决策与渐进主义决策模式的一些优点。目前，我国已进入了一个利益和阶层分化明显的社会发展时期，在这一过程中，我们可能对社会发展的最终目标形成共识，但对其中所存在的各种社会问题和实现途径，人们则可能持有不同的看法和意见。现阶段，我国公共政策问题构建的重难点就在于社会转型在加剧原有利益结构分化的同时又催生

---

① John Elster, *Deliberative Democracy*, Cambridge：Cambridge University Press, 1998, p. 63.

② John Elster, *Deliberative Democracy*, Cambridge：Cambridge University Press, 1998, p. 63.

了新的利益结构，其中新生利益主体不仅对新生利益有分享的要求，而且要求打破既有的利益格局以达到重新分配的要求，新旧利益和利益主体交织在一起，这种整合更显艰难。为此，各级政府应当充分保障政策相关者对政策问题进行自由表达的权利，充分尊重他们的各种利益诉求，防止各种压制，这样有助于我们更加正确地认识问题和界定问题并提高政策的认同度和合法性。

政务微博中的公民参与：
限度与突破*

2009 年，湖南桃源县官方微博"桃源网"的开通标志着中国政务微博的诞生。在网民的"围观""拍砖"中，政务微博在我国已经历了"试水期"，进入了"发展期"。国家行政学院电子政务研究中心发布的《2013 年中国政务微博客评估报告》显示，截至 2013 年 12 月 31 日，新浪网、腾讯网、人民网、新华网四家微博客网站共有政务微博客账号 258737 个，与 2012 年相比，增长率为 40.42%。其中，党政机构微博客账号 183252 个，党政干部微博客账号 75505 个。[①] 可以说，政务微博在实践中已经成功地构建起了公民参与的新平台。但是，作为新生事物，政务微博中公民参与功能的彰显还受到诸多限制，亟须进一步拓展。

一 政务微博：公民参与的新途径

按照政治系统论的观点，政治系统通过输入、输出和反馈三个环节与外部环境进行互动并为社会进行权威性的价值分配。其中，需求输入是十分关键的。当有待输入的"要求"与政治系统的要求处理能力之间难以平衡时，就会出现输入失败，从而对政治系统造成压力。为此，可供选择的办法之一就是增加"要求"输入的通道或者提高通道的议题转化能力。在这样的框架下，作为技术革命的产物，政务微博的出现不仅为公民参与政

* 原载《理论探讨》2015 年第 2 期，作者为李强彬、陈晓蕾。基金项目：国家社会科学基金青年项目"群体性事件政策议程学发生机制与治理研究"（14CGL038）；四川省软科学项目"政策议程设定转型中群体性事件制度化治理的实现"（2013ZR0019）；四川大学青年学术人才项目（SKQX201306）。

① 《2013 年中国政务微博客评估报告》，国家行政学院电子政务研究中心，2014。

治生活提供了新的通道，而且扩展了政治系统中要求输入的方式。公民借助政务微博这一平台可以更好地行使知情权、参与权、表达权和监督权，参与公共事务管理，维护自身的合法权益。

作为微博在网络公共领域的自然延伸，政务微博是微博的一种特殊形态。因而，它既具有微博的一般特征，如即时性、互动性、平等性、草根性、开放性等，同时也因为其主体和目的的特殊性而具有自身的特性。首先，政务微博管理主体具有官方性。政务微博主要分为两类，一类是党政机构官方微博，一类是党政干部个人微博。其中，党政机构微博是各级党委、人大、政府、政协、纪委、人民法院、人民检察院及其工作部门和机关内设机构，以及其他参照公务员法管理的人民团体和事业单位开通的实名认证微博客，党政干部微博则是指在上述党政机构工作的干部开通的实名认证微博。[1] 可见，党政机构及其工作人员是政务微博特定的使用和维护者，政务微博的管理主体具有明显的官方性。其次，政务微博中官民对话具有直接性。以网络为依托的新媒体，其最为显著的特征就是交互性。政务微博不仅是官方权威信息的发布平台，还提供了公民参政议政的渠道，公民通过政务微博可以与政府进行远距离、跨时空的直接对话、协商和沟通，具有很强的便利性和时效性，促使相关者主动地参与公共事务的决策、执行、反馈和监督过程。第三，政务微博的运用目的具有政治性。政务微博是党和政府针对网络公共领域的挑战而采取的新的信息传播形态，也是一种新的治理工具。相比于一般微博的娱乐性，政务微博更侧重于政府职能的履行，其功能不仅体现在日常的政务信息发布、政民沟通桥梁的搭建，而且着力于增强公众的政治认同、塑造好的政府形象等深层次目标。

政务微博之所以是公民参与的一种新途径，基本的理由是：尽管经济社会的发展和民主制度的建立与完善不断地推动着公民的参与，但互联网技术促成了政治生活的网络化，使得大规模、直接、低成本的公民参与成为可能。相较于选举、信访、听证等传统的公民参与形式，政务微博在以下几个方面具有突出的优势。

首先，延展公共领域，激发公民参与热情。在哈贝马斯看来，"所谓公共领域，首先是指我们社会生活中的一个领域，在这里某种接近于公众舆

---

[1] 《2011年中国政务微博客评估报告》，国家行政学院电子政务研究中心，2012。

论的东西能够得以形成。公共领域向所有公民开放。公共领域的一部分源自形成公共团体的私人聚会的每一次交谈中"①。在互联网这一新兴的公共领域中，互联网信息技术促使人们进入了一个"人人都是自媒体""人人都有麦克风"的时代，促使传统的公共领域延伸至网络公共领域，公民借助网络可以自由地进行意见表达和观点互动。在这样的背景下，政务微博为公民参与提供了新的空间，草根阶层的话语权在这一空间可以得到更好的保障，使公民参与由"形式"不断地转变为"形势"。

其次，降低输入成本，提高参与时效。虽然我国宪法和法律赋予了公民参与政治生活的诸种权利，但传统的民意吸纳和公民参与制度往往存在议题处理能力不足、途径有限、成本高等问题，致使很多合理的意见、建议和诉求得不到及时有效的反映和处理。由此，当体制内"表达无门"时，民众就会转向非制度性的政治参与方式，如越级上访、"街头政治"和群体性事件等，导致社会"不稳定"。然而，随着信息技术由单向传播的 Web 1.0 时代跨入多向互动的 Web 2.0 时代，政务微博成为民意表达的一种新途径，其便捷性意味着只要一个公民具备使用手机或者互联网络的能力，就可以突破时空的限制。加之微博本身的即时传递的特性，只要公民个人的账号关注了相关的微博账号，就可以通过信息推送功能直接@相关政务微博，以评论、留言或者直接发私信的方式表达诉求和意见，相关政府部门可以立刻接收信息，通过微博即时做出回应和解答。因此，微博参政的高效性不仅降低了公民咨询问政的输入成本，也提高了政府集约化处理议题的能力。

第三，主动设置议题，推动政策输出。长期以来，我国的政策议程设置模式存在显著的权力精英内输入性，导致政策的形成和输出所体现的主要是政府决策者的偏好，许多公众真正关心的社会议题却被排除在政策议程之外而未能得到及时的处理甚至关注。很明显，这种"内输入"的政策议程设置模式缺乏公民的参与和监督，很容易出现"隐蔽议程"，使政策受到强势利益集团的操控，损害公共政策的公平和正义。但是，大众传媒的转型尤其是互联网的兴起，正逐步地改变着政府主导的政策议程模式。作为一种独特的政治传播媒介，政务微博能够拉近政府与民众之间的关系、

---

① 转引自熊清光《中国网络公共领域的兴起、特征与前景》，《教学与研究》2011 年第 1 期。

改变两者间相互沟通的方式，将民众关心的话题置于一个更为直接、开放的平台进行公开的讨论与回应，从而扮演着十分重要的主动设置议题的角色。

第四，构筑全程式监督，提升政府回应力。一个运行良好的政治系统应该是持续、可循环的，当"输出"作用于系统成员时，系统成员会对政府的决策和行动作出反馈，进而影响着下一轮的输入，从而使得系统与环境处于持续不断的互动之中。就政务微博而言，民众输入的要求和支持，经过权威当局的筛选和转换，线上的议题讨论很可能转变为线下的政策和行动。当政府的输出能够有效回应民众的需求时，民众就会对政策和行动给予肯定性评价。反之，当政府的回应无法满足民众的需求或者直接表现为"无回应"时，反馈就很可能是否定性的。在这一过程中，微博"背对背"的关注机制使得权威当局处于"全程共景"的围观式结构之下，在政策出台、政策执行到政策调整等多个环节，公民都可以匿名发表见解和评论，大胆地对政务信息的真实性和可靠性进行质疑，监督政策实施的进度和效果。

二　政务微博中公民参与的限度

尽管政务微博的出现及其应用开拓了公民参与的新渠道，并在激发公民参与热情、培育公民政治素养以及提高公民参政质量等方面发挥着积极作用。但是，纵观政务微博在中国的实践，经由政务微博的公民参与在参与程度、参与主体、参与素养以及参与效果等方面还面临着诸多"不能承受之重"。

第一，既有制度和法律框架的刚性约束。政务微博作为民意和官意互动的平台，凸显了新媒体的"民众化转向"，但其公民参与功能能否真正实现，还有赖于现实的社会制度环境。正如英国学者安德鲁·查德威克所言：互联网具有技术的天生政治性，但是它的政治性是政治环境所决定的。[①] 较之传统的体制内公民参与方式，政务微博的出现确实提供了一种相对更为直接且成本低廉的参政路径，延展了公民参与政治生活的范围并提高了参

---

① 〔英〕安德鲁·查德威克：《互联网政治学：国家、公民与新传播技术》，任孟山译，华夏出版社，2010，第26页。

政的程度。但是，如果政务微博仅仅是各级党委、政府和部门实施公共事务治理的一种手段和工具，公民参与能否以及在何种程度上得以实现则最终取决于他们的意志。作为体制内政治参与的一种方式，尽管政务微博的重要性受到了重视，但当前在国家层面还没有出台相关的法律为政务微博的使用和运营提供制度保障，"政府组织倾向以一种提高效率和能力同时维持现状的方式，将信息系统纳入现行的轨道"，但是"绝不触动那些更深层面的结构和程序，比如说权力关系、政治关系和监督程序"①。因而，在压力型行政体制下，公民通过政务微博参与政治生活必然会受到当前体制和权力关系的约束，对公共权力的行使自由地进行批判依然是一种"乌托邦"。实践表明，政府很可能为了维护自身的正面形象和舆论走向，强制性地删除民众通过政务微博提出的异议或者将言论"偏颇者"拉入黑名单。

第二，数字鸿沟限制了参与的主体。尽管微博的低门槛和草根性可以在社会各阶层的不同利益主体中广泛快速普及，大大扩展参政公民的范围，但网络技术带来的"数字鸿沟"依然将一部分公民"客气地"拒之门外，使得公民参与处于不均衡状态。所谓"数字鸿沟"，主要是指"处于社会经济地位上层的信息技术拥有者与处于社会经济底层的信息技术缺乏者之间的差距"②，造成这种差距的原因首先是政务微博的物理获取限制了一部分民众参与到微博问政中来，其次是技术使用受挫进一步缩小了参政的受众面。微博使用便捷性的前提是民众拥有具备上网功能的移动终端或者互联网络，然而在现实社会中，并不是每个人都能够轻易实现这一物理获取要求。中国互联网络信息中心（CNNIC）发布的《第 33 次中国互联网络发展状况统计报告》（以下简称《报告》）显示：2013 年非网民不使用互联网的原因中，"没有电脑等上网设备"与"当地无法连接互联网"这两项占到了 11.8%。③ 可见，网络设备和网络条件的不完善首先从硬件层面将一部分有参与意愿的民众排斥在外，限制了微博式公民参与的主体。《报告》同时指出，2013 年非网民不使用互联网的原因中，"不懂电脑/网络"占到了

---

① 〔美〕简·芳汀：《构建虚拟政府：信息技术与制度创新》，邵国松译，中国人民大学出版社，2010，第 18 页。

② Herbert I. Schiller, *Information Inequality: The Deepening Social Crisis in America*, New York: Routledge, 1996.

③ 中国互联网络信息中心：《第 33 次中国互联网络发展状况统计报告》，2014。

58.1%。也就是说，即便拥有上网所必备的硬件设施，难以逾越的"技术排斥"也将超过半数的技术弱势群体划分到"信息穷人"的队伍里，游离在网络政治参与之外。如老一代农民工群体，因年龄太大无法掌握上网技术，更无法论及利用以草根性、平等性为表征的政务微博来反映诉求，维护自身的合法权益。

第三，"碎片化"传播容易出现"群体极化"现象。与博客相比，微博信息发布的长度被限制在140个字符以内，信息承载量有限使得微博在内容上呈现"碎片化"的特质。政务微博叙述文本的"碎片化"破坏了传统政务信息的完整性，容易造成文本间隔、差异和矛盾。例如，很多政务信息无法仅以一条微博表达完整意思，即使可以编辑多条微博进行表达，也容易出现首尾歧义、顺序错乱等情况，不利于公民全面深入地认识相关事件和问题。与此同时，政务微博在信息传播方面属于典型的"碎片化"信息流，其"碎片化"传播的特性进一步弱化着网络化时代政府的"把关人"角色。具体而言，Web 2.0时代以多点对多点的"去中心化"信息传播模式解构着传统的"绝对权力中心"，网民既可以依托微博等新媒体平台向外界发布信息，也可以从各种信息源接收碎片信息并重新进行整合和解读。这种信息"碎片化"传播的模式在割裂事件完整度的同时，也暗示着信息传播权极易被滥用，一旦政府机构在欠妥的时机发布信息或者对信息内容把握不当，一些"别有用心"的个人或组织就可能在网络匿名性的掩护下对信息进行恶意加工、扭曲事实，进一步散布谣言和虚假信息，借机攻击诋毁政府。在公民政治素养和真假信息辨识力不足的情形下，很容易在"虚实交织""雾里看花"中听信网络谣言，影响公众的理性选择及参与作用的正确发挥，甚至有可能出现"群体极化"现象，站在政府的对立面并"群起而攻之"，导致"多数人暴政"。

第四，政府机构微博的整体回应力不够。在格罗弗·斯塔林看来，回应是责任型政府的一种体现，回应意味着政府对公众接纳政策和公众提出诉求要做出及时的反应，并采取积极措施来解决问题。而且，政府必须快速地了解公众的需求，这不仅包括回应公众事前的表达需求，更应该洞悉先机，以前瞻性地解决问题。① 在我国，政务微博的发展为政府与民众之间

① 〔美〕格罗弗·斯塔林：《公共部门管理》，陈宪等译，上海译文出版社，2003，第132页。

建立了一个新的互动回应机制，经此互动机制，民众与政府之间的沟通更加直接、便利。根据《2013年中国政务微博客评估报告》的相关数据，我国政府机构微博在数量上约为公职人员微博的2.4倍。整体来看，我国政府机构微博的管理机制不断规范化，在政务信息公开、官民互动、为民服务等方面都取得了长足的进步，但政府机构微博的回应性依然不容乐观，被动回应占据主导，主动回应十分稀缺。学者郑拓通过案例分析法对来自不同层级、不同地区、不同部门的政府机构微博展开研究，数据显示，政府机构微博发布的信息多是针对自身的政务工作，"互动交流"的信息相对最少，仅占总量的19.4%。在面对网友的质疑、批评和评论时，政府针对网民或者机构的回应仅占总量的21.8%，78.2%的政府机构对民众提出的诉求和意见进行"选择性忽略"不予回应。① 较之公务人员个人微博，政府机构微博背靠公权力，其回应能力最能从整体上体现政务服务的水平。然而，政府机构微博单向式传递信息、沟通交流少的现状表明，其在互动性、回应性和服务性方面所发挥的作用不容乐观，关注群众建议和意见的力度不足、有效回应民众诉求和需要的能力不够，导致其难免陷入流于形式和"自说自话"的境地。

三 政务微博中公民参与限度的突破

作为顺应现代信息技术发展的产物，政务微博的核心不在于"微博"，而在于政务微博所折射出的社会管理方式的创新。作为一种创新的社会管理方式，政务微博在公民参与方面之所以存在诸多问题，主要的原因集中在两方面：一是党政机关和公务人员对政务微博的功能定位模糊，缺乏完善的微博管理规范和联动保障机制，官员和微博管理人员的媒介素养也尚待提升；二是公民自身政治素养和舆情辨别能力不高，容易被动卷入失序的政治参与之中。为推动政务微博与时俱进，尽可能开掘政务微博中公民参与的功能，可以从以下几个方面来着手。

第一，合理定位政务微博功能，避免形式主义。政务微博作为官民沟通的新平台，其核心特征就是即时互动性，通过互动了解民意，切实为民众排忧解难。然而，当前不少党政机构和官员将政务微博当作一种"摆

---

① 郑拓：《中国政府机构微博内容与互动研究》，《图书情报工作》2012年第3期。

设"，开通政务微博的目的也止步于应付上级检查；一些党政机构在政务微博的内容设置上仅仅是发布政务信息，对网民的留言没有做到及时回复，与单向式信息发布为主的政府网站无本质差别；一些官员在使用微博的过程中混淆了自身的"个体性"和"代表性"，政务微博内容随意，娱乐性胜过权威性，甚至有官员在微博空间与网民展开骂战。以上种种问题都是党政机关和公务人员对政务微博功能定位模糊的表现，一旦政务微博的角色定位不准，就无法从根本上发挥公民参与的功效。因而，明确政务微博的角色定位对于改善政务微博的运营管理及其潜能的挖掘具有提纲挈领的作用。具体而言，党政机关和公务人员要明确政务微博是政府运用信息化手段来为人民群众提供服务的新方式，其核心是实现更加有效的治理，而有效的治理不能脱离有效的公民参与。党政机构和公务人员要在微博应用的过程中避免"建设热、应用冷"的现象，不能将政务微博变成新的形式主义，应以真诚谦和的态度与民众展开平等交流，积极搜集民情、及时回应民意，设身处地地为老百姓的利益着想，切实为民众提供优质、高效的服务，这是政务微博作为官民互动平台、搭建沟通桥梁的应有之义。

第二，完善政务微博管理规范，健全联动保障机制。从现实情况来看，目前我国大部分政务微博从注册认证到信息发布、回应互动以及运营维护等环节都存在诸多问题，缺乏统一的管理规范。在法律规范层面，目前并没有特别明确的法律法规对政务微博如何操作进行指引和规范，《中华人民共和国政府信息公开条例》[①] 在涉及新媒体部分只简略提到"政府网站"，并没有针对性地制定面向新媒体的操作条例。在日常管理层面，基层政府政务微博管理规范的缺失、缺位尤为严重，规范不足造成了官方微博话语表达风格和内容欠妥、信息更新频率和新鲜度低以及回应性差等问题。为改变当前制约政务微博管理及公民参与效能发挥的被动困境，要在法律层面尽快出台针对新媒体的操作和应用规范，将政务微博的使用和管理纳入法治轨道。同时，通过制度确保政务微博的规范性和权威性，如英国于2009 年出台了《政府部门 Twitter 使用指南》，从人性化、多样化、时效性、发布频率、公信力等多个方面对政务微博信息发布机制作出了具体规定，

---

① 《中华人民共和国政府信息公开条例》，《人民日报》2007 年 4 月 25 日，第 8 版。

具有一定的借鉴意义。① 此外，除了从法律和制度两个方面加强政务微博的规范性以外，从系统内部和外部健全联动保障机制尤为必要。从系统内部来看，不仅要加强机构微博与官员个人政务微博之间的协调与互动，还要推动各级机构政务微博"集群化"发展，使原本孤立的政务微博得以相互配合，共同应对热点舆论，遏制谣言传播，有效引导舆论走向。在重大、突发性事件发生时，统筹安排，互为补充，发挥最大合力。从系统外部来看，加强政务微博与传统媒体、商业微博的互动合作，发挥传统媒体的权威性和商业微博强劲的宣传能力，无疑有利于最大限度地体现联动优势，促进政务微博的长效发展。

第三，提升管理者媒介素养，主动掌握微话语权。对于党政干部而言，"微素养"绝不仅仅是一种所谓挪移到微博平台的伦理素养（只是不散布谣言、不实施语言暴力），它更应是一种懂得科学处理信息和理性化思维的媒介素养。② 当前，我国政务微博管理者的媒介素养依然不高，在发布政务信息、沟通回应、舆情引导等方面依然存在诸多问题，令人啼笑皆非的"闹剧"屡见不鲜。如 2013 年 10 月 18 日，陕西榆林公安局的官方微博"榆林公安"发布了一条"尸体说话"的微博："洛川县一废弃房内发现一无名女尸，陕北口音，自称榆林吴堡人……"③。从表面上看，这条政务信息只是文法错误，实则反映出微博管理人员素养的欠缺。又如云南省红河哈尼族彝族自治州委宣传部的腾讯官方微博"微观红河"，因网友举报某官员诱奸女网友，微博管理人员与网友展开骂战，陷入争议之中。此外，2011 年 5 月的故宫门事件中，针对网友蔡成平发微博批评道歉信，"故宫官网"在新浪微博上反击，指责前者"马后炮""想出名"。④ 由于故宫官方在网络舆情应对中回应不当、缺乏应对技巧，致使原本"故宫失窃事件"舆情将要平息之时推涨了故宫负面舆情的走势，使故宫大院蒙羞不已。

针对以上问题，要切实提升政务微博管理人员的媒介素养，树立正确

---

① 石婧：《政务微博与政府公共服务转型研究》，《编辑之友》2013 年第 6 期。
② 刘再春、叶永生：《政务微博日常运行存在的问题及对策探析》，《理论导刊》2013 年第 9 期。
③ 《榆林官微让尸体说话》，《华西都市报》2013 年 11 月 13 日。
④ 庞胡瑞：《失窃门、错字门、会所门、解雇门——应对不当致故宫深陷舆论漩涡》，人民网，http://society.people.com.cn/GB/14680828.html，最后访问日期：2017 年 5 月 19 日。

的运营理念，与民众进行良性互动，在突发公共事件中合理引导舆情，主动掌握微话语权。为此，从知识技能素养提升的角度来看，党政干部和微博维护人员要学习和掌握政务微博的使用知识，全面提升新媒体的读写能力，增强政务信息发布、网民互动交流等实际操作能力，尤其注重舆情识别和应对能力的提升。从内在素养提升的角度来看，党政干部和微博维护人员不仅要树立为民服务的理念，在日常的互动中心系百姓、切实为民众的利益考虑，还要拥有一种平和淡定的心态，面对民众的批评、抱怨、质疑甚至挑衅不予计较，从容应对。

第四，整合"意见领袖"，引导公民有序参与。网络的匿名性和虚拟性激发了网民自由表达诉求的欲望，提高了参与热情，但网民社会参与经验和理性思辨能力参差不齐的状况也随之增加了网络公共领域治理的难度。面对突发性公共危机事件，信息传播权的滥用和微博信息"碎片化"的传播特性使得公民很容易被各种各样的信息干扰，影响其理性地对舆情进行研判。一旦民众被谣言蒙蔽，就可能助长无序的政治参与，对社会稳定造成巨大的隐患。政务微博作为发布权威信息的传播媒介，代表着政府的形象，其本身就是一种"意见领袖"，在还原事实真相、作出合理解释方面应发挥"明星节点"效应。通常，"意见领袖"在网络舆情生成发展过程中发挥着启动者、组织者和引导者的作用。[1] 政府加强与"意见领袖"的合作，就要与意见领袖形成"统一战线"。在处理公共舆论事件时，政府要倾听"意见领袖"的意见和建议，与意见领袖展开平等对话。"意见领袖"在微舆论场中理性发声，与政务微博形成合力，能够在很大程度上抵制"网络水军"并打击恶意操控网络舆论的违法犯罪行为，从而实现舆情的有效引导，为民众提供一个纯净、有序的微博参政环境。

四　结语

公民参与是当今世界范围内民主政体发展的必然趋势，也是现代文明的生动体现。政务微博作为我国公民参与政治生活的新途径，其作用和效能有目共睹。当前，我国政府对公民通过政务微博参政议政的重视程度不断提高，学术界也开始对这一主题进行大量的探索性研究。笔者相信，政

---

① 陈显中：《政务微博引导网络舆情的机制研究》，《宁夏社会科学》2012 年第 5 期。

务微博在推动公民参与的方面仍有很大的空间，公民参与的内容和形式也将更为丰富。需要注意的是，政务微博中公民参与功能的开掘需要与民主制度发展和公共事务管理的科学化、民主化结合起来。一旦脱离有效的制度保障，仅仅通过政务微博平台，公民是难以对立法、决策、监督和管理产生实质性影响的。

维权与维稳：何以错位如何归位[*]

对正处于改革、发展与转型关键期的当下中国而言，利益主体多元化的快速发展、社会矛盾共时性的交叠发展已成为其典型特征。在此背景下，作为富有时代特征的两个关键词，"维权"与"维稳"及其之间的关系已成为考察中国社会发展与治理变迁的重要途径。因为从本质上讲，"维权"与"维稳"之间应是一致的关系，都反映着社会良性发展的内在需求，要求在"公众期望"与"政府回应"、"权利要求"与"权力责任"之间建立协调的匹配关系。然而，实践中"公众维权"与"政府维稳"之间难以协调甚至相互反向加剧的一面又表明两者之间往往存在紧张、冲突的一面。因此，面向转型社会的持续、健康与良性发展，探寻二者之间冲突的性质与成因，处理好"维权"与"维稳"之间的关系，对于推动国家治理体系与治理能力的现代化具有重要意义。

一 研究回顾及问题的提出

维权与维稳之间关系的研究中，首先涉及的议题是二者之间关系的定位。对此，相关研究已形成基本共识，都比较强调维权与维稳之间是对立与统一的关系。在对立的一面，有研究认为二者在价值诉求上是不同的，公众维权基于自由价值诉求，而政府维稳则基于秩序价值指向；[①] 维权强调

---

* 原载《理论探讨》2012 年第 2 期，作者为李强彬、峇娜。基金项目：国家社会科学基金青年项目"群体性事件政策议程学发生机制与治理研究"（14CGL038）；中国博士后基金第 60 批面上一等资助项目（2016M600746）；四川省哲学社会科学重点研究基地"社会发展与社会风险控制研究中心"年度项目（SR15A03）；四川大学青年学术人才项目（SKQX201306）。

① 胡朝阳：《论网络舆情治理中维权与维稳的法治统一》，《学海》2012 年第 3 期。

正义和规则，而维稳则强调秩序和安全;① 维权要求承认，而维稳则意味着否定。② 在统一的一面，有研究认为维权是维稳的前提和基础，造福民众是维护社会稳定的根本目的;③ 维稳只有建立在民众基本权利得到确认与保护的基础上才可能稳固，否则只能是暂时和脆弱的;④ 从秩序与权利之间关系出发，有研究认为良好的秩序是公众实现个人权利的外在环境，权利则是秩序的实体和内容。⑤

对于实践中维权与维稳之间冲突的成因，相关研究主要从权利意识、维权通道、维稳模式、维稳目的、维稳途径等角度对此进行了探讨，将二者之间冲突的原因主要归结为：逐渐苏醒的权利意识与相对落后的权利实现机制之间的冲突⑥，既有的维权通道不够通畅⑦，为维稳而维稳的"刚性维稳"⑧，运动式维稳和维稳中以权宜之计为主甚至以权代法⑨，公权力代理人忽略维稳的根本目的而置维护私人合法权益的职责于不顾⑩，对社会稳定问题过敏⑪，"抓维稳精心部署，谈维权空洞乏力"之间"一手硬"与"一手软"的失衡⑫，等等。

因此，对于维权与维稳之间关系的协调，从维护公众权利的角度出发，有研究提出应建立制度化的利益表达机制和维权途径；从维稳模式转变的角度，指出需要从静态、刚性的维稳模式转向动态、柔性的维稳模式；从法治的角度出发，认为法治是维权与维稳的结合点⑬，主张以合法与否作为

---

① 徐英荣：《司法维稳与维权的法理基础、实践偏差及衡平路径》，《江西警察学院学报》2015 年第 5 期。
② 梁文道：《维权与维稳》，《南方周末》2010 年 4 月 8 日。
③ 张立：《公民维权与政府维稳的关系》，《辽宁行政学院学报》2011 年第 12 期。
④ 于建嵘：《维权就是维稳》，《人民论坛》2012 年第 1 期。
⑤ 朱振辉：《社会治理创新中的维权与维稳研究》，《中共云南省委党校学报》2015 年第 12 期。
⑥ 段明：《维权与维稳之争的问题转型——国家治理体系变革对两者的调和与统一》，《学术探索》2014 年第 9 期。
⑦ 梁道：《对正确处理维稳与维权关系的思考》，《广西民族师范学院学报》2014 年第 4 期。
⑧ 于建嵘：《维权就是维稳》，《人民论坛》2012 年第 1 期。
⑨ 清华大学课题组：《以利益表达制度化实现长治久安》，《学习月刊》2010 年第 9 期。
⑩ 王常柱、夏晓丽：《公权力尴尬：维稳与维权之间的价值迷失——基于群体性事件中公权力价值取向的研究视角》，《北京行政学院学报》2014 年第 4 期。
⑪ 张荆红：《"维权"与"维稳"的高成本困局——对中国维稳现状的审视与建议》，《理论与改革》2011 年第 3 期。
⑫ 汤啸天：《政府在公民维权中的指导责任和接受监督》，《社会科学》2007 年第 10 期。
⑬ 周望、魏淑君：《法治、维权与维稳》，《甘肃理论学刊》2014 年第 6 期。

标准来化解维权与维稳之间的紧张关系。① 此外，从政府决策转型的角度，认为需要把"事后的抗争行为"转化为"事前的积极参与行为"，从相对封闭、以领导偏好为主的决策方式转向开放、多元、包容和协商的决策过程。②

文献回顾结果表明：维权与维稳之间关系的相关研究已从二者之间的关系定位、冲突成因以及协调途径等方面进行了比较充分的探讨，形成了多种解释和分析视角。但是，在维权与维稳之间何以冲突的研究方面，缺乏对二者之间"错位冲突"的讨论，进而缺乏对两者之间错位关系何以形成又如何回归的研究。以"错位冲突"的视角来检视两者之间的关系，可以发现：最直接的成因在于两者在实际互动过程中各自偏离了其正常状态，甚至本末倒置。也就是说，维权与维稳在根本上是一致的，实践中表现出来的紧张关系是一种"错位冲突"，通过"归位"，维权与维稳之间的紧张关系是可以协调的。为此，本文主要回答的问题是：维权与维稳之间是如何错位的，造成维权与维稳之间错位的原因是什么，两者之间又如何归位。

二 维权与维稳：如何错位

维权与维稳是社会良性发展的重要条件，因为尽管"权利"是一种自然的正当性要求，但其实现需要以"稳定"的秩序为基础，而且"稳定"的秩序本身是人们的一种正当性要求。只是在现实的政治与社会关系中，一旦特定的政治体系与制度安排不能提供足够的制度化机制来容纳权利需求，选择通过限制、延缓或降低权利需求而不是提升政治体系对权利需求的回应能力时，维权与维稳之间的一致关系就会演化成"错位冲突"，表现为维权维稳化与维稳维权化。

（一）维权维稳化：维权的"错位"

维权维稳化即权利相关者围绕特定议题，倾向于以抗争性行动将维权问题转化为维稳问题，进而通过获得上层级政府或政府官员的注意而达到维权的目的。尽管权利具有正当性和普遍意义，但在现实中也是最容易遭到侵害的，"无论是个人的权利，还是民族的权利，大凡一切权利都面临着

---

① 邢亮：《维权与维稳的冲突与化解——基于法治思维与法治方式的考察》，《福建行政学院学报》2014年第4期。
② 朱德米：《建构维权与维稳统一的制度通道》，《复旦学报》（社会科学版）2014年第1期。

被侵害，被抑制的危险，因为权利人主张的利益常常与否定其利益主张的他人的利益相对抗"①。当权利面临被侵害、被抑制时，提出权利主张的人往往会"为权利而斗争"，因而以何种方式来维权也就成为一个不得不考虑的关键性问题。在维权实践中，以抗争性行动来实现维权目的是一种常见的选择，其实质是将维权社会化，通过扩大冲突来形成压力，进而以压力来寻求问题或不满的解决。

E. E. 谢茨施耐德在分析冲突范围理论时就指出，冲突的结果往往取决于冲突的范围，由于冲突各方在实力上总是存在差距，实力较弱的一方往往会通过冲突的社会化使更多的人卷入冲突，以此来打破原有的力量平衡并使冲突结果向着有利于己方的方向发展。② 与此相应的是，维权者在维权实践中往往也有类似的动机：扩大冲突的范围，将更多的人或力量卷入维权活动，将维权问题转化为维稳问题，进而改变维权活动中的力量结构，使维权结果向着有利于维权者的方向发展。在我国，集体非访、围堵政府办公大楼、堵塞交通是维权维稳化的典型途径，其内在机理就在于：通过上述行动，将问题从较低一级政府带到较高一级政府，将上级政府和官员纳入其维权活动，促使上级政府和官员予以关注，形成自上而下的稳定压力，最终演化为"维权—维稳—维权"的错位路径。

进一步的分析可以发现，通过抗争性行为将维权维稳化以达到个人或集体的维权目的具有如下特点。一是维权维稳化的工具性。不同于种种泄愤行为，维权维稳化过程中公众所采取的行动本身不是目的，而是达到目的的一种手段，在此过程中，一旦维权诉求得到满足，抗争性行动会终结。二是维权维稳化的压力性。维权维稳化的演化及其维权功能的实现以"压力"的形成、扩散及其有效性为基础，这需要与之相联系的一套制度体系，否则维权维稳化难以达到维权的目的。三是维权维稳化的"冒犯性"。因为，尽管维权维稳化是以体制外行动来寻求维权目标的实现，但其实际所指向的是体制内制度安排的不足与缺陷。

---

① 〔德〕鲁道夫·冯·耶林：《为权利而斗争》，胡宝海译，中国法制出版社，2004，第5页。
② 〔美〕E. E. 谢茨施耐德：《半主权的人民——一个现实主义者眼中的美国民主》，任军锋译，天津人民出版社，2000，第6~38页。

（二）维稳维权化：维稳的"错位"

维稳维权化表明的是两者之间关系的另一种错位发展，即旨在维护社会稳定的行动反而激起或诱发更多、更激烈的维权行为。毫无疑问，稳定与安全是任何共同体生存与发展的重要条件，"社会稳定是所有政治社会中的重要价值，即使在个人权利之上的自由主义社会里，也承认社会稳定具有重要价值"①。可见，维护社会稳定，确保社会的良性运转是政府的重要职责。然而，不同于自然系统和机械系统，社会系统是由人及其有意识的活动、组织和结构所构成，具有高度的复杂性。并且，从系统论的观点看，越是复杂的系统，越是意味着充满了更多的关系和矛盾，无变化、无矛盾、无冲突的状态对于社会系统而言是不现实的。②

然而，当以封闭、静态和绝对的观念为基础而进行维稳制度的设计时，体制外维权行动的"冒犯性"往往会被要求"快速平息"，进而衍生出维稳维权化的如下两种形式。一是强力维稳，即在观念和态度上倾向于不接受公众的维权抗争行动而以维护社会稳定的名义对各种维权抗争行为"严防死守"和"围压堵截"，以"压"的方式来控制冲突的范围和强度。实践中，类似做法的效果已被证明十分有限，不仅难以实质性地消除抗争行为的根源，反而会诱发和激起更多的维权行动甚至"弄巧成拙"地导致相关者的维权决心更加坚定、维权行为更加激烈。二是妥协求稳，即在态度上回避公众的维权抗争行为，以"恩惠"的形式来"息事宁人"。然而，此一维稳方式往往诱发更多的机会主义和不合理的维权预期，一旦预期得不到满足，会衍生出进一步的维权行动。因此，无论强力维稳还是妥协求稳，不仅难以实现维稳与维权的协调，而且会直接导致"维稳—维权—维稳"的错位发展。

对维稳维权化的进一步分析，可以发现其具有如下特征。一是无论强力维稳还是妥协求稳，都是不稳定的，在手段上均带有较强的随意性和武断性，与法治精神相悖，在实践中会削弱政府的公信力，损害社会的长治久安。二是以"不出事"为导向的维稳是短期化的，表面上看强力维稳和妥协求稳颇具可行性，短期内可以避免抗争性行动，但难以实现制度化，

---

① 蔡应明：《社会稳定学》，上海三联书店，2014，第22页。
② 景天魁、王希如：《关于社会系统稳定与调节问题的对话》，《哲学研究》1990年第4期。

同时会导致问题被延缓而难以得到及时的解决。三是强力维稳和妥协求稳都属于事后应对型，是对矛盾和冲突的被动式反应，具有时间上的滞后性，难以前瞻性、源头性、系统性地维护社会的长远稳定。

三 维权与维稳：何以错位

在宏观层面，公众维权与政府维稳之间的错位冲突深受国家治理体系完备性和治理能力现代化的影响，与特定的政治经济社会背景是分不开的。在微观层面，错位的冲突与人们的理性选择动机是分不开的，无论维权者还是维稳者，他们对"成本—收益"的比较往往直接决定各自的行为选择。从中观层面来讲，维权与维稳之间关系的错位发展主要源于公众维权需求与制度化权利保障、公众参与需求与参与制度供给、政绩化维稳与现代性稳定观、"好"中央与"坏"地方之间的失衡。

第一，公众维权需求与制度化权利保障之间失衡。改革开放以来，从以经济建设为中心到科学发展和人民美好生活的实现，关注民生、回应民生、改善民生已成为各级政府职能履行中的重中之重，加之自由、平等、公平、正义的观念日益深化，促使公众追求自身权力和利益的意识日益增强。与此同时，公众的维权资源和维权途径多样化，尤其是以互联网信息技术为基础的新媒体使信息的传播和沟通变得更加便利，大大降低了维权的组织化成本。可以说，社会的变迁、观念的变化、维权资源的丰富化极大地推动了公众的维权需求在范围和层次上的不断拓展，亟须与之相适应的权利保障体系。因为，权利的实现程度与权利的保障体系之间具有正向关系，权利保障体系越健全，权利的实现也就越充分；反之，权利保障体系越不健全，权利的实现就越会受阻，维权需求也将变得更为强烈，抗争性维权就会成为一种"无奈"的选择。在我国，一项关于"中国公民政治文化"的全国性调查就显示，我国公民对于权利保障的评价明显低于对权利重要性认知的评价[1]，潜在反映出我国公民维权需求的增长与制度化权利保障之间的差距。

第二，公众参与需求与参与制度供给之间失衡。在亨廷顿看来，政治稳定有赖于政治制度化和政治参与之间恰当的比率，在制度化程度较低而

---

[1] 房宁主编《中国政治参与报告（2013）》，社会科学文献出版社，2013，第19~20页。

公众参与需求较高的情况下，公众会借助他们各自的方式和力量自发地参与到政治活动中来，当然这种参与可能是无序的、混乱的，自然很可能对社会稳定造成不同程度的威胁或破坏。① 也就是说，当公众参与制度的供给与公众参与的需求之间存在较大差距，制度难以及时、有效地容纳公众的参与需求时，公众的参与行为就很可能偏离制度化的轨道。对于现阶段正处于社会转型关键期的我国而言，社会各阶层的利益分化不断加剧，人们的权利和利益日益多元化，促使公众越来越多地关注可能对自身权力和利益产生影响的公共事务，并且越来越多地要求参与到与其自身利益相关的决策过程中去，随之对参与的制度化水平提出了更高要求。然而，在参与制度的供给方面，由于制度变迁滞后，既有的政治参与渠道不能有效发挥作用。② 因此，当不断增长的参与需求未能有与之相匹配的制度供给时，公众就会越来越多地转向制度外的参与渠道，包括通过越级上访、集体上访、集体抗争等方式来表达诉求、维护权益，进而加剧社会稳定的压力。

第三，政绩化维稳与现代性稳定观之间失衡。在我国，具有典型压力型体制特征的干部考核体系对于维稳与维权之间关系的错位具有十分重要的影响。在 20 世纪 90 年代，维稳被纳入到了地方政府考核体制中来③，成为上级政府考核下级政府官员政绩的一项重要指标。在当届任期内政绩最大化的指引下，维稳考核指标体系和考核方式直接影响着地方政府官员的维稳策略，维稳实践中对集体上访、越级上访、群体性事件等的数量化指标考核以及"一票否决"的考核方式塑造着地方政府官员在维稳过程中的政绩化维稳倾向。一旦政绩化维稳成为最重要的选择，维稳目的和维稳动机就往往会被异化：一方面，维稳目的被异化为追求静态、绝对的稳定，仅仅看到社会冲突"不利"的一面而忽视"有利"的一面，将社会稳定与社会冲突完全对立起来，认为维稳的目标就是实现社会秩序的"绝对安定"，甚至表面上的"风平浪静"，于是动辄就将公众的维权抗争行为视为社会不稳定的因素和表现，强调维权抗争行为的快速平息，尽可能地将其

① 〔美〕塞缪尔·P. 亨廷顿：《变化社会中的政治秩序》，王冠华、刘为等译，上海人民出版社，2008，第 60~68 页。
② 房宁主编《中国政治参与报告（2013）》，社会科学文献出版社，2013，第 239 页。
③ Yuhua Wang and Carl Minzner, "The Rise of the Chinese Security State," *The China Quarterly* (2015): 339-359.

压制在萌芽状态。另一方面，维稳动机被异化为"政绩之稳"而非"社会之稳"，在"零发生"和"一票否决"的强大压力下，地方政府官员的维稳动机往往在于通过上级考核、避免被问责，于是在政府维稳与公众维权抗争之间形成零和博弈的局面，也就是维权抗争行为的发生意味着政府官员的政绩损失，因而对维权抗争行为实施排斥也就成为一种非常自然的选择，公众的维权也就常常成为官员追求政绩的牺牲品，是最终导致政府维稳陷入"越维稳越不稳"的重要原因。

第四，"好"中央与"坏"地方之间失衡。在我国的政治过程中，公众对政府的信任在不同层级之间的分布并不均衡，呈现出较强的差序格局。许多已有研究业已证实了这一点，如肖唐镖、王欣利用在江西、江苏、山西、重庆和上海五省份六十个村自1999年到2008年十年间的四次跟踪调查所形成的数据库，分析验证了农民对上级政府的信任度明显高于下级政府的信任度，且随着政府层级的下降，农民的政治信任度也在下降;① 吕书鹏通过对2002年、2008年、2011年亚洲民主调查数据的实证分析，证明了这种差序政府信任普遍存在于全国性样本中，而不仅仅是存在于某一种或某几种特定的群体中。② 公众这一对不同层级政府所割裂开来的信任在维权与维稳的实践中，会直接加剧公众诉诸抗争而寻求上层政府支持的动机，会削弱基层政府履行利益调节和社会冲突管理职能的基础和保障，致使基层政府的维稳压力极大。其典型样态就是，基层政府和官员常常抱怨老百姓"素质低、不讲理、不懂法"。与此相伴的则是，一旦"老百姓"对基层政府和官员处置其维权诉求的结果不满，就会进一步降低对基层政府的信任，进而将希望寄托于上一层级甚至更上一层级的政府，加剧维权与维稳之间错位关系的发展。

四 维权与维稳：如何归位

公众维权与政府维稳在本质上应该是一致的，对于实践中两者之间关系难以协调甚至相互反向加剧的困境，可以从完善权利保障体系、提升公

---

① 肖唐镖、王欣：《中国农民政治信任的变迁——对五省份60个村的跟踪研究（1999—2008）》，《管理世界》2010年第9期。

② 吕书鹏：《差序政府信任：概念、现状及成因——基于三次全国调查数据的实证研究》，《学海》2015年第4期。

众政治参与制度化水平、矫正政绩化维稳观、强化基层政府公信力来推动公众维权与政府维稳之间一致关系的回归。

其一，着眼于权利保障体系的完善，切实维护公众权利。公众权利的维护和实现需要以充分、有效的权利保障体系为基础，可以从三个层面予以着手。在第一个层面，需要在全社会强化尊重和维护公众权利的观念与文化，需要政府充分履行维护公众权利的职责，增强公共财政对公众权益保障的支持，为维护公众权利奠定物质基础。因为，公众权利要想得到高质量和较高程度的保护，不仅依赖于私人支出，也依赖于政府的公共成本支出。[①] 在第二个层面，现代社会中公众权利的实现需要法律法规予为保障，需要根据社会的变迁适时制定和修订有关公众权利保障的法律法规，以有效回应公众权利范围与层次的拓展，推动公众维权的法治化。在第三个层面，对公众权利的侵害意味着需要与之相匹配的公众权利救济制度，这样公众权利救济制度应该是多元、高效、低成本和高信度的。其中，多元化意味着通过多层次、多类型、个性化的权利救济制度设计实现权利救济过程的无缝连接，高效性意味着不同的权利救济途径能够实质性地回应公众的权利需求和影响维权者的行为选择，低成本意味着权利救济途径是便利、及时和可获得的，高信度意味着公众对权利救济的途径具有信心并且能自觉地运用制度化的救济渠道而非诉诸抗议行为来维护和实现自身的权利诉求。

其二，着眼于公众政治参与制度化水平的提升，充分吸纳公众参与需求。现代化进程中的社会稳定需要处理好政治制度化水平与政治参与之间的关系，政治参与的制度设计需要因应社会治理变迁和公众参与需求增长的内在需要，将体制外的政治参与纳入体制内的制度框架以减少体制外的"冒犯性"参与。就政治制度化水平的衡量，亨廷顿提出可以从适应性、复杂性、自主性和内聚力四个方面加以衡量。[②] 有鉴于此，在吸纳、包容公众参与的过程中，公众政治参与制度的适应性、复杂性、自主性和内聚力也必须随之提升。具体而言，一是要提高公众政治参与制度的适应性而避免

① 〔美〕史蒂芬·霍尔姆斯、凯斯·R.桑斯坦：《权利的成本——为什么自由依赖于税》，毕竞悦译，北京大学出版社，2011，第2~15页。

② 〔美〕塞缪尔·P.亨廷顿：《变化社会中的政治秩序》，王冠华、刘为等译，上海人民出版社，2008，第10~19页。

刻板和僵化，及时回应社会环境、公众参与需求变化所提出的挑战，积极鼓励制度创新并积极探索有利于公众行使参与权利的新渠道，强化公众有序参与的稳定性；二是要提高公众参与制度的精细化和专门化水平，通过建立健全层次多元化、形式多样化、功能专门化的公众参与制度，有效涵盖不同层次、不同目的的参与需求，增强公众有序参与的可行性和可及性；三是提高公众参与制度的自主性而避免依附性、从属性，自主性意味着制度的设计较少受特定社会集团直接或间接的操控，参与的制度要一视同仁地对待无论处于何种地位的人的参与需求；四是要提高公众参与制度的内聚力，使公众对参与的制度抱以信心并对社会争端的处置形成基本的共识。

其三，着眼于现代性稳定观的塑造，矫正政绩化维稳观。"现代性意味着稳定"并不是指实现了现代化的社会不存在社会冲突，而是指现代化的社会具有一套稳定、有效的应对社会冲突的观念和制度体系。在我国的现代化进程中，利益的多元化将促使基于利益分歧的社会冲突越来越多，甚至成为社会日常生活的一种常态，为此特别需要正确定位社会冲突的功能：一方面，社会冲突具有潜在的"危险"，如对社会秩序确实可能造成一定程度的消极影响；另一方面，社会冲突也是释放公众不满情绪和促使政府对公众的不满和要求保持敏感性的一种重要途径，从而有益于社会的长治久安。因而，有效的维稳需要摒弃传统的静态、绝对的稳定观，树立动态、均衡、包容的稳定观，矫正政绩化的维稳思维和策略，进而扭转异化了的维稳目标和维稳动机。这可以从以下几方面予以着手：在维稳考核指标体系的设置上更加注重"事前"而不是"事后"，逐渐摆脱单向的维稳思维与制度设计，重视"问题"的演化而非"不出事"，重视"问题"的实质性解决而非"问题"的象征与程序性处理，重视"事件"中持续的良性互动而非单向、简单的应急处置，重视体制内政策议程设定制度的改革与优化而非"事件"本身的快速平息，最终经由制度创新与发展来提升制度吸纳、回应和应对社会问题的内在能力，因应社会发展治理变迁的新任务、新要求。

其四，着眼于基层政府的公信力建设，增强公众对基层政府的信任。公众对基层政府的不信任，会直接导致维权活动中公众对政府处置措施的敏感和猜疑，政府官员的任何不当之举或者维权结果与维权预期之间的任何偏差都可能引发他们进一步的维权诉求，甚至诱发激烈的维权抗争行动，因此走出维权维稳化的发生逻辑需要强化公众对基层政府的信任。公众信任基层政府，意味着公众对基层政府拥有正向的心理预期，普遍性地相信基层政府重视公众利益，并且能够公平公正地处理公众的维权诉求，从而产生自愿性的认同和服从，正如戴维·伊斯顿所言，"在众多的服从动机中，对合法性的信仰是唯一的一个原因"①。因而，改善基层政府与公众之间的信任关系是维护社会稳定的重要途径，可以从如下三个方面予以努力：一是不断提升基层政府官员的素质和能力，规范基层政府官员的言行，改善基层政府官员的形象，为公众与基层政府之间信任关系的建立奠定坚实的基础；二是增强基层政府和官员公正、依法行政的能力，尤其是协调、处理各种利益矛盾和冲突的凝聚力，为公众与基层政府之间信任水平的提升提供基于认同与可接受的合法性保障；三是强化公众对基层政府和官员的有效监督和问责，当公众能够有效约束基层政府和官员的不当行为时，公众才能更加信任基层政府和官员，从而也能促进公众权益在基层得到更好的维护和保障而避免将"不满"和"问题"诉诸上层级政府或带有"冒犯性"的维权行动。

---

① 〔美〕戴维·伊斯顿：《政治生活的系统分析》，王浦劬主译，人民出版社，2012，第279页。

绿色民生：政治学视野的审视[*]

何谓绿色？何谓民生？何谓绿色民生？它们是怎样被建构起来的？进而言之，它们如何与特定的经济社会发展形态和政府过程关联起来？这是当今中国的改革、发展所面临着的十分重大的社会难题。作为一般的理解，"绿色"往往与环境退化、生态恶化、自然破坏相对，是一种以自然为中心的定向于生态安全的社会价值观、生活方式和政治实践。西方的现代化历程表明，工业化生产与经济增长在创造物质财富的同时，使人与自然、经济发展与生态环境之间的紧张与冲突关系也凸显出来。面对大量难以处理的环境问题和环境议题，西方的"深色"生态学者认为应对环境问题的唯一办法是对社会如何被组织起来进行根本性的改造，提倡"小而美"，反对跨国公司、政府权力的集中化和组织的大型化。然而，"浅色"生态学者或者说环境改良主义者则宣称，协调好经济增长与环境需求之间的关系是可能的，比如限制汽车拥有量、加强污水废水的处理等。① 无论"深色"还是"浅色"生态学者，他们都指出了人类社会所面临的环境问题的严重性，要求人们反省人类发展需求与生态环境需求之间的关系，继而改变既有的经济发展模式，重构经济社会发展的价值取向、模式和方法。

鉴于西方国家的发展道路，我国的现代化发展在逐渐摆脱"物质匮乏"之后，必须将环境问题置于社会长远发展和国家治理变迁的深层次来满足人们日益增长的多样化、多层次需要，走"绿色民生"发展之路。因为，

---

* 原载《南京师范大学学报》（社会科学版）2016 年第 5 期，出版时标题有修改。基金项目：国家社会科学基金重大招标项目"城乡基本公共服务均等化的实现机制与监测体系研究"（14ZDA030）；国家社会科学基金青年项目"群体性事件政策议程学发生机制与治理研究"（14CGL038）；中国博士后第九批特别资助（2016T90866）。

① Stephen C. Young, "The Different Dimensions of Green Politics," *Environmental Politics* 1 (1992): 9-44.

环境问题与人们的生活质量高度地联系在一起，一旦环境问题本身的公共物品性、滞后性、延展性、风险性、难以恢复性与特定的社会群体联系在一起，就会转化为现实的社会政治问题，涉及环境福利与环境风险的分配问题。基于此，本文主要从三个方面来界定"绿色民生"的指向：首先，良好的生态环境本身是人们的基本需求之一，人们应当免于生态破坏的恐惧；其次，人们多样化、多层次需求的满足须受生态环境条件的约束和限制，应当避免以牺牲生态环境需求来实现其他需要的满足；第三，社会和经济的发展必须考虑环境正义，生态环境资源的不合理分配是造成社会不公平的重要原因。因此，绿色民生绝不仅仅是一个技术问题和生态问题，更是一个基本的政治学问题。

一　绿色民生：一个基本的政治学命题

先发国家的现代化历程表明，"国家建设和经济建设按理先于政治参与和物质分配，因为分享权力和福利首先要有权力和福利可以分享"[①]。但是，后发国家不可能具备先发国家那样的发展条件而次序性地实现现代化，后发国家的现代化往往面临的是国家制度与治理体系建设、经济发展、民主参与、福利分享、环境保护的共时性、重叠性社会难题。即使在西方先发国家，在其现代国家的建构中，实际上也面临诸多共时性难题的挑战，比如现代社会的环境问题与工业革命本身就是分不开的，完成工业革命的过程同时需要构建新的制度来解决阶级矛盾和广泛的社会冲突。在 20 世纪，西方先发国家的经济社会发展更是面临环境保护、可持续发展和风险社会等挑战。1962 年，以蕾切尔·卡森《寂静的春天》一书的出版为标志，西方社会开始特别关注环境问题。对于农药企业大量生产、销售杀虫剂获取短期利益和阻滞管制措施的出台，该书不无讽刺地指出：人类对自然的控制只是在生物学和哲学还处于低级幼稚阶段时的一种妄自尊大的想象，当代社会中最现代化、最可怕的化学武器在被用来对付昆虫之余已转过来威胁着自然环境的平衡，威胁着人类自身，不能不说是人类巨大的不幸。[②] 该书对美国大量使用化学制剂农药所造成的生态环境危害以及政府该做些什

---

① 〔美〕加布里埃尔·A. 阿尔蒙德、小 G. 宾厄姆·鲍威尔：《比较政治学：体系、过程和政策》，曹沛霖译，上海译文出版社，1987，第 423 页。

② 〔美〕蕾切尔·卡森：《寂静的春天》，吕瑞兰、李长生译，上海译文出版社，2008，第 295 页。

么来回应生态环境危害敲响了警钟。

1972 年，以罗马俱乐部发表其成立以来的第一份研究报告《增长的极限》为标志，西方社会开始质疑经济增长的过程，关注经济增长的约束条件问题，指出经济的增长受自然因素和社会因素的制约，增长绝不是无限制的，"均衡的社会将必须不仅考虑现在的人类价值，而且也考虑未来的人类价值，并对由有限的地球造成的不能同时兼顾的因素，作出权衡"①，提出了经济增长的自然资源代价和社会代价问题，对以人类为中心而忽视自然的无限制的、线型单向的发展方式提出了质疑。1986 年，以乌尔里希·贝克《世界风险社会》一书的出版为标志，西方社会开始关注现代化进程中文明社会的风险问题，指出现代化进程中生产力的指数化增长使危险和潜在威胁的释放达到了一个前所未有的程度，人类行为的动机正在从短缺社会的财富分配逻辑向晚期现代性的风险分配逻辑转变，即从"我饿"转向"我害怕"。贝克认为，在风险社会，"危险的来源不再是无知而是知识；不再是因为对自然缺乏控制而是控制得太完美了；不是那些脱离了人的把握的东西，而是工业时代建立起来的规范和体系"②，这深刻地促使人们反思后工业社会时代人类的生存与发展问题。

上述三本经典著作中，无论是论及杀虫剂滴滴涕的滥用、经济增长的限制，还是风险社会的挑战，都包含着对工业社会发展模式的反思，特别是工业社会里的生态环境问题，而"生态环境的破坏不仅仅是单一的生态问题，而必须总体的归结在整体的社会制度化问题，尤其是社会历史条件所设定的科技条件与发展方向"③。生态环境问题凸显了环境正义在民族国家内部和全球经济社会发展中的重要性，因为环境正义涉及三个层面的重要议题：环境风险的公平分配，多样化的参与者和受影响群体之体验的识别，创制和管理环境政策之政治过程的参与。④ 可见，在生态环境保护、经济增长限制、风险社会的约束下，人类社会行为的动机、目标和模式必须

---

① 〔美〕丹尼斯·米都斯：《增长的极限》，李宝恒译，四川人民出版社，1984，第 210~211 页。

② 〔德〕乌尔里希·贝克：《世界风险社会》，吴英姿、孙淑敏译，南京大学出版社，2004，第 24 页。

③ 周桂田：《风险社会与典范转移——打造为公众负责的治理模式》，（台北）远流出版公司，2014，第 43~44 页。

④ David Schlosberg, "Reconceiving Environmental Justice: Global Movements and Political Theories," *Environmental Politics* 3 (2004): 517-540.

得到反思，进而走出人类社会自我损害、自我制造风险的困境。

在此背景下，"绿色民生"定向于寻求"财富—分配"与"风险—分配"的协调：一方面，民生需求和公共开支的增长需要以持续、有效的经济增长及其合理分配为基础；另一方面，经济的增长及其分配又不能以生态环境恶化和牺牲后代人的生态福利为代价。在这种关系中，"民生"主要涉及财富的创造与分配，"绿色"则要求走出工业社会的财富分配逻辑而反思人类社会自身所制造出来的生态环境风险的分配，进而创建可持续发展的社会。由此，"绿色民生"的政治学意蕴得以奠定：它首先意味着公民权利的扩展，随之要求拓展政府的职责，通过将社会需求纳入自然需求、将后代人的需求纳入当代人的发展，应对现代国家治理所面临的政治合法性挑战，进而诉诸新的政策范式，推动国家治理体系的完善和政府治理能力的现代化。

二　绿色民生：公民权利的新扩展

权利是一种自然、正当的要求，但这并不意味着权利是一劳永逸的。在不同历史时期与社会发展的不同阶段，政治、经济、社会和技术的发展状况与条件制约着公民权利的范围、层次和实现方式，正如有研究指出，"虽然多数先进工业化国家都让它们几乎所有的居民享有至少若干法律权利、政治权利和社会权利，然而公民应有哪些权利，仍旧是一个有争议的问题"①。作为最早系统论述公民身份的研究者，马歇尔根据英国的经验指出公民身份具有历史性，这体现在两个方面：一是公民身份的历史是在民族国家民主化与工业资本主义发展过程之间的一个相当持续而长期的增长、形成和融合；二是公民社会的历史是福利国家与工业资本主义之间充满冲突但却可控的功能性关系长期发展的历史。② 进而，马歇尔根据英国公民身份发展的状况把构成公民身份的"权利要素"分为法律权利、政治权利和社会权利三类，并且指出这三种权利类型之间存在线型发展的关系，其中法律权利的实现主要是 18 世纪的主题，政治权利的实现主要是 19 世纪的主题，社会权利的实现则主要是 20 世纪的主题。

实际上，公民权利范围的动态发展是人的需要和要求在社会发展不同

---

① 〔美〕托马斯·雅诺斯基：《公民与文明社会》，柯雄译，辽宁教育出版社，2000，第 2 页。
② 转引自〔英〕莫里斯·罗奇《重新思考公民身份——现代社会中的福利、意识形态和变迁》，郭忠华等译，吉林出版集团有限责任公司，2010，第 21 页。

阶段的反映。随着环境和生态问题及其后果被提上政治议事日程，公民生态环境权利呼之欲出，这意味着人们的权利实现不仅仅与政治社会秩序相关，更与自然环境相关。作为一种正当性需求的表达，"绿色民生"所反映的不只是物质福利的分享问题，更是生态福利的分享问题，意味着生态环境安全需求导向的生命、健康、财产权利的保障，意味着不仅是当代人的权利实现，更是对自然权利和后代人权利的尊重。根据生态主义的观点，"存在着一种代际间道德关系或者共同体，意味着每一代内部关于社会公正以及关于生态和其他形式福利的恰当分配的、明确的或者隐含的观念，必须将代际间的因素容纳进来，这些因素将为后代提供生态福利的一套单方面的义务加诸在当代人身上"①。因此，不同于法律权利、政治权利和社会权利，公民生态环境权利超越了人与人之间的社会关系而扩及人与自然之间的生态环境关系，其实质是对良好生态环境的需求。

如同平等投票权、平等受教育权不会一蹴而就一样，平等的生态环境权利亦是一个持续的过程，且将越来越重要。绿色民生的背后所呈现的公民生态环境权利主要体现在两个方面。一是绿色民生意味着绿色生态环境服务，这本身是当今社会一种极为紧迫和亟须保障的公共产品，是公民权利类型的一种新形态。相比于法律权利、政治权利和社会权利，生态环境权利的实现需要共建共享，它甚至超越了传统民族国家的范围而要求全球生态平衡，提出了新的全球性环境集体行动问题。二是绿色民生意味着人们在实现法律权利、政治权利和社会权利的同时，应以生态与环境安全为约束，需要超越"以人为中心"的发展而将自然和后代人的权利实现纳入到当代人的考虑之中。简而言之，民生与人们的吃、穿、住、行息息相关，但在公民生态环境权利的约束下，人们吃、穿、住、行需求的实现不能以牺牲生态环境为代价，否则公民生态环境权利本身的削弱最终将危及公民其他诸种权利的实现。

三 绿色民生：政府责任的新拓展

伴随公民权利范围的扩展和层次的提升，政府的职能范围理应随之扩展并被赋予新的责任。"绿色民生"意味着人们生活质量的提升，这本身也

---

① 〔英〕莫里斯·罗奇：《重新思考公民身份——现代社会中的福利、意识形态和变迁》，郭忠华等译，吉林出版集团有限责任公司，2010，第47页。

就是政治的目的，正如亚里士多德所说，"城邦的长成出于人类'生活'的发展，而其实际的存在却是为了'优良的生活'"①。否则，国家和政府就失去了其存在的根基。在现代国家，任何政府实际上都承担着三种基本的责任，即政治责任、法律责任和专业责任。其中，政治责任反映的是由"公共权力来自哪里"所推及的政府与人民、政府与社会之间的关系问题。在任何宣称政府的权力源于人民的国家中，表达和反映人民的意志，实现和保障公民的权利便是政府最为根本的政治责任，为此政府必须具备回应性，"任何具体的政治体系的存在本身要求满足某些基本需要或履行某些基本职责"②。法律责任是从"基于法律的统治"这一观点出发，要求政府必须根据宪法和法律而行动，政府应当是法治政府、有限政府。政府的专业责任则是从政府本身的组织与职能体系出发，要求政府在公共事务管理中具备专业的管理能力，从管理制度的设计、政策工具的选择到手段措施的运用，应当有效地解决人们所面临的诸多社会问题。

就绿色民生而言，它所指向的公民生态环境权利和以生态环境为约束的其他公民权利的实现，对政府责任提出了新的要求。绿色民生反映了一种新的社会价值取向即人们生态环境权利的实现与维护，针对的是当今社会所面临的复杂的环境与生态难题，回应的是风险社会的诸多挑战。在风险社会，风险与财富一样，是可以分配的东西，"就社会财富来说，就是去处理人们所需求的稀缺物品如消费品、收入、教育机会和财产等等。相对来说，风险是以不可取的丰裕状况出现的现代化的附带问题。这些问题必须被消除或者否定并且加以再诠释。获取的主动逻辑对应着转嫁、规避、否认和再诠释的否定逻辑"③。作为一种基本的公共物品，"生态过程存在自然滞后情况，这可能增加低估控制措施的必要性，也可能因疏忽而达到上限"④，这对政府的责任提出了更高要求。对于政府来说，"现在的治理应该能够更好地处理不确定性、不稳定性，甚至混乱、长远的远景，更广泛的定位以及更多样化的生活方式和意义"⑤。

---

① 〔古希腊〕亚里士多德：《政治学》，吴寿彭译，商务印书馆，1965，第7页。
② 〔美〕戴维·伊斯顿：《政治体系》，马清槐译，商务印书馆，1993，第298页。
③ 〔德〕乌尔里希·贝克：《风险社会》，何博闻译，译林出版社，2004，第25页。
④ 〔美〕丹尼斯·米都斯：《增长的极限》，李宝恒译，四川人民出版社，1984，第78页。
⑤ Jan Cowman, *Governance and Govern Ability: Using Complexity, Dynamics and Diversity*, London: Sage Publications, 1993, pp.47-48.

因此，走绿色民生之路需要一个充分履行责任的政府。从政治责任来看，公民不仅需要享有免于贫困的自由，而且需要享有免于环境污染的自由，比如需要清洁的空气、安全的食品等要求。对此，政府应切实担负起保障和实现公民生态环境权利的政治责任，确保环境公平、环境正义。因为，"公民实际使用的权利的程度也可能随阶级和社会地位群体的权力的大小而有相当大的不同"①，尤其在生态环境风险的承受中。从法律责任来看，绿色民生背后隐藏的环境问题本质上是一种利益政治，"环境问题并不单纯只是社会与自然的对立，而是不同的社会力量抗衡，他们争论的焦点在于不同版本的社会与自然的关系"②。在围绕环境问题而展开的冲突中，法律应成为调节各方利益的基本依据，政府和政府官员必须依"法治"原则规范自身的行为并公正调节多样化利益主体之间的利益关系。从专业责任来看，由于环境问题的滞后性、跨界性、普遍性，政府必须致力于有效政策工具的开发，科学设置政府管理机构和职能，将治理的重点放在事前的预防而不应是事后的处置，不仅要求政府善于治病和事后处置，更要求政府对于生态环境问题具有预见性、前瞻性和及时准确的回应性。

四　绿色民生：政治合法性的重塑

任何政治体系当中，政治合法性所宣称的同意和认可对于政治体系的运转来说都是极为重要的。所谓政治合法性，"就是权力以一种正当的、可辩护的（证明为合理）的、可接受的方式行使。合法性往往被看做一个稳固的政府的基础，它与一个政权获得其公民的忠诚和支持的能力联系在一起"③。作为一种政治关系的反映，任何国家既有政治体系的执政者都会尽可能地去获得持久、稳定的承认与认可，避免政治合法性的衰减或危机。政治合法性建设中，就政治合法性巩固的一面，强化价值信念体系、提升政治制度化水平、加强政府能力、创造高水平的政治绩效都是行之有效的途径。就政治合法性衰减的一面，面对社会发展中权利需求的增加、价值观念的多元化、政治参与的增长、政治制度的衰败等挑战，如果执政者不能及时、有效地予以回应或纠正，就往往会面临合法性危机而危及既有政

---

① 〔美〕托马斯·雅诺斯基：《公民与文明社会》，柯雄译，辽宁教育出版社，2002，第13页。
② 何明修：《绿色民主：台湾环境运动的研究》，台湾群学出版有限公司，2006，第15页。
③ 〔美〕安德鲁·海伍德：《政治理论教程》，李智译，中国人民大学出版社，2009，第137页。

治体系的稳定。无论政治合法性的衰减还是巩固，其核心应在于人们的需要与执政者的回应之间所存在的差距，因为，"人是一种不断需求的动物，除短暂时间外，极少达到完全满足的状态。一个欲望满足后，另一个迅速出现并取代它的位置，当这个被满足了，又会有一个站到突出位置上来。人总是希望着什么，这是贯穿他整个一生的特点"①。因而，在"需要—差距—满足—差距"的连续谱中，政治体系将动态地接受合法性检验而面临"不进则退"的困局。

　　绿色民生与政治合法性之间的关系，正是从人本身的民生需求与生态环境需求出发而与政治体系的政治合法性深刻地联系在一起：人们日益增长的生态环境需求催生了对执政者的政治绩效进而对政策与制度的合理性的反思，并显化为人们对既有政治体系认同与支持的水平。民生、环境、经济增长、人口等要素之间的关系是非常复杂的，也常常会出现冲突而将政府陷于"政绩困局"之中，比如教育、医疗、社会保障等社会权利的实现需要以不断增长的经济发展为基础，但与此同时，"后国家时期的生态问题——公共和私人健康问题、福利问题——越来越要求在合适的政治制度和政治过程层面，民族国家之上和之下的层面，进行持续的监控和有效的监管"②。大量的环境抗争和环境邻避冲突表明，"绿色"正成为人们所关注的优先性需求。绿色运动主张的一个特性就是，"认为环境退化和由此带来的社会紊乱是每一个人的难题，因而应当得到每一个人的关心"③。因此，如何破解环境约束与经济发展之间的冲突，在保障人们诸种社会权利实现的同时减少环境污染和实施环境治理，实现生态环境保护与经济发展之间的良性结合，已成为衡量政治合法性强弱的重要标准。进而，公众生态环境权利需求的增长需要有与之相适应的使其从理念转变为现实的制度体系，正如贝克所指，"从政治层面和路线设计层面上说，我们既要接纳和包容正常的工业革命所带来的各种或积极或消极的后果；又要同时将工业革命带来的各种后果进行分类和甄别，进而采取一系列措施扬长避短，趋利

---

① 〔美〕亚伯拉罕·马斯洛：《动机与人格》，许金声等译，中国人民大学出版社，2012，第8页。
② 〔英〕莫里斯·罗奇：《重新思考公民身份——现代社会中的福利、意识形态和变迁》，郭忠华等译，吉林出版集团有限责任公司，2010，第42页。
③ 〔英〕安德鲁·多布森：《绿色政治思想》，郇庆治译，山东大学出版社，2012，第21页。

避害"①。

值得注意的是，绿色民生在提出政治合法性挑战的同时，也为政治合法性的巩固提供了新的契机。绿色民生与人们的生活品质紧密相关，这要求公民实质性地参与民主治理的过程，风险社会中的风险本身"把制度精英和专家们控制它的企图一扫而光……风险问题已不再是科学家和专家的独占领域，危险的实质会随时随地表现出来，每个人都愿意并有兴趣来了解它"②。因此，如果政治体系能够发展出新型的民主制度，以回应公众民主参与的需求，那么公众对政治体系的认同与支持便会增长。毕竟，"政治合法性不是以投票箱或多数人的统治为主要议题，而是以有可辩护性的理由、解释和说明的公共政策为主要议题"③。对此，作为民主理论的最新发展，协商民主的政治合法性宣称能够有效回应绿色民生时代的政治合法性诉求，打破偏好聚合式民主所面临的合法性问题。根据协商民主理论的主张，"有必要从根本上改变对于自由理论和民主思想的普遍看法：合法性的源泉不是先定的个人意志，而是它的形成过程，即协商本身"④。协商民主所倡导的基于偏好转换、深思熟虑、更佳理由的说服来变革聚合式民主，能够为绿色民生背景下政治合法性的巩固和重塑提供切实有效的实现路径。正如有研究指出，风险社会的出现，赋予人类加深和拓展民主的机会，即构建基于公民参与、理性审视、公开讨论基础上的协商民主。⑤

五　绿色民生：政策范式的转换

作为政治体系的典型输出，公共政策对社会公共生活起着十分重要的生产、分配、规范、引导的功能，同人们的福利与国家的兴衰成败直接相关。任何发展的观念和模式，也只有当其转化为具体的公共政策时才会起作用。作为一种新的权利需求，绿色民生表明国家需要重新思考社会发展目标的优先性，需要设定新的公共政策信念，需要选择新的公共政策工具，进而衍生出对新政策范式的需求。作为一项复杂的公共政策难题，绿色民

① 转引自薛晓源、周战超《全球化与风险社会》，社会科学文献出版社，2005，第70页。
② 〔德〕乌尔里希·贝克、郗卫东：《风险社会再思考》，《马克思主义与现实》2002年第4期。
③ David Held, *Models of Democracy*, California: Stanford University Press, 2006, p. 272.
④ Bernard Manin, "On Legitimacy and Political Deliberation," *Political Theory* 3 (1987): 351.
⑤ 陈家刚：《风险社会与协商民主》，《马克思主义与现实》2006年第3期。

生涉及高度分散的信息、十分多元的价值偏好、相互制约甚至冲突的多重目标，具有典型的"糟糕型"政策问题的关键特征，即理性的综合规划是不适当的、问题难以被界定、相互依赖与多层面的因果关系、价值差异、不稳定与持续的演化、高度的社会复杂性与多样化的利害相关者、认定问题性质与范围的知识基础是存在争论的。①

因此，解决绿色民生难题，首先需要回答"问题来自哪里、谁应该对问题负责、合适的解决办法又是什么"的一系列问题。然而，在以生态和环境风险为典型的风险社会里，这些问题是难以清楚地得到界定和回答的，因为"绿色"观念背后的生态和环境难题往往伴有不同的政治观念和政治目的，政策的选择不会是一种纯粹的技术性活动。也就是说，"绿色"和"民生"的相关者都各有其自身的假设和利益，并导致他们对同一难题不同的归因、界定以及解决方案的不同选择。比如，为了限制参与，问题就会用程序性或狭隘的技术性语言来界定；为了促进参与，问题可以与广泛的社会主题相联系，比如正义、民主和自由。② 作为一种生活化的政治，绿色民生导向的政策选择不能脱离人们的参与以及对政策本身的认同。围绕生态环境权利的实现，人们更需要在一个自由、平等、公开的环境中对政策作出审慎的选择，"政治互动和人们有缺陷的判断在制定政策的过程中扮演着重要角色，它们必定包括有偏见的通过投票或其他权力实现方式来解决的分歧，因而对于任何人来说，要理解政府在提高人们福利时所出现的问题，需要综合考虑权力关系是怎样塑造公共政策的，并且需要探究如何重构权力关系以产生更好的政策"③。

因而，绿色民生需要新的政策范式与之相适应，意味着公共政策范式的转变。在库恩看来，"范式"这一概念主要在两种意义上使用：一是它代表着一个特定共同体的成员所共有的信念、价值、技术等构成的整体；二是它指谓着那个整体的一种元素，即具体的谜题解答，把它们当作模型和范例，可以取代明确的规则以作为常规科学中其他谜题解答

---

① Brian William Head, "Public Management Research," *Public Management Review* 5 (2010): 578.

② David A. Rochefort and Roger W. Cobb, *The Politics of Problem Definition*, Lawrence: University Press of Kansas, 1994, p. 5.

③ Charles E. Lindblom and Edward J. Woodhouse, *The Policy-Making Process*, New Jersey: Prentice-Hal, Inc, 1993, p. 1.

的基础。① 霍尔进而指出，政策范式意味着政策制定者习惯性地在这样一种框架中工作，这一框架不仅指明了政策的目标以及实现政策目标的工具，而且指明了政策制定者需要处理的问题的本质。② 绿色民生之所以导致政策范式的转变，首先是因为"绿色"这一价值信念已深刻地影响人们对于公共政策问题性质的理解，使人们从以"人"和"技术"为中心的问题界定转向以"自然"和"生态"为中心的问题界定。进而，绿色民生将重塑公共政策的目标，推动国家从单纯的经济增长目标转向以生态环境与经济增长良性结合的发展目标的实现。与此同时，人人都会卷入生态环境、生态风险，因而在政策工具的选择上不仅需要国家的强制性工具，而且需要市场工具和志愿工具的综合运用，特别是社会的广泛参与。因为风险社会暗示，"当前的一些社会问题不仅会变得很严重，而且会变化很快，我们甚至都无法预测其变化的方式。未来的公民就要在这样的社会里生活，他们需要改变这个日益复杂的世界……只有积极投入到对问题的争论中来才能发现解决问题的方案"③。进而，"在一个强调平等参与、相互尊重和理性论辩的环境中就公共政策进行讨论将更可能联结各种分歧和差异。它们亦将更可能产生被感受到的更多的合法性，事实上更多共识、理性和公正的公共政策"④。

六 绿色民生：国家治理的新考验

在全球化、国际化时代，国家治理能力是国家间竞争中十分关键的影响因素，各国为此纷纷进行与时俱进的政治和政府改革，通过动态调整"政府—市场—社会"之间的关系，激发国家治理中的市场机制和社会机制，发挥多元力量的作用，提升国家治理能力，以推动社会公共事务问题的有效解决。在学术研究中，就"治理"一词而言，全球治理委员会于

---

① 〔美〕托马斯·库恩：《科学革命的结构》，金吾伦、胡新和译，北京大学出版社，2003，第157页。

② Perter A. Hall, "Policy Paradigms, Social Learning, and the State: The Case of Economic Policy making in Britain", *Comparative Politics* 3 (1993): 279.

③ 〔丹〕斯特芬·埃尔摩斯、〔加〕沃尔夫·迈克尔·罗斯、王玉辉：《全民素质教育：为风险社会做准备》，《马克思主义与现实》2005年第6期。

④ Shawn W. Rosenberg, *Deliberation, Participation and Democracy: Can the People Govern?* New York: Palgrave Macmillan, 2007, p.4.

1995 年在其题为《我们的全球伙伴关系》的报告中将其特征概括为：治理不是一整套规则，也不是一种活动，而是一个过程；治理过程的基础不是控制，而是协调；治理既涉及公共部门，也包括私人部门；治理不是一种正式的制度，而是持续的互动。① 皮埃尔从环境变化与治理发展的角度认为治理发生在 20 世纪末的主要动力源于民族国家努力适应外在环境的要求；认为治理是一个概念性或理论性的框架，用以说明当今协调、合作的社会体系，以及在治理过程中国家权力作用和秩序发生的变化。② 可见，与统治相比较，治理被赋予了更多的使命，对政府能力提出了更高要求，是回应现代国家建设中大量存在的结构不良型公共政策问题的有效路径。

西方发达国家的现代化历程表明，社会民生或福利国家的发展需要与之相适应的经济社会条件，"首先应存在一个有效的现代民族国家体系（民主的政治制度、法律制度、有效的政府管理、税收和警察体系）；第二是依赖一个成功的资本主义经济的存在，以提供转移支付和其他公共支出的税收基础；第三是依赖于一个有效的共同文化的存在"③。而绿色民生所突出强调的生态环境与经济发展、民生需求之间的良性结合，更需要国家治理体系的完善与国家治理价值观的整合，以及国家治理多元化力量的整体性与协同性功能的发挥。环境问题、生态问题之所以是一个政治问题，根本性的原因在于它涉及国家权力的运用，经济发展—生态环境—民生需求之间关系的失衡首先表明的是国家治理能力的不足，三者之间关系的良性结合则是衡量善治国家的重要标准。毕竟，"粮食、资源和健康的环境，是增长所必需的条件，但不是充分的条件。即使它们是丰富的，增长也可能由于社会问题停下来"④。

绿色民生所指向的生态环境—经济增长—民生需求之间良性结合的要求表明，国家治理体系的完备性与政府治理能力的高低不能单纯地以某一目标的实现为衡量标准，而应是三者之间的共赢。作为核心的制约，生态环境所预示的风险与安全同每一个人的生活直接相关联，因而不能寄希望

---

① 转引自俞可平《治理与善治》，社会科学文献出版社，2006，第 2~3 页。
② Jon Pierre, *Debating Governance*, New York：Oxford University Press, 2000, p.3.
③ 〔英〕莫里斯·罗奇：《重新思考公民身份——现代社会中的福利、意识形态和变迁》，郭忠华等译，吉林出版集团有限责任公司，2010，第 38 页。
④ 〔美〕丹尼斯·米都斯：《增长的极限》，李宝恒译，四川人民出版社，1984，第 5 页。

于某一种力量或某一种机制来有效解决生态环境问题。在风险社会，"无论是国家、市场还是被许多人寄予厚望的公民社会都无法单独承担应对风险的重任，因为他们本身也是风险的制造者"①。因此，国家必须有能力去整合多元化力量，必须去创造有利于政府、社会、企业、个人实现有秩序的管理和集体行动的机制，而不仅仅是依靠政府的权力和权威。正如吉登斯所说，在民族国家内部，"政府、国家同市场一样也是社会问题的根源……一个强大的市民社会对有效的民主政府和良性运转的市场体系都是必要的"，"只要以上三者中有一者居于支配地位，社会秩序、民主和正义就不可能发展起来。一个多元社会若想维持，它们之间的平衡必不可少"②。而在全球层面，全球性风险的"飞去来器效应"将使生产风险的人迟早会受到风险的报应，即使那些将风险工业转移到低工资的第三世界国家的发达国家也不例外，因为工业污染和破坏是不理会国家边界的。③ 总之，绿色民生在地方、国家和全球层次都提出了挑战，要求国家从一个更持续、更长远、更开阔的视野来审视治理能力的现代化。正如党的十八届五中全会所提出的，"坚定走生产发展、生活富裕、生态良好的文明发展道路，加快建设资源节约型、环境友好型社会，形成人与自然和谐发展现代化建设新格局，推进美丽中国建设，为全球生态安全作出新贡献"。

---

① 杨雪冬：《全球化、风险社会与复合治理》，《马克思主义与现实》2004 年第 4 期。
② 〔英〕安东尼·吉登斯：《第三条道路及其批评》，孙相东译，中共中央党校出版社，2002，第 29、57 页。
③ 〔德〕乌尔里希·贝克等：《自由与资本主义》，路国林译，浙江人民出版社，2001，第 119 页。

政策议程设定何以驱动：
四种典型途径[*]

在政策制定中，关于议程设定的各种优先性排序活动在很大程度上决定了潜在的政策行动，直接反映着决策者对问题的态度、看法和对解决方案的选择，因而科学、合理地设定政策议程十分重要。但是，实际的政策议程设定活动往往是盲目和令人失望的，比如本该受到关注和解决的实质性问题往往无法及时、准确地在政策议程设定的优先性排序中"得其应得"，而无关紧要或"操之过急"的议题却备受重视。出现类似的错位或偏差，不仅源于政策议程设定过程本身的隐蔽性，而且在于政策相关者对"政策议程设定何以驱动"这一问题缺乏足够的认识与关注，以致在付出重大"代价"之后才重新发现问题并审视问题的真实性、重要性和优先性。为此，把握好"政策议程设定何以驱动"以尽可能避免决策失误和政策失败是十分必要的。

一　相关研究回顾与问题的提出

自拉斯韦尔明确地界定"政策科学"并将其分为七大阶段以来，"政策何以制定"这一研究议题就一直是学者们关注的焦点。作为"政策何以制定"的关键环节，政策议程及其设定的相关研究在20世纪70年代开始逐渐受到重视，并成为政策过程研究中一个新兴的热点，其重要性正如有学者所指出："决定哪些问题将成为政策问题甚至比决定哪些将成为解决方案还

* 原载《行政论坛》2016年第2期，作者为李强彬、杨春黎。基金项目：国家社会科学基金青年项目"群体性事件政策议程学发生机制与治理研究"（14CGL038）；四川大学青年学术人才项目（SKQX201306）；四川省哲学社会科学重点研究基地"社会发展与社会风险控制研究中心"年度项目（SR15A03）。

要重要"①。学术研究中，围绕"问题是如何被提上议事日程的"这一核心问题的回答，形成了主体互动论、问题属性论、社会系统论三种主要的解释途径。

首先，主体互动论认为问题被提上议事日程的过程是问题提出者与其他政策相关者互动以争取支持与认可的过程。代表性的研究如科布和罗斯依据问题提出者将问题置入议程所需互动对象和互动方式的不同，把议程设定分为外部推动、动员和内部推动三种模式。② 其中，外部推动的基本过程是：问题经社会团体提出，然后扩散至其他团体以寻求更大范围的支持，最后对决策者形成政治压力而将问题置入议事日程。在动员模式中，问题或议案往往不经公众讨论而直接先由当局者提出，再通过宣传或说教的方式谋求公众的支持。内部推动模式则是问题首先被决策层中有影响力的团体提出，而后这些团体直接与决策者沟通，将问题置入议程，从而不需要争取公众的理解与支持。戴伊认为问题的提出、扩散并被提上议程的过程是政策提出者进行自上而下或自下而上地与其他政策相关者互动的过程。国内学者王绍光在考察我国的政策议程设定模式时，根据问题提出者的身份与民众参与的程度，将中国的政策议程设定模式分为关门、动员、内参、借力、上书和外压六种模式。③

其次，问题属性论把问题被提上议事日程的过程看作问题相关属性和要素的呈现并获得公众尤其是决策者重视的过程。对此，科恩和奥尔森等人认为在组织决策行为中，人们的问题偏好是模糊的、技术手段是不明确的、人员是流动无序的，因而政策相关者仅仅是问题进入议程的一个因素，只有当问题本身的属性、相应的政策方案以及决策者选择的时机等这一系列围绕问题的"要素"达到一定条件后，问题才能被提上议事日程。④ 沿着上述"垃圾桶"模型，金登亦强调问题进入议程的复杂性状况和偶然性因素。根据金登的观点，问题被提上议事日程的过程是问题本身、解决问题的方案以及由问题所催生的国民情绪和政治压力等"多

---

① 〔美〕托马斯·R. 戴伊：《理解公共政策》，彭勃译，华夏出版社，2004，第32、34页。

② Roger Cobb and Jennie K. Ross, "Agenda Building as A Comparative Political Process," *The American Political Science Review* 1（1976）：127.

③ 王绍光：《中国公共政策议程设置的模式》，《中国社会科学》2006年第5期。

④ Micheal D. Choen, James G. March and Jhoan P. Olsen, "A Garbage Can Model of Organizational Choice," *Administrative Science Quarterly* 1（1972）：1-25.

源流"作用的过程。此外，在格斯顿看来，问题能否被提上议事日程端，有赖于是否形成了触发机制即问题所引发的一个重要事件，事件的范围、强度和触发时机又反映着问题的重要性、紧迫性等"问题"本身的属性。①

最后，社会系统论把问题被提上议事日程的过程看作社会环境要素积累或转变的过程。对此，豪利特和拉米什作出过精彩的论述："政治或决策议程就是一个用人们在政治演讲中浓缩、沉淀下来的历史、传统、态度和信念构成的议程"②，他们尤其重视问题被提上议事日程中观念和意识形态变化的过程，因为他们坚信虽然问题产生于特定的经济和政治互动情境，但思想观念却决定着问题提出者行为的强烈程度和决策者对问题的态度。斯通也持有相类似的看法，认为人们提出问题并将其置入政府议程是历史、传统、文化观念相互作用的结果，她以土著印第安人面临的问题的变化为例来论证了此一观点。③ 国内学者刘伟和黄健荣将社会系统和主体互动两种途径相结合提出了政策议程设定的"体制-过程模型"，并依此区分了内创型、外创型、动员型和融合型四种政策议程设定模式，强调要将"问题进入议事日程"置于具体的体制环境中予以分析。④

综上所述，关于"政策议程何以设定"的上述研究试图从影响政策议程设定的因素及其作用方式的角度来揭开政策议程设定这一"黑匣子"，却忽视了对"政策议程设定何以驱动"这一问题的回答。也就是说，政策议程设定过程的考察需要追问：驱动政策议程设定不断演进的基本要素是什么？这些要素发挥作用的具体实现方式是什么？不同要素驱动的政策议程设定途径又有何特点？实践中又如何不断改进不同要素所驱动的政策议程设定过程？为此，本文通过对政策议程设定本质与现实的观察，尝试对"政策议程设定何以驱动"这一问题进行回答，以期促进政策议程设定质量和效能的提升。

① 〔美〕拉雷·N. 格斯顿：《公共政策的制定——程序和原理》，朱子文译，重庆出版社，2001，第23页。
② 〔加〕迈克尔·豪利特、M. 拉米什：《公共政策研究：政策循环与政策子系统》，庞诗译，三联书店，2006，第188页。
③ 〔美〕德博拉·斯通：《政策悖论：政治决策中的艺术》，顾建光译，中国人民大学出版社，2006，第328页。
④ 刘伟、黄健荣：《当代中国政策议程创建模式嬗变分析》，《公共管理学报》2008年第3期。

二　政策议程设定的驱动：四种典型途径

从本质上讲，政策议程设定就是政策相关者在正式、权威的政策方案出台之前对被感知到的社会问题及其相关要求、态度和意见进行优先性排序的政策活动，实质上是各种影响力相互角逐的过程。就实际的政策议程设定过程而言，无论将政策议程设定描述为政策相关者之间互动的过程或是问题属性呈现的过程，抑或是社会系统要素聚集的过程，其演进无疑受到议题相关者政治影响力大小的约束。与此同时，决策者也不得不考虑相关者的权利诉求，并且，作为社会问题"放大站"的媒体和事件亦直接驱动着议程设定的演进。基于此，根据政策议程设定驱动力的来源及其属性，本文重点考察驱动政策议程设定的权力、权利、媒介和事件四种典型途径。

（一）权力驱动及其实现

作为特定体制下因资源占有多寡和能力大小不均而形成的一种非对称性影响力关系，权力"不仅存在于显性的决策过程中，而且存在于对政策议程设定的控制中"[①]。可以说，权力这一影响力本身就构成了政策议程设定演进的基石。因为，议程的设定不是一个简单的技术性判断过程，更为重要的是，它是政策相关者围绕资源的竞取而给问题贴上标签并与其他相关者进行互动的一种政治活动，这一政治活动之所以能够运转起来，最基本的要素就是权力。通过权力的运用，问题的提出者或相关者才可以影响、修正和塑造其他利益主体的观念与行为，继而有可能获取更多的关注、认可与支持。最终，问题能否进入正式的政策议程在很大程度上就取决于问题支持者所掌握的权力资源的多寡和所具有的影响力的大小。相对来说，那些掌握实际影响力的个人和组织往往更能通过强制、说服或潜在的操控等方式来影响议程的设置，驱动议程设定的演进。

进而，权力驱动的政策议程设定通常有两种特殊的表现方式。一是当提出的问题可能会危及权力优势群体的利益时，为减少政治资源的流失或重新分配权力，权力精英往往会运用"不决策"的权力进行议程操控，以遏制、排挤、压制问题提出者的"声音"；或者，对提出的问题作新的解释

---

① Peter Bachrach and Morton Baratz, "Two Faces of Power," *American Political Science Review* 4 (1962): 947-952.

和界定，从而阻止特定议题或方案被提上议程。二是当大多数政策相关者未意识到问题或对问题没有形成意见偏好，而权力优势群体需要提出新的议题时，他们可以通过偏好动员或偏好塑造来获得其他利益相关者和决策者的认同与支持。

相应地，对于没有资源优势或资源相对缺乏的政策相关者来说，其政策诉求则容易被忽略、被隐藏或"被俘获"，但这并不意味着他们在政策议程设定活动中完全无能为力，与权力精英进行讨价还价、争取权威决策者的支持同样能够驱动议程的设定。例如，2005 年河北省普通农民王淑荣为了能把镇里征收盖养殖场却被闲置下来的土地要回来，她发现《河北省土地管理条例》与《土地管理法》存在冲突，于是上书全国人大常委会，全国人大常委会审查相关情况后最终建议河北省人大常委会修改相关规定。①可见，尽管王淑荣个人的影响力和能够动用的资源非常有限，但她通过接近权威决策者并获得其支持，从而促使当地政府修订土地管理的相关法律规定。对此，有研究将政策议程设定的过程描述为"决策倡议者努力缩短'权力距'的过程"②。

（二）权利驱动及其实现

作为一种自然的正当性要求，权利是现代社会中的政治过程得以良性运转的基本要素。无论将权利看作民主政治实践发展的产物，还是将其作为道德规范的自然的产物，权利的观念都要求公民在政策议程设定的过程中能够为维护自身权益而在正式的政策方案出台之前表达偏好、反映诉求、影响议程的优先性设置。相应地，政府的决策行为应当维护和增进公众的权益，保障公民权利的实现。在权利驱动的议程设定途径中，权利诉求产生于公民个体没有能力去实现对于自己能够做什么、能获得什么以及将得到什么的某种期待，但是依道德性规范的要求，此一期待是应该得到回应的。进而，当当局者认为特定的权利应该得到关注与保障时，权利的观念就推动着特定的问题进入议事日程并表现为具体的政策行动。

抛开"权利神话"，特定的问题要挤入政策议程并居于优先位置往往是非常困难的，正如斯通所说，"即便权利有时候是针对个别人或者个别情况

---

① 朱虹：《河北普通农民上书地方法规修正》，《人民日报》2005 年 5 月 31 日。
② 鲁先锋：《"权力距"视野下的政策议程设置研究》，《上海行政学院学报》2012 年第 2 期。

的，但是要通过这样的权利来改变制度权力结构和塑造个体行动的惯例是极为困难的"[1]。因为，个体性的权利呼声总是容易被规模更大的权利诉求联盟的呼声所掩盖而难以引起决策者的关注，也就很难被提上议事日程。因此，权利所驱动的政策议程设定演进往往需要通过形成权利联盟来推动特定要求被提上政策议程。与此同时，个体性权利也倾向于通过形成权利诉求联盟来影响政策制定，这一方面是因为不同的权利诉求本身已经重新确认或重新修正了社会的内部规则以及其成员的分类，另一方面，是因为权利诉求联盟能够动员的资源和形成的政治压力远远大于个体性权利的影响力，这也就是为什么大量的维权抗争事件总是倾向于集体行动而非个体行动并取得成功的重要原因。

毕竟，当权利诉求联盟形成，联盟内部就会进行分工与规划，并有组织地采取申诉、集会、宣传、游行甚至是暴力抗争等方式向当局者提出要求。迫于权利诉求联盟的社会影响力以及由此所形成的政治压力，当局者往往不得不快速地将特定的诉求纳入议事日程。此时，权利就成了驱动政策议程设定的核心元素。比如在"乌坎事件"中，出于维护村民土地增收权益的考虑，个别村民先后进行多次上访、申诉，却无济于事。然而，通过建立维权联盟[2]，有组织地进行"9·21""9·22""11·21"等集体"大上访""大游行"甚至"警民冲突"，最终引起了社会的广泛关注，受到高层级政府的高度关切，促使广东省委派出了专门的工作组赴乌坎解决相关问题。

（三）媒介驱动及其实现

随着现代信息技术的快速发展，被誉为"第四权力"的媒介在政策议程设定中作为议题"放大站"的功能越来越显著，其"领导权威与国家、公司企业、政府所发挥的领导权威相比，可以说并驾齐驱、平分秋色，能够决定政治讨论的内容和日程表"[3]。媒介之所以能驱动政策议程设定的演

---

[1] 〔美〕德博拉·斯通：《政策悖论：政治决策中的艺术》，顾建光译，中国人民大学出版社，2006，第328页。

[2] 除了原先的宗教理事会和神明理事会在其中发挥了文化动员与物质支持作用外，同时成立了"乌坎热血青年团""妇女联合会""老人联合会"，尤其是"乌坎村村民临时代表理事会"在其中发挥了支持和动员作用。

[3] 〔美〕托马斯·R. 戴伊：《自上而下的政策制定》，鞠方安、吴忧译，中国人民大学出版社，2002，第134页。

进，基本的缘由在于它不仅是信息传播、偏好表达和议题放大的重要工具，而且能主动地对社会偏差和公共议题进行批判性评论，因而媒介"不仅告诉我们应该想什么，而且告诉我们怎么想"①。在设定政策议程的过程中，媒介通过对社会问题的报道和评述可以将问题的客体显要性（Object Prominence）和属性显要性（Attribute Prominence）传递给公众和政府，从而影响公众和政府对问题的认知，进而引导舆论、塑造民意并推动问题进入政策议程，促成政策议程设定的发展。

在媒介驱动的议程设定中，公众和政府的注意力所指向的问题本身的突出程度即问题的客体显要性。对此，媒介往往可以通过传播、报道的密集度和优先性来影响受众（政府和公众）关于特定议题的感知。感知度越高，特定议题的突出程度往往也越高。因为在事实上，人们并不能对特定时段内的所有议题予以关注并区分出优先性，通常情况下会受到媒介传播和报道的影响，认为传播靠前、标题醒目、报道次数和篇幅越多的话题就是特定时段内社会所普遍关注的问题而应当进入政府议事日程。相反，对于媒介没有进行密集和优先性传播的问题，普通公众很可能因为时空与精力的限制而难以感知或者只能为较小范围的公众所感知，难以进入正式的政策议程，尤其对边缘群体、弱势群体来说。在这一方面，媒介成功地告诉人们"应该想什么"。

问题某方面特性的突出程度则是问题的属性显要性。对此，媒介也具有十分重要的功能，正如有学者指出，"公众对问题的看法和认识也来源于媒介"②。比如人们在看新闻时，并不是只看报道了哪些话题，他们会进一步关注媒介信息的具体内容，而这些具体内容往往伴随着媒介的情绪、情感和具有价值倾向的解读，对于那些对特定话题没有感觉和经验的受众而言，往往更倾向于接受媒体的看法和观点。并且，随着媒介报道次数的增加和解读者权威性的提升，关于特定问题的认识和观念会在其受众那里得到明显的强化。在媒介的放大与引导下，人们对特定问题某方面的属性而不是其他方面属性的关注度往往会显著地受到影响，从而促使决策者和社

---

① 〔美〕马克斯韦尔·麦库姆斯：《议程设置：大众媒介与舆论》，郭镇之、徐培喜译，北京大学出版社，2010，第 84 页。

② L. Christopher Plein, "Agenda Setting, Problem Definition, and Policy Studies," *Policy Studies Journal* 4 (1994): 702.

会公众特别关注问题之某些方面的属性而忽视其他方面的属性。

（四）事件驱动及其实现

作为问题激化、外显与放大的一种重要方式，焦点事件能以紧迫的方式告诉人们什么地方出了问题，并引起广泛的社会关注和讨论，从而迫使当局者不得不将相关议题纳入议事日程并作出公开的回应。尤其是，焦点事件所反映出来的消极状况能够为问题现状的不利者提供向当局发出变革要求的良好时机，并形成变革的政治压力，而只要"当一个事件把一种消极状况催化为要求变化的政治压力时，就会因触发机制的持久性而发生性质改变"①。因而，"某些议题可以因为某种危机，自然灾害或者轰动性事件（如飓风和空难）而被提上政策议程并采取行动。"②

焦点事件之所以能快速地驱动政策议程设定的发展，主要是通过聚焦社会注意力、形成社会恐慌、催生政治压力这三种方式。

首先，焦点事件能够很快聚焦社会注意力，尤其是与那些需要长期的、大量的数据或理性分析才能被发现的问题相比，焦点事件所指向的问题往往是具体而紧迫的，且相对来说，受影响人数越多、范围越广、破坏性越强、持续时间越长的焦点事件更容易引起人们的关注与讨论，事件所反映的问题也更容易被提上决策者的议事日程，因为"政策议程设定过程本身即是关于在特定时期和地域范围内，各种问题吸引公共注意力的过程"③。

其次，焦点事件通常会带来一定的社会紧张，而处于紧张中的人们必定会要求当局者采取特定的行动予以回应。因为，除焦点事件本身所展现的消极状况外，它往往也暗示着潜在的、不确定的风险，这些风险如同"无知之幕"，没有人能够确保自己不会成为类似事件的受害者，因而不论是事件的当事者还是与之毫无关系的公众都希望当局能采取措施防止类似事件的发生。比如 2011 年的"正宁校车安全事件"就使校车安全管理问题暴露出来，并受到社会的广泛关注，最终促成了《校车安全管理条例》的出台。

---

① 〔美〕拉雷·N. 格斯顿：《公共政策的制定——程序和原理》，朱子文译，重庆出版社，2001，第 23 页。

② 〔美〕詹姆斯·安德森：《公共政策的制定》，谢明等译，中国人民大学出版社，2009，第 109 页。

③ Janet A. Weiss, "The Power of Problem Definition: The Case of Government Paperwork," *Policy Science* 22 (1989): 118.

最后，对于政策现状的不满者来说，焦点事件为他们带来了发起政策动员、要求变革的重要契机，他们往往会"将焦点事件与已经存在的问题相结合，从而加深并强化对相关问题的关注程度；将焦点事件与潜在威胁相结合，诱发人们对社会潜在的、巨大的危险的关注，从而产生政策预警，促进政策变革；将焦点事件与其他类似事件相融合，产生对问题的新的解读和界定"[①]。这样一来，那些曾经被当局者束之高阁的问题就很可能得以明晰而紧迫地呈现在社会公众和政府的面前，迫使当局者调整议事日程。

三 政策议程设定的驱动：四种典型途径比较

驱动政策议程设定演进的权力、权利、媒介和事件四种典型途径在动力基础、动力机制、实现方式、关键主体、民意基础、偏差表现等诸多方面各有其特殊性，见表1。就四种典型途径的动力特性而言，权力途径中那些占据优势资源和拥有更高能力的权力精英往往掌握着关于问题前因后果、紧迫性以及相应解决方案的话语权，具有显著的精英性和自上而下性。特别是对于那些能见度较低、专业性较强的问题来说，权力精英的意见往往具有决定性作用。但在权利驱动的途径中，问题产生于公民对权利现状与权利需求之间差距的不满，因而普通公众对问题的真实性与客观性拥有最直接的发言权，他们往往通过诉求表达的规模性向当局阐释问题的重要性与紧迫性，具有显著的公众性和自下而上性。在媒介驱动的途径中，尽管媒介并不能凭空构建一个社会问题，但媒介却能够甄别出当前人们普遍关心的社会问题。在媒介的放大与引导下，议题的优先性排序会受到极大的影响。在事件驱动的途径中，焦点事件所显化的问题属性将引起社会和当局的关注，进而形成政治压力，以应急和倒逼的方式快速地推动议程设定的演进。

表1 驱动政策议程设定的四种典型途径比较

	权力途径	权利途径	媒介途径	事件途径
动力基础	资源、能力	正当性要求	事实、传播技术	问题属性
动力机制	影响力	道义、参与、抗争	放大、扩散	应急、倒逼

---

① 〔美〕约翰·金登：《议程、备选方案与公共政策》，丁煌、方兴译，中国人民大学出版社，2004，第123~124页。

	权力途径	权利途径	媒介途径	事件途径
实现方式	控制、操纵	诉求表达、愿望实现	舆论形成、民意集聚	注意力聚焦、政治压力
关键主体	权力精英	一般公众	传播媒介	事件相关方
民意基础	相对低	相对高	相对高	相对低
偏差表现	扭曲、失控	拥挤、排斥	社会误导	被动、无前瞻性

就四种典型途径中动力的作用方式而言，权力在政策议程设定中的运用不仅广泛，而且具有较强的隐蔽性：一方面，权力本身可能潜在地被操纵和塑造，另一方面，权力可能使应当被讨论的议题或方案在"无声中"被确定。与权力相比，权利是一种更具扩散性的政策议程设定驱动力，因为权利主体为将其权利诉求置入当局者的议事日程，需要明确地表述权利诉求并在更大范围内传递以寻找更多的盟友，寻求更多的来自其他政策相关者的认同与支持。相对于权力和权利，媒介途径的动力基础来自对事实的追寻和传播技术的支撑，特别强调舆论和民意的重要性，尤其在一个民主的体制下更显重要，"它决定人们将要谈论和思考的话题——这种权威在其他国家为暴君、传教士、政党和官僚所保留"[1]。相对于前三种途径，事件则是 种应急式的政策议程设定驱动途径，具有被动性，因为事件往往是问题的严重性、紧迫性、危害性发展到一定程度的结果，之后所采取的政策行动是倒逼式的。

就四种典型途径中议程设定相关者之间的互动方式而言，权力驱动途径的关键主体是拥有更强影响力的权力精英，权力关系的不对称性使相关者之间的关系更多的是影响与被影响的关系，因而潜在的控制与操纵是其典型特征。实践中，尽管权力精英为了减少公众的抱怨会允许那些不威胁到其自身利益的议题被提上议事日程，但一旦议题可能触及其特权地位或核心利益时，他们则会通过隐藏问题或重新界定问题等方式阻滞公众议题在议程设定中居于优先地位。在权利驱动的途径中，相关者往往会通过公开的竞争与抗争的方式进行互动。对同一议题，因为权利诉求的差异，公众往往会分化为数个不同的权利诉求联盟，为把各自主张的权利诉求置入议程，

---

[1] 〔美〕托马斯·R. 戴伊：《理解公共政策》，彭勃译，华夏出版社，2004，第34页。

联盟之间会形成竞争关系，对于当局者则往往会采取抗争的方式来实现其权利诉求。在媒介驱动的途径中，作为交流和沟通的一种平台，媒介主要通过信息的收集、处理和传播来与政策相关者进行互动，进而影响政策相关者的态度与行为。在事件驱动的途径中，当局者为了维护社会稳定往往会主动与公众进行沟通互动，并最大限度地听取公众意见和维护公众利益，对于那些不满于现状的相关者来说则可能借机责备当局者的政策安排。

就四种典型途径潜在的"危险"而言，权力驱动途径中如果权力精英不受约束地通过话语操纵、偏好塑造、"隐蔽议程"和"不决策"的方式而垄断或操纵政策议程的设定，就会导致最终的政策议程被扭曲甚至失控，致使紧急但不被权力精英所认同的问题难以进入政策议程，而"如果有太多意义重大的问题被排除在议程之外，那么政治制度的合法性就会受到威胁"[1]。在权利驱动的途径中，如果权利诉求联盟之间以及他们与当局者之间缺乏良好的交流与协商机制，一方面可能因为陷入"无政府的闲扯"而错失解决问题的最佳时机，另一方面可能因为权利诉求的广泛性而使得议程设定通道变得拥挤、无序。在媒介驱动的途径中，如果媒介为了自身的利益或由于职业水准较低而未能对社会问题做出公正、合理的描述与评价，则可能误导公众和社会注意力，进而造成政策资源的浪费。例如，2015 年 7 月各大媒体竞相报道的"僵尸肉事件"引起了社会的广泛关注，强烈要求政府对此事件进行查处，但经长沙和南宁两市海关调查，却证实"僵尸肉事件"完全是媒体演绎出来的。[2] 在事件驱动的途径中，虽然焦点事件是显化问题的重要方式，但如果政策议程设定只能通过焦点事件驱动而不具有前瞻性和主动性时，成本将是巨大的，焦点事件本身也意味着巨大的社会代价。

四　结语与展望

毫无疑问，问题及其相关的意见被提上政策议程的过程会受到问题本身的属性、政策相关者、制度、社会观念、文化传统等多种因素的影响，但从政策议程设定本身即优先性竞争的特质出发，需要进一步回答政策议

---

① 〔美〕盖伊·彼得斯：《美国公共政策——承诺与执行》，顾丽梅、姚建华译，复旦大学出版社，2008，第 64 页。

② 施志军、武红利：《海关称未查获过"僵尸肉"——专家表示该用词难以确切定义》，《京华时报》2015 年 7 月 11 日，第 10 版。

程设定是如何被驱动的。通过权力、权利、媒介和事件四种典型驱动途径的考察，我们发现：驱动政策议程设定演进的力量是多样化的，每一种途径都有其自身的优势和不足，现实中的政策议程设定也往往是多种途径综合作用的结果，核心的问题是在议程设定演进的过程中，如何使其民主性、责任性、有效性、准确性、前瞻性和及时性得到保障，避免议程设定中的各种偏差，以形成高质量的公共政策。在中国语境下，加强和改进我国政策议程设定的制度安排需要进一步规范权力的运行机制，防止权力滥用；扩大公民参与的范围和层次，保障实质性公民参与权利的实现；完善法律法规，确保媒介发挥"意见市场"的功能，并在媒介传播与正式的决策机构之间建立良好的衔接关系；增强决策者对焦点事件的危机意识，提高政策议程设定的主动性和前瞻性。随着我国民主政治建设的发展，权力驱动的政策议程设定模式需要对不断增长和发展的公众权利意识、参与意识做出有效的回应，需要更好地发挥专家、媒介、利益相关群体和公众在政策议程设定演进中的功能和作用。

参考文献

一 中文著作

《马克思恩格斯全集》（第 1 卷），人民出版社，1960。

《毛泽东选集》（第 3 卷），人民出版社，1991。

《邓小平文选》（第 2 卷），人民出版社，1994。

俞可平：《治理与善治》，社会科学文献出版社，2000。

陈家刚编译《协商民主》，上海三联书店，2004。

张凤阳主编《政治哲学关键词》，江苏人民出版社，2006。

薛晓源、周战超主编《全球化与风险社会》，社会科学文献出版社，2005。

谈火生等编译《审议民主》，江苏人民出版社，2007。

王长江：《政党现代化》，江苏人民出版社，2004。

何包钢：《协商民主：理论、方法与实践》，中国社会科学出版社，2008。

李强彬：《协商民主与公共政策前决策过程优化：中国的视角》，四川大学出版社，2013。

严强、王强：《公共政策学》，南京大学出版社，2002。

林水波、张世贤：《公共政策》，台湾五南图书出版公司，1997。

何增科等：《中国政治体制改革研究》，中央编译出版社，2004。

甄树青：《论表达自由》，社会科学文献出版社，2000。

蔡应明：《社会稳定学》，上海三联书店，2014。

房宁主编《中国政治参与报告（2013）》，社会科学文献出版社，2013。

周桂田：《风险社会与典范转移——打造为公众负责的治理模式》，（台北）远流出版公司，2014。

何明修：《绿色民主：台湾环境运动的研究》，台湾群学出版有限公司，2006。

二 中文期刊论文

陈剩勇：《协商民主理论与中国》，《浙江社会科学》2005年第1期。

丁煌：《听证制度：决策科学化和民主化的重要保证》，《政治学研究》1999年第1期。

陈潭：《旁听、听证与公共政策民主》，《理论探讨》2003年第6期。

廖海清：《如何面对群体性事件》，《南风窗》2009年第5期。

中央党校"党的领导与意识形态建设"课题组：《网络文化革命与意识形态领导权》，《理论参考》2009年第8期。

陈家刚：《风险社会与协商民主》，《马克思主义与现实》2006年第3期。

陈家刚：《协商民主引论》，《马克思主义与现实》2004年第3期。

薛晓源、刘国良：《全球风险世界：现在与未来——德国著名社会学家、风险社会理论创始人乌尔里希·贝克教授访谈录》，《马克思主义与现实》2005年第1期。

李瑞昌：《商谈民主：哈贝马斯与吉登斯的分歧》，《浙江学刊》2005年第2期。

金安平、姚传明：《协商民主：在中国的误读、偶合以及创造性转换的可能》，《新视野》2007年第5期。

浦兴祖：《"协商民主"若干问题初探》，《工会理论研究》2007年第4期。

李君如：《和谐社会构建中的民主法治》，《中国党政干部论坛》2005年第11期。

张献生、吴茜：《西方协商民主理论与我国社会主义民主政治》，《中国特色社会主义研究》2006年第4期。

王金红：《协商政治与中国政治文明建设》，《唯实》2004年第2期。

郑万通：《在中国人民政协理论研究会成立大会上的讲话》，《中国政协》2007年第1期。

何包钢：《儒式协商：中国威权性协商的源与流》，《政治思想史》2013年第4期。

何包钢：《中国协商民主制度》，《浙江大学学报》（人文社会科学版）2005年第3期。

贺雪峰：《论中国农村的区域差异——村庄社会结构的视角》，《开放时代》2012年第10期。

贺雪峰、吴理财：《分化的农村，复杂的治理》，《云南行政学院学报》2016年第4期。

彭小辉、史清华：《中国村级组织运转特征、影响因素及区域差异——基于1995-2013年的实证》，《社会科学》2017年第5期。

张玉洁、柴军、王芳、王秀强：《新疆村民对村委会满意度的影响因素分析》，《经济视角（下）》2010年第3期。

蒋剑桥：《村民之乡村民主发展满意度分析——基于全国十省市村庄的调查》，《南方农村》2016年第3期。

马得勇、张国亚：《选举抑或协商：对两种乡镇民主模式的比较分析》，《国外理论动态》2015年第6期。

何包钢、王春光：《中国乡村协商民主：个案研究》，《社会学研究》2007年第3期。

李燕、张鹏鹏：《农村居民乡风文明建设满意度及其影响因素分析——基于江苏村庄的调查》，《青年与社会》2014年第6期。

柳彦：《经济发展对村委会选举的影响》，《山西高等学校社会科学学报》2005年第3期。

林挺进、吴伟、于文轩、王君：《中国城市公共教育服务满意度的影响因素研究——基于HLM模型的定量分析》，《复旦教育论坛》2011年第4期。

陈家刚：《协商民主：概念、要素与价值》，《中共天津市委党校学报》2005年第3期。

卢坤建、姚冰：《论公共政策分析中的"公共"原则——可持续发展角度的透视》，《中国矿业大学学报》2000年第1期。

熊清光：《中国网络公共领域的兴起、特征与前景》，《教学与研究》2011年第1期。

郑拓：《中国政府机构微博内容与互动研究》，《图书情报工作》2012

年第 3 期。

石婧：《政务微博与政府公共服务转型研究》，《编辑之友》2013 年第 6 期。

刘再春、叶永生：《政务微博日常运行存在的问题及对策探析》，《理论导刊》2013 年第 9 期。

陈显中：《政务微博引导网络舆情的机制研究》，《宁夏社会科学》2012 年第 5 期。

胡朝阳：《论网络舆情治理中维权与维稳的法治统一》，《学海》2012 年第 3 期。

徐英荣：《司法维稳与维权的法理基础、实践偏差及衡平路径》，《江西警察学院学报》2015 年第 5 期。

张立：《公民维权与政府维稳的关系》，《辽宁行政学院学报》2011 年第 12 期。

于建嵘：《维权就是维稳》，《人民论坛》2012 年第 1 期。

朱振辉：《社会治理创新中的维权与维稳研究》，《中共云南省委党校学报》2015 年第 12 期。

段明：《维权与维稳之争的问题转型——国家治理体系变革对两者的调和与统一》，《学术探索》2014 年第 9 期。

梁逍：《对正确处理维稳与维权关系的思考》，《广西民族师范学院学报》2014 年第 4 期。

清华大学课题组：《以利益表达制度化实现长治久安》，《学习月刊》2010 年第 9 期。

王常柱、夏晓丽：《公权力尴尬：维稳与维权之间的价值迷失——基于群体性事件中公权力价值取向的研究视角》，《北京行政学院学报》2014 年第 4 期。

张荆红：《"维权"与"维稳"的高成本困局——对中国维稳现状的审视与建议》，《理论与改革》2011 年第 3 期。

汤啸天：《政府在公民维权中的指导责任和接受监督》，《社会科学》2007 年第 10 期。

周望、魏淑君：《法治、维权与维稳》，《甘肃理论学刊》2014 年第 6 期。

邢亮：《维权与维稳的冲突与化解——基于法治思维与法治方式的考察》，《福建行政学院学报》。

朱德米：《建构维权与维稳统一的制度通道》，《复旦学报（社会科学版）》2014年第1期。

景天魁、王希如：《关于社会系统稳定与调节问题的对话》，《哲学研究》1990年第4期。

肖唐镖、王欣：《中国农民政治信任的变迁——对五省份60个村的跟踪研究（1999—2008）》，《管理世界》2010年第9期。

吕书鹏：《差序政府信任：概念、现状及成因——基于三次全国调查数据的实证研究》，《学海》2015年第4期。

乌尔里希·贝克、郗卫东：《风险社会再思考》，《马克思主义与现实》2002年第4期。

杨雪冬：《全球化、风险社会与复合治理》，《马克思主义与现实》2004年第4期。

王绍光：《中国公共政策议程设置的模式》，《中国社会科学》2006年第5期。

刘伟、黄健荣：《当代中国政策议程创建模式嬗变分析》，《公共管理学报》2008年第3期。

鲁先锋：《"权力距"视野下的政策议程设置研究》，《上海行政学院学报》2012年第2期。

三　中文译著

〔德〕尤尔根·哈贝马斯：《在事实与规范之间：关于法律和民主法治国的商谈理论》，童世骏译，三联书店，2003。

〔美〕科恩：《论民主》，聂崇信等译，商务印书馆，1988。

〔美〕詹姆斯·E. 安德森：《公共政策制定》（第五版），谢明等译，中国人民大学出版社，2009。

〔美〕伊森·里布：《美国民主的未来：一个设立公众部门的方案》，朱昔群等译，中央编译出版社，2009。

〔美〕乔·埃尔斯特：《协商与制宪》，陈家刚编译：《协商民主》，三联书店，2004。

〔美〕詹姆斯·博曼：《公共协商：多元主义、复杂性和民主》，黄相怀译，中央编译出版社。

〔澳〕约翰·S. 德雷泽克：《协商民主及其超越：自由与批判的视角》，丁开杰等译，中央编译出版社。

〔澳〕何包钢：《协商民主：理论、方法与实践》，中国社会科学出版社，2008。

〔英〕安德鲁·海伍德：《政治理论教程》，李智译，中国人民大学出版社，2009。

〔美〕塞拉·本哈比：《民主与差异：挑战政治的边界》，黄相怀、严海兵等译，中央编译出版社，2009。

〔美〕古特曼、汤普森：《商议民主》，谢宗学、郑惠文译，台北智胜文化事业有限公司，2006。

〔英〕戴维·赫尔德：《民主的模式》，燕继荣等译，中央编译出版社，2008。

〔美〕海伦·英格兰姆、斯蒂文·R. 史密斯：《新公共政策：民主制度下的公共政策》，钟振明等译，上海交通大学出版社，2005。

〔美〕罗伯特·B. 登哈特：《公共组织》，扶松茂等译，中国人民大学出版社，2003。

〔美〕卡罗尔·佩特曼：《参与和民主理论》，陈尧译，上海人民出版社，2006。

〔美〕杰伊·沙夫里茨、卡伦·莱恩、克里斯托弗·博里克：《公共政策经典》，彭云望译，北京大学出版社，2008。

〔美〕赫伯特·A. 西蒙：《管理行为》，詹正茂译，机械工业出版社，2004。

〔英〕安德鲁·海伍德：《政治理论教程》，李智译，中国人民大学出版社，2009。

〔南非〕毛里西奥·帕瑟林·登特里维斯：《作为公共协商的民主：新的视角》，王英津等译，中央编译出版社，2006。

〔美〕史蒂文·凯尔曼：《制定公共政策——美国政府的乐观前景》，商正译，商务印书馆，1990。

〔美〕加布里埃尔·A. 阿尔蒙德、小 G. 宾厄姆·鲍威尔：《比较政治学——体系、过程和政策》，曹沛霖等译，东方出版社，2007。

〔德〕乌尔里希·贝克：《风险社会》，何博闻译，译林出版社，2003。

〔美〕理查德·C.博克斯：《公民治理：引领 21 世纪的美国社会》，孙柏瑛等译，中国人民大学出版社，2005。

〔德〕乌尔里希·贝克、安东尼·吉登斯、斯科特·拉什：《自反性现代化》，周宪、许钧等译，商务印书馆，2001。

〔美〕西奥多·A.哥伦比斯、杰姆斯·H.沃尔夫：《权力与正义》，白希译，华夏出版社，1990。

〔英〕安东尼·吉登斯：《现代性的后果》，田禾译，译林出版社，2000。

〔澳〕罗伯特·希斯：《危机管理》，王成、宋炳辉、金瑛译，中信出版社，2001。

〔美〕凯斯·桑斯坦：《网络共和国》，黄维明译，上海人民出版社，2003。

〔美〕约翰·奈斯比特：《大趋势——改变我们生活的十个新方向》，梅艳译，中国社会科学出版社，1984。

〔美〕阿尔温·托夫勒、海蒂·托夫勒：《创造一个新的文明——第三次浪潮的政治》，陈峰译，上海三联书店，1996。

〔美〕乔治·费雷德里克森：《公共行政的精神》，张成福、刘霞、张璋等译，中国人民大学出版社，2003。

〔美〕罗伯特·达尔：《多头政体——参与和反对》，谭君久、刘惠荣译，商务印书馆，2003。

〔美〕詹姆斯·E.安德森：《公共决策》，唐亮译，华夏出版社，1990。

〔美〕福克斯、米勒：《后现代公共行政——话语指向》，楚艳红、曹沁颖、吴巧林译，中国人民大学出版社，2002。

〔英〕迈克尔·希尔：《现代国家政策过程》，赵成根译，中国青年出版社，2004。

〔美〕詹姆斯·菲什金、彼德·拉斯莱特：《协商民主论争》，张晓敏译，中央编译出版社，2006。

〔美〕乔·萨托利：《民主新论》，冯克利、阎克文译，东方出版社，1998。

〔德〕卡尔·曼海姆：《意识形态与乌托邦》，黎明等译，商务印书馆，2000。

〔美〕罗伯特·达尔：《论民主》，商务印书馆，1999。

〔美〕塞缪尔·亨廷顿等：《难以抉择——发展中国家的政治参与》，汪晓寿等译，华夏出版社，1988。

〔美〕珍妮特·V. 登哈特、罗伯特·B. 登哈特：《新公共服务：服务，而不是掌舵》，丁煌译，中国人民大学出版社，2004。

〔英〕曼纽卡·卡斯特：《网络社会的崛起》，夏铸九、王志弘等译，社会科学文献出版社，2001。

〔美〕埃米·古特曼、丹尼斯·汤普森：《民主与分歧》，杨立峰等译，东方出版社，2007。

〔英〕戴维·赫尔德：《民主的模式》（第3版），燕继荣等译，中央编译出版社，2008。

〔美〕罗伯特·D. 帕特南：《使民主运转起来》，王列、赖海榕译，江西人民出版社，2001。

〔澳〕约翰·S. 德雷泽克：《协商民主及其超越：自由与批判的视角》，丁开杰等译，中央编译出版社。

〔美〕彼得·布劳：《不平等和异质性》，王春光等译，中国社会科学出版社，1991。

〔美〕道格拉斯·A. 卢克：《多层次模型》，郑冰岛译，上海人民出版社，2012。

〔美〕詹姆斯·博曼、威廉·雷吉主编《协商民主：论理性与政治》，陈家刚等译，中央编译出版社，2006。

〔美〕德博拉·斯通：《政策悖论：政治决策中的艺术》，顾建光译，中国人民大学出版社，2006。

〔美〕威廉·N. 邓恩：《公共政策分析导论》，谢明等译，中国人民大学出版社，2002。

〔美〕约翰·W. 金登：《议程、备选方案与公共政策》，丁煌等译，中国人民大学出版社，2004。

〔英〕阿克顿：《自由与权利》，侯健等译，商务印书馆，2001。

〔美〕托马斯·戴伊：《理解公共政策》，彭勋等译，华夏出版社，

2004。

〔英〕米切尔·希尔：《现代国家的政策过程》，赵成根译，中国青年出版社，2004。

〔英〕托克维尔：《论美国的民主》，董国良译，商务印书馆，2001。

〔法〕孟德斯鸠：《论法的精神》（上），张雁深译，商务印书馆，1961。

〔英〕安德鲁·查德威克：《互联网政治学：国家、公民与新传播技术》，任孟山译，华夏出版社，2010。

〔美〕简·芳汀：《构建虚拟政府：信息技术与制度创新》，邵国松译，中国人民大学出版社，2010。

〔美〕格罗弗·斯塔林：《公共部门管理》，陈宪等译，上海译文出版社，2003。

〔德〕鲁道夫·冯·耶林：《为权利而斗争》，胡宝海译，中国法制出版社，2004。

〔美〕E. E. 谢茨施耐德：《半主权的人民——一个现实主义者眼中的美国民主》，任军锋译，天津人民出版社，2000。

〔美〕塞缪尔·P. 亨廷顿：《变化社会中的政治秩序》，王冠华、刘为等译，上海人民出版社，2008。

〔美〕史蒂芬·霍尔姆斯、凯斯·R. 桑斯坦：《权利的成本——为什么自由依赖于税》，毕竟悦译，北京大学出版社，2011。

〔美〕戴维·伊斯顿：《政治生活的系统分析》，王浦劬主译，人民出版社，2012。

〔美〕蕾切尔·卡森：《寂静的春天》，吕瑞兰、李长生译，上海译文出版社，2008。

〔美〕丹尼斯·米都斯：《增长的极限》，李宝恒译，四川人民出版社，1984。

〔德〕乌尔里希·贝克：《世界风险社会》，吴英姿、孙淑敏译，南京大学出版社，2004。

〔美〕托马斯·雅诺斯基：《公民与文明社会》，柯雄译，辽宁教育出版社，2000。

〔英〕莫里斯·罗奇：《重新思考公民身份——现代社会中的福利、意识形态和变迁》，郭忠华等译，吉林出版集团有限责任公司，2010。

〔古希腊〕亚里士多德：《政治学》，吴寿彭译，商务印书馆，1965。

〔美〕戴维·伊斯顿：《政治体系》，马清槐译，商务印书馆，1993。

〔美〕安德鲁·海伍德：《政治理论教程》，李智译，中国人民大学出版社，2009。

〔美〕亚伯拉罕·马斯洛：《动机与人格》，许金声等译，中国人民大学出版社，2012。

〔英〕安德鲁·多布森：《绿色政治思想》，郇庆治译，山东大学出版社，2012。

〔美〕托马斯·库恩：《科学革命的结构》，金吾伦、胡新和译，北京大学出版社，2003。

〔英〕安东尼·吉登斯：《第三条道路及其批评》，孙相东译，中共中央党校出版社，2002。

〔德〕乌尔里希·贝克等：《自由与资本主义》，路国林译，浙江人民出版社，2001。

〔加〕迈克尔·豪利特、M. 拉米什：《公共政策研究：政策循环与政策子系统》，庞诗译，三联书店，2006。

〔美〕德博拉·斯通：《政策悖论：政治决策中的艺术》，顾建光译，中国人民大学出版社，2006。

〔美〕托马斯·R. 戴伊：《自上而下的政策制定》，鞠方安、吴忧译，中国人民大学出版社，2002。

〔美〕马克斯韦尔·麦库姆斯：《议程设置：大众媒介与舆论》，郭镇之、徐培喜译，北京大学出版社，2010。

〔美〕盖伊·彼得斯：《美国公共政策——承诺与执行》，顾丽梅、姚建华译，复旦大学出版社，2008。

〔加〕马克·华伦：《协商性民主》，孙亮译，《浙江社会科学》2005年第1期。

〔美〕詹姆斯·博曼：《公共协商和文化多元主义》，陈志刚译，《马克思主义与现实》2006年第3期。

〔丹〕斯特芬·埃尔摩斯、〔加〕沃尔夫·迈克尔·罗斯：《全民素质教育：为风险社会作准备》，王玉辉编译，《马克思主义与现实》2005年第6期。

〔美〕乔治·M. 瓦拉德兹：《协商民主》，何莉编译，《马克思主义与现实》2004 年第 3 期。

〔英〕派特·斯崔德姆：《风险社会中的认同和冲突》，丁开杰编译，《马克思主义与现实》2004 年第 4 期。

〔英〕马修·费斯廷斯泰因：《协商、公民权与认同》，王勇兵编译，《马克思主义与现实》2004 年第 3 期。

四　英文文献

Amy Gutmann and Dennis Thompson, *Why Deliberative Democracy?* New Jersey: Princeton University Press.

Anthony Downs, *Economic Theory of Democracy*, Harper & Brothers, 1957.

Amy Guttman and Dennis Thompson, *Democracy and Disagreement*, Harvard University Press, 1996.

Brian W. Hogwood, Lewis A. Gunn, *Policy Analysis for the Real World*, London: Oxford University Press, 1984.

Bernard Manin, "On Legitimacy and Political Deliberation," *Political Theory* 3 (1987).

Brian WilliamHead, "Public Management Research," *Public Management Review* 5 (2010).

Charles E. Lindblomand Edward J. Woodhouse, *The Policy-Making Process*, New Jersey: Prentice-Hal, Inc, 1993.

David Held, *Models of Democracy*, Cambridge: Polity Press, 2006.

David Beetham, *Democracy*, Oxford: Oneworld Publications, 2005.

Deborah Stone, *Policy Paradox: The Art of Political Decision Making*, revised edition, New York: W. W. Norton & Company, 2002.

Dennis Thompson, *Why Deliberative Democracy?* New Jersey: Princeton University Press, 2004.

David A. Rochefort and Roger W. Cobb, "Problem Definition, Agenda Access, and Policy Choice," *Policy Studies Journal* 1 (1993).

David Dery, *Problem Definition in Policy Analysis*, Lawrence: University Press of Kansas, 1984.

Duncan Macrae, Jr. and James A. Wilde, *Policy Analysis for Public Decision*, Lanham: University Press of America, 1985.

David Schlosberg, "Reconceiving Environmental Justice: Global Movementsand Political Theories," *Environmental Politics* 3 (2004).

Fischer Frank, *Democracy & Expertise: Reorientation Policy Inquiry*, Oxford: Oxford University Press, 2009.

Frank R. Baumgartner and Bryan D. Jones, *Agendas and Instability in American Politics*, Chicago: University of Chicago Press, 1993.

Giandomenico Majone, *Evidence, Argument, and Persuasion in the Policy Process*, New Haven: Yale University Press, 1989.

Herbert I. Schiller, *Information Inequality: The Deepening Social Crisis in America*, New York: Routledge, 1996.

Jacob Cohen, "Statistical Power Analysis for the Behavioral Sciences," *Journal of the American Statistical Association* 363 (1988).

James Bohman, "Survey Article: The Coming of Age of Deliberative Democracy," *The Journal of Political Philosophy* 4 (1998).

James Bohman & William Rehg, *Deliberative Democracy*, Massachusetts: The MIT Press, 1997.

James Bohman, *Public Deliberation: Pluralism, Complexity, and Democracy*, Cambridge: The MIT Press, 1996.

James S. Fishkinand Peter Laslett, *Debating Deliberative Democracy*, Oxford: Blackwell Publishing Ltd, 2003.

Jan Cowman, *Governance and Govern Ability: Using Complexity, Dynamics and Diversity*, London: Sage Publications, 1993.

Janet A. Weiss, "The Power of Problem Definition: The Case of Government Paperwork," *Policy Science* 22 (1989).

Janette Hartz-Karpand Michael K. Briand, "Practitioner Paper: Institutionalizing Deliberative Democracy," *Journal of Public Affairs* 9 (2009).

John S. Dryzek, *Foundations and Frontiers of Deliberative Governance*, Oxford: Oxford University Press, 2010.

John Gastil and Peter Levine, *The Deliberative Democracy Handbook*, San Francisco: Jossey-Bass, 2005.

Joseph M. Bessette, *The Mild Voice of Reason: Deliberative Democracy and American National Government*, Chicago: The University of Chicago Press, 1994.

John S. Dryzek, *Deliberative Democracy and Beyond: Liberals, Critics, Contestations*, Oxford: Oxford University Press, 2000.

John Parkinson, *Deliberating in the Real World: Problems of Legitimacy in Deliberative Democracy*, Oxford: Oxford University Press, 2006.

John Parkinson, "Legitimacy Problems in Deliberative Democracy," *Political Studie* 1 (2003).

Jon Elster, *Deliberative Democracy*, Cambridge: Cambridge University Press, 1998.

Jon Pierre, *Debating Governance*, New York: Oxford University Press, 2000.

Joshua Cohen, *Deliberation and Democratic Legitimacy*, Alan Hamlin and Philip Pettit, *The Good Policy, Normative Analysis of the State*, Oxford: Basil Blackwell, 1989.

Jürgen Habermas, *Between Facts and Norms: Contributions to a Discourse Theory of Law and Democracy*, Cambridge: MIT Press, 1996.

Karen Wendlin, "Unavoidable Inequalities: Some Implications for Participatory Democratic Theory," *Social Theory and Practice* 2 (1997).

L. Christopher Plein, "Agenda Setting, Problem Definition, and Policy Studies," *Policy Studies Journal* 4 (1994).

Mark Bevir and R. A. W. Rhodes, *Interpreting British Governance*, London: Routledge, 2003.

Maarten A. Hajer and Hendrik Wagenaar, eds., *Deliberative Policy Analysis: Understanding Governance in the Network Society*, Cambridge: Cambridge University Press, 2003.

Micheal D. Choen, James G. March and Jhoan P. Olsen, "A Garbage Can Model of Organizational Choice," *Administrative Science Quarterly* 1 (1972).

Peter Mclaverty and Darren Halpin, "Deliberative Drift: The Emergence of Deliberation in the Policy Process," *International Political Science Review* 2 (2008).

Perter A. Hall, "Policy Paradigms, Social Learning, and the State: The Case of Economic Policymaking in Britain," *Comparative Politics* 3 (1993).

Peter Bachrach and Morton Baratz, "Two Faces of Power," *American Political Science Review* 4 (1962).

Robert E. Goodin, "Democratic Deliberation Within," *Philosophy and Public Affairs* 29 (2000).

Roger Cobb and Jennie K. Ross, "Agenda Building as A Comparative Political Process," *The American Political Science Review* 1 (1976).

Seyla Benhabib, *Democracy and Difference: Contesting the Boundaries of the Political*, New Jersey: The Princeton University Press, 1996.

Shawn W. Rosenberg, *Deliberation, Participation and Democracy: Can the People Govern?* New York: Palgrave Macmillan, 2007.

Stephen Macedo, *Deliberative Politics*, New York: Oxford University Press, 1999.

Simone Chambers, "Deliberative Democratic Theory," *Annual Review of Political Science* 6 (2003).

Simone Chambers, "Deliberative Democratic Theory," *Annual Review of Political Science* 6 (2003).

Stephen C. Young, "The Different Dimensions of Green Politics," *Environmental Politics*, 1 (1992).

Yannis Papadopoulos and Philippe Warin, "Are Innovative, Participatory and Deliberative Procedures in Policy Making Democratic and Effective?" *European Journal of Political Research* 4 (2007).

Yuhua Wang and Carl Minzner, "The Rise of the Chinese Security State," *The China Quarterly* (2015).

图书在版编目（CIP）数据

协商民主：理论与经验 / 李强彬著. -- 北京：社
会科学文献出版社，2018.5（2021.11 重印）
ISBN 978-7-5201-2638-0

Ⅰ.①协… Ⅱ.①李… Ⅲ.①民主协商-研究 Ⅳ.
①D034.4

中国版本图书馆 CIP 数据核字（2018）第 086147 号

协商民主：理论与经验

著　　者 / 李强彬

出 版 人 / 王利民
项目统筹 / 曹义恒
责任编辑 / 岳梦夏
责任编辑 / 王京美

出　　版 / 社会科学文献出版社·政法传媒分社（010）59367156
　　　　　　地址：北京市北三环中路甲 29 号院华龙大厦　邮编：100029
　　　　　　网址：www.ssap.com.cn
发　　行 / 市场营销中心（010）59367081　59367083
印　　装 / 北京虎彩文化传播有限公司

规　　格 / 开 本：787mm×1092mm　1/16
　　　　　　印 张：15　字 数：247 千字
版　　次 / 2018 年 5 月第 1 版　2021 年 11 月第 3 次印刷
书　　号 / ISBN 978-7-5201-2638-0
定　　价 / 79.00 元